梦山论道 名校长丛书 编委会

主　　　任　赵素文

副 主 任　黄家骅

委　　　员　杨立国　杨文新
　　　　　　黄丽萍　林　宇　钟桂荣　张信容
　　　　　　　　　　　　　林文瑞　刘一彬

主　　　编　黄家骅

执行副主编　杨文新　张信容

丛书题字　黄家骅

梦山论道 名校长丛书

谱和谐之韵
逐向上之梦
——构建和谐向上的学校文化

萨大庆 著

厦门大学出版社
国家一级出版社
全国百佳图书出版单位

图书在版编目(CIP)数据

谱和谐之韵　逐向上之梦:构建和谐向上的学校文化/萨大庆著.—厦门:厦门大学出版社,2015.9
(梦山论道·名校长丛书)
ISBN 978-7-5615-5616-0

Ⅰ.①谱…　Ⅱ.①萨…　Ⅲ.①小学教育-研究　Ⅳ.①G62

中国版本图书馆 CIP 数据核字(2015)第 176426 号

官方合作网络销售商:

厦门大学出版社出版发行

(地址:厦门市软件园二期望海路 39 号　邮编:361008)
总 编 办 电 话:0592-2182177　传真:0592-2181406
营销中心电话:0592-2184458　传真:0592-2181365
网址:http://www.xmupress.com
邮箱:xmup @ xmupress.com

厦门大嘉美印刷有限公司印刷
2015 年 9 月第 1 版　2015 年 9 月第 1 次印刷
开本:720 mm×1000 mm　1/16　印张:15.75　插页:2
字数:283 千字
定价:42.00 元
本书如有印装质量问题请直接寄承印厂调换

总　序

培养闽派特色的教育家型名校长

名校长,意即成名校长,或知名校长。

名者,称谓也;知名者,赫赫声誉也;知名校长,是指众所周知、口碑良好、办学治校能力突出、教育思想在社会上有广泛影响的中小学校长。

2012年6月24日,福建省名校长培养工程在福建会堂启动,96位名校长人选济济一堂,肩负使命,开始了福建教育史无前例的中小学最高层次的人才培养,目标是培养教育家型名校长。

这些校长中的大多数人,是省内各个区域的教育领头羊,其实早已成名。他们或是以治校有方而闻名遐迩,或是以办学严谨而享誉坊间,或是以学术卓著而受人景仰,或是以爱生如子而得到拥戴。

然而,摆在他们面前的还有一座巅峰需要攀登,那便是被称为"教育家"的那座神峰。迄今为止,我们只听过古代的老子、孔子、孟子、荀子等智者被称为教育家;或者是开馆授徒、著书立说的思想家,如韩愈、程颐、朱熹等被称为教育家;或者是近现代学贯中西、融古汇今的严复、蔡元培、陶行知等被称为教育家,但我们却很少听到当代教育家的名号。在新中国培养的满天繁星式的人才系列中,能称为"教育家"者寥若晨星。今天,我们经常收到诸如"艺术家""表演家""投资家""经济学家""心理学家"的名片,却从来没有收到过"教育家"的名片。

现在,全国都在征集"教育家"。东起山东的"齐鲁教育家",西至湘鄂的"名校长高级研修班",南起广东的"岭南教育家",北临吉林的"杰出校长",各地的名校长培养项目虽叫法不同,但都在为教育家型校长的成长修桥铺路。

福建也不例外。现今福建有学校3220所,教师39.37万人,校长11667人,教育家就从这些人中产生。然而,闽人性情内敛,他们总是做得多,说得少,考得好,夸得少,以至于闽派学人的好声音很难在学界传

谱和谐之韵 逐向上之梦
——构建和谐向上的学校文化

播。相反,北方的中小学校长具有语言优势,经常莅闽讲学,而闽籍校长却很少到省外传经,以至于国内教育界对福建省的名校长群体往往持有模糊的认识。在前几年,闽省中小学名校长缺位,也对究竟何为名校长缺乏共识,使得中小学办学处于标识不清、典范不明、引领不力的境地,这种"群羊效应"亦使闽省中小学教育成效打了折扣,不利于福建名校的崛起。

有鉴于此,将省内名校长推向全国,不仅是为了福建省中小学校长扬名立万,更重要的是为了福建省中小学教育成效的提升。为了确立名校长的引领和带动作用,首先必须让"名校长"名正言顺,厘清定义,明晰认识,才能让校长本人和社会各界都有正确的定位和期待。

第一,名校不可能自动产生名校长。"名校"可以是历史范畴,也可以是现实范畴;"名校"可以是集合性概念,也可以是个体性概念。而"名校长"肯定是个体性的概念或范畴,我们在现实中看到众多个性臻优、各有追求、敢于创新的校长便是明证。据此,名校的办学风格和特色形成是长期努力、集体贡献的结果,而名校长的出现却是阶段性、个别性突出表现的结果。我们不应该把"名校"的校长自动等同于"名校长",也不应该把"名校长"所在学校直接等同为"名校",两者不可混为一谈。在现实中,有些校长从二类校调入一类校,陡然成为"名校长";而有些"名校"的校长一旦退休就终止职业生涯,门前冷落车马稀,说明"名校"并不能自动产生或保全"名校长"。

第二,"名校长"不应仅仅理解为社会知名度较高的校长。"名校长"的称呼可以有坊间的版本,也应该有学界的表述;可以有社会上约定俗成的含义,也应该有教育界严谨规范的阐释。我个人认为,"名校长"的内涵是指那些具有先进办学理念,较高的道德修养、政策水平和管理能力,在教育改革、创新和发展诸方面做出突出成绩,形成较成熟的教育思想,从而成为教育界和社会上公认的具有较强办学治校能力的校长。推而论之,名校长的外延特征应该是遵规守法,有强烈事业心和教育追求,长期从事教育管理工作,并具备独立思想意志和办学风格,所领导的学校具有教育理念新、教学质量优、学校特色强、师生成就大的典型特征,成为人民满意的校长。所以,名校长的站位和标准都很高,不是一般意义上的"有名"。

第三,"名校长"不应该理解为仅仅是办学实践方面富有成就的校长。毫无疑问，人们观察和评价名校长，更多地立足于实践层面，更多地从学校发展的空间状况和校长办学治校的水平上面去考量。这些以实践为视角的考评应该是基本性的、必要的。然而，仅仅如此，我们可能会陷入"有一千个观众，就有一千个哈姆雷特"的困惑之中；而且，我们面对的不仅是某位校长是否为"名校长"的众说纷纭的困惑，更难判别高下优劣的是许许多多的校长办学都有特色、都有创新、都有发展，谁是真正的"名校长"的问题变得更为扑朔迷离。所以，考评"名校长"既应该基于实践，又应该高于实践。高于实践的视角考查要求我们衡量"名校长"是否真正具有先进的教育思想或教育理念。"名校长"不可以也不可能"只会埋头拉车，不会抬头看路"，他们必然要理解教育发展的客观规律、办学治校的发展规律、育人成才的必然规律，必然要将丰富的实践经验上升为理性认识，并形成对校内师生有影响的理念与规则，同时还要确立对校外同行有影响的典范。那么，完整意义上的"名校长"就应该包括实践与理论两个方面，他们的教育思想和教育实践应该并驾齐驱，他们的办学作为与办学影响应该有血有肉——充满感性的温暖和理性的光芒，只有这样，才能给社会树立昂扬而立体的名校长形象。

只有把名校长的衡量标准弄清楚了，我们才能很好地引导名校长培养人选朝着教育家型校长的方向迈进。

那么什么样的人才能称为教育家呢？曾有人提出标准有三：热爱教育，懂得教育，终身从事教育。热爱教育、终身从教者不乏其人，但真正懂得教育者甚少。懂得教育，这是教育家标准的核心要素，要求遵循教育发展规律、学生成长规律、学校发展规律办事，让每一位学生都快乐成长，让每一个教师都成为最好的自己，让每一所学校都成为育人的摇篮。

那么什么样的校长才能称为教育家型名校长呢？作为中华民族伟大复兴进程中的校长集群，作为肩负建设教育强国重任而前行的福建校长，应志存高远，敢为人先，立誓往教育家的方向努力，他们必须做到：一是立志有为，做一名优秀的校长，以真善美感召师生，以德能兼备治理学校，为学生们的健康成长和教师的专业发展创造良好条件；二是立德修行，做一名大爱的校长，以宽广胸怀和包容境界释放出最大凝聚力和感召力，做本真教育的引领者，带动师生建设幸福学校，同时帮扶薄弱学校,成为区域内有影响力的名校长;三是立功存范,做一名卓越的校长,以人格魅力和思想魅力不断影响师生,教化社会,积极参加专业培训并在教育实践中不断吸取养分,在形成办学风格和办学特色的同时不断完善和丰富自身的办学理念,打造卓越校园文化,努力成为专家型并具有卓越引领力的校长;四是立论树典,做一名杰出的校长,以渊博学识和创新理念推进教育改革与发展,并对社会进步产生积极而广泛的影响,成为教育"大家"或"大师",为教育家办学树立典范。

那么什么样的人才能称为闽派特色的教育家型名校长呢?毫无疑问,这类教育家不仅应具备校长的资历资格,而且还应秉承教育家的气质品性——这些是教育家型名校长通约的标识。但是在福建,仅此还不够。闽山闽水,如此多娇;闽人闽学,独领风骚!在历史上福建曾是海上丝绸之路的起点,近代曾是中国对外的五口通商之地、世界造船中心;福建在历史上又是衣冠南渡、海滨邹鲁的发祥地,宋明清三朝仅福州籍进士就达到3632人,其中状元7人,位居全国各州府前列;闽派大师学者灿若繁星,前有理学大师朱熹、名相李纲、名臣和书法家蔡襄、诗人柳永、哲学家李贽、政治家郑成功和林则徐、思想家严复,后有现代文学家冰心和林语堂、教育家陈嘉庚、当代科学家陈景润和卢嘉锡,等等。山风与红土孕育了多少仁人志士,绿水和蓝海又滋润了多少大师之情怀,而福建学人又相互提携,相互激励,因此有东南沿海独树一帜的闽学、闽师、闽派。新中国成立之后,闽人发愤办学,屡获佳绩,"高考红旗"经久飘扬,基础教育力争上游,涌现出一大批国内知名教师和校长。在此背景下,我们来探讨具有闽派特色的教育家型名校长的品性精神,就不难导出如下典型特征:其一,闽派特色的教育家型名校长应该是具有海洋意识、海纳胸襟、海阔视野的校长。闽地近洋,闽人尚海,他们常常以海洋安身立命,又往往喜欢勇闯天涯,"脚踏惊涛涌,心追鸿雁起"。因此,作为闽派特色的教育家型名校长应当有广阔的胸襟、恢宏的气度接受各种挑战,同时应有包容之心、宽容之念、兼容之行,博采东西学术之粹,约取各家见识之长,才能成就福建教育的丰功伟绩。其二,闽派特色的教育家型名校长应当是具有先行之魂、先试之魄的校长。闽在东南,闽在天涯。历史上由于远离中原而免遭战火,同时闽人由于山高皇帝远而放榨高怀,改革开放后福建抓住机会率先改革,竞相开放,创造了连续三十年高速发展的奇迹。作为闽派特色的教育家型名校长当然也应该敢为人先,敢为天下首,既大开大合,又知微知彰,方可弄潮学界,推动福建教育走在全国前列。其三,闽派特色的教育家型名校长应该是敢说敢干、爱拼会赢的校长。闽风勃烈,闽性刚直,尤其是闽南之地,民众性情豪强,有着强烈的垦荒意识和求胜心理。作为闽派特色的教育家型名校长当然也应该像拓荒牛一样淳厚朴实,勤勉敬业,靠实干打出一片新天地,办人民满意的新教育。其四,闽派特色的教育家型名校长应该是富有爱心、持有慈德的校长。在福建历史上,有海上妈祖、陆上靖姑的美丽传说;在现代人物中,又有冰心、林巧稚这样具有同情心、慈悲心的伟大人物。今天,我们仍然要以春风化雨、润物无声之情怀去办好兼爱敦亲的教育。因此,闽派特色的教育家型名校长应该具有知性形象、感性关怀、智性办学的心灵与行动,方能把教育办成真正充满真善美的伟大事业。

闽山何苍苍,闽水何决决!闽山闽水孕育了优秀的儿女,也培养了成千上万杰出的名士英才。"海滨邹鲁""武夷书香""东南学府""高考红旗"在中国教育史上曾经竞相出镜,领尽风骚。曾经沧海,又上高楼!而今,历经3年培养,90余名中小学名校长培养人选在整体上有了质变,教育思想精彩纷呈,各成体系。同时,一大批名校强劲崛起,优质而有特色。毫无疑问,名校长培养工程已经实现了3年前设计的目标,即按名校长标准培养了一批办学理念先进、综合素质较强、治校能力突出、发展特色显著、区域引领强劲,同时具有国际视野和闽派特色的中小学名校长。为此本系列丛书集辑了名校长的教育思想和骨干校长的办学理念,从中可见这批先行者的艰苦探索和深刻思考,也将给八闽各地其他校长以教育启迪。我们相信,这个群体中的一批精英将脱颖而出,他们怀着教育理想而追梦,沿着中华民族伟大复兴的轨道前行,其迅速成长指日可待,我们为此仰天祈愿!

是以为序,并预祝闽派特色的教育家型名校长群体如愿崛起!

黄家骅

2015年8月3日于福州梦山

内容简介

本书以和谐向上的教育思想作为学校文化建设的基本内涵,从理念与思想建设、人本与主体建设、环境与氛围建设和内容与形式建设 4 个方面,全面阐述学校要追逐向上发展的梦想,就必须谱写和谐美妙的韵律,老师、学生和学校才能健康持续发展。

序　言

　　教育是人类得以生存和发展的一种伟大事业,是有规律、有周期、有惯性的一种社会活动;教学是教师将人类先进思想文化与知识能力传递给学生,并形成教与学互动的社会实践活动;学校是开展教育教学活动的最主要场所,承载着教育的神圣使命与重要责任。为此,如何建设学校?建什么样的学校?始终是教育改革与发展的核心问题,也是广大教育工作者始终应思考与实践的永恒课题。

　　教育是一门科学,科学需要求真;教育是一种事业,事业需要奉献;教育是一种艺术,艺术需要创新。那么如何将科学作为事业、将事业升华为艺术,去求真、奉献、创新呢?我们应善于学习,积累和丰富自己的文化底蕴,并在教育管理实践中运用我们的智慧、展示我们的才华、提升我们的教育实效。

　　人类社会的教育思想与学校管理理论,可谓卷帙浩瀚、多元并存,教育论著亦是汗牛充栋、丰富多彩。然而随着时代的发展变迁和教育改革的呼唤,当代教育理念与思想必须与时俱进、创新发展。广大教育工作者,尤其是校长,工作在学校管理与教育改革的第一线,在教育实践中有许多切实深刻的感受,应当不断地学习优秀的教育思想,总结先进的教育经验,不断地创新自己的教育思想与办学理念,这是教育事业发展的需要,也是学校教育改革与发展的需要,更是教育工作者自身专业成长的需要。

　　我很欣喜地看到萨大庆校长《谱和谐之韵　逐向上之梦——构建和谐向上的学校文化》的书稿,感叹其思考与感悟,赞颂其精神与成果。

　　据本人不全面考证,当今福州市中小学校长写出学校管理和教育思想专题论著的人不多,小学校长更是鲜有听说。因此,暂不论本书思想内容的科学性与先进性,就萨大庆校长这种勇于创新地阐述自己的教育思想、大胆地写出这本专著的精神气魄就十分令人钦佩。福州教育学院附属第一小学(简称"一附小")是一所百年老校,有着深厚的文化底蕴,萨校长在一附小13年多的校长工作经历基础上,认真总结学校原有文化内涵,积极探索和实践和谐向上的学校文化,学校师生团结进取、和谐融洽,教育教学成果斐然,得到社会和家长的广泛赞誉,已成为福州市一所名副其实的窗口小学。这些实际成绩的取得是萨校长和谐向上教育思想和办学理念的体现。

本书从中华优秀传统文化中提炼出"和谐向上"的理念与思想,并用这种思想指导学校文化建设,从和谐向上学校文化的理念与思想建设、人本与主体建设、环境与氛围建设、内容与形式建设等角度,系统地阐述了和谐向上学校文化建设的内涵。这是作者多年教育管理实践经验的总结,是其教育理念与思想的升华。

萨校长作为首批"福建省中小学名校长培养工程"中的一员,认真学习,努力探讨实践,得出了丰硕的成果。书中学校管理和文化建设方面所涉及的一些宝贵经验和理论思考,其他兄弟学校开展这方面工作时可予以借鉴。

承蒙萨大庆校长的信任,特述数语,题以为序。

郑 勇
2015年6月30日

前　言

和谐社会是人类梦寐以求的一种理想社会,也是马克思主义政党积极追求的一种理想社会形态。党的十六大从全面建设小康社会、开创中国特色社会主义事业新局面的全局出发,明确提出构建社会主义和谐社会的战略任务。

和谐文化是社会的主流文化,学校文化是一种社会亚文化,是特定学校中形成的特殊文化,由该校全体师生在学校长期的教育教学实践过程中积淀和创造出来,并成为其成员所认同和遵循的价值观、行为准则及其规章制度、行为方式、物质设施等文化自觉。十七届六中全会通过的《中共中央关于深化文化体制改革、推动社会主义文化大发展大繁荣若干问题的决议》,对新形势下推进我国社会主义文化发展与繁荣提出了指导性的要求与目标。学校文化是社会文化的重要根基,是社会主义精神文明建设的基础性工作。党的十八大提出全面建成小康社会、实现振兴中华的"中国梦",我们基础教育工作的人们理应共同为社会主义文化的发展与繁荣做出不懈努力。

笔者从事小学教育工作35年,在福州市教育学院附属第一小学当了13年多的校长,在工作实践中学习探索,形成了一些和谐向上的教育理念与思想,尤其是在学校文化建设方面开展积极的探讨与实践,现整理成文,真诚与大家分享交流,但愿能引发大家更深刻、更丰富的一些思考。

作者

2015 年 5 月

目 录

第一章　和谐向上学校文化的理念与思想建设 ……………… 1

第一节　"和谐向上"文本解读 …………………………………… 1
　一、中华"和谐"思想的渊源 ……………………………………… 2
　二、"和"字解析 …………………………………………………… 5
　三、"和谐向上"释义 ……………………………………………… 6

第二节　和谐向上学校文化的功能 ……………………………… 14
　一、直接功能 ……………………………………………………… 14
　二、间接功能 ……………………………………………………… 17
　三、目标功能 ……………………………………………………… 20

第三节　思想理念是学校文化的灵魂 …………………………… 21
　一、思想理念的内涵分析 ………………………………………… 21
　二、校长的思想理念是学校文化的核心 ………………………… 27

第四节　和谐向上的教育思想与理念 …………………………… 38
　一、教育是自觉主动的传承 ……………………………………… 38
　二、教育是播撒向上的希望 ……………………………………… 41
　三、教育是和谐愉悦的心智培养 ………………………………… 45
　四、教育是和谐向上的成长过程 ………………………………… 48
　五、教育的根本是培养人的自信 ………………………………… 51

第二章　和谐向上学校文化的人本与主体建设 ……………… 56

第一节　领导班子是和谐向上学校文化建设的关键 …………… 56
　一、提高学校领导班子集体思想素质 …………………………… 56
　二、校长要用心团结班子成员 …………………………………… 62

三、分工明确与通力合作 ………………………………… 65
第二节　教师是和谐向上学校文化建设的主力 ……………… 69
　　一、"爱"是教师的思想核心 …………………………… 69
　　二、思想是教师育人的灵魂 ……………………………… 72
　　三、思想是事业发展的基石 ……………………………… 74
　　四、牢固树立"和谐向上"思想 ………………………… 77
　　五、和谐向上是学校发展的动态过程 …………………… 85
第三节　平等是和谐校园人际关系的思想基础 ……………… 90
　　一、管理者与教师 ………………………………………… 90
　　二、教师与教师 …………………………………………… 92
　　三、教师与学生 …………………………………………… 96
　　四、学生与学生 …………………………………………… 98
第四节　和谐向上学校文化的基本范式 ……………………… 102
　　一、和谐向上的学校是一所制度健全的单位 …………… 102
　　二、和谐向上的学校是一个公平正义的集体 …………… 105
　　三、和谐向上的学校是一座诚信友爱的家园 …………… 107
　　四、和谐向上的学校是一支充满活力的团队 …………… 110
　　五、和谐向上的学校是一种人物共济的境界 …………… 112

第三章　和谐向上学校文化的环境与氛围建设 ……… 116

第一节　家庭教育的环境与氛围 ……………………………… 116
　　一、父母的天职 …………………………………………… 116
　　二、教子有方 ……………………………………………… 120
　　三、溺爱妨碍孩子成长 …………………………………… 129
第二节　学校周边的环境与氛围 ……………………………… 135
　　一、"三结合委员会" …………………………………… 136
　　二、全面立体配合 ………………………………………… 138
　　三、派出所和社区 ………………………………………… 141
第三节　学校安全的环境与氛围 ……………………………… 144
　　一、安全是"天大的事" ………………………………… 144
　　二、安全不是"天塌的事" ……………………………… 149
　　三、和谐处理安全事故 …………………………………… 153
第四节　自然社会的环境与氛围 ……………………………… 157
　　一、世界是多元的 ………………………………………… 157

二、人是不同的 …………………………………………… 165
　　三、社会是多彩的 ………………………………………… 170

第四章　和谐向上学校文化的内容与形式建设 …………… 178
第一节　学校文化的传承与发展 ………………………………… 178
　　一、传承学校文化 …………………………………………… 178
　　二、创新学校文化 …………………………………………… 183
第二节　学校文化的内容创新 …………………………………… 189
　　一、德育首位的特色优势 …………………………………… 189
　　二、科研强校的质量意识 …………………………………… 195
　　三、以人为本的管理模式 …………………………………… 205
第三节　学校文化的形式塑造 …………………………………… 213
　　一、树立校风 ………………………………………………… 214
　　二、创意标识 ………………………………………………… 218
　　三、课堂文化 ………………………………………………… 220
　　四、教师文化 ………………………………………………… 222
　　五、物化文化 ………………………………………………… 225

参考文献 ……………………………………………………………… 233

后　记 ………………………………………………………………… 234

第一章 和谐向上学校文化的理念与思想建设

人们往往羡慕物质财富丰足的人,却容易忽略思想涵养高尚的人。智者乐水,仁者乐山。其实,中国人历来十分重视自身思想素养的修炼,《大学》开篇就指出:"自天子以至于庶人,一是皆以修身为本。"因此,人最难能可贵的是提升自己的思想境界。

英国著名作家萧伯纳说:"两个人在一起交换苹果与两个人在一起交换思想是完全不一样的。两个人交换了苹果,每一个人手里还是只有一个苹果;但是两个人交换了思想,每一个人就同时有了两个人的思想。"

况且,一种思想拿出来与大家共同分享交流,不仅仅分享到别人的思想,更是思想与思想的撞击,这种撞击会产生很多联想与感悟,从而可能迸发出新的思想火花。《学记》中说:"独学而无友,则孤陋而寡闻。"思想需要交流、碰撞与切磋,只有在深刻的感悟中,才会产生很多新的思想认识。因而,我们要建设和谐向上的学校文化,就必须对和谐向上学校文化的渊源与相关思想理念展开深入的探讨与交流。

第一节 "和谐向上"文本解读

"和谐向上"的思想渊源来自于中华传统文化的思想核心——和。

中华文化思想处处都与"和"的思想理念相联系,如家庭和睦、社会和谐、世界和平。始建于明永乐四年(1406)的故宫是中国现存最大、最完整的古建筑群,其金碧辉煌、庄严绚丽的三大殿的殿名:"太和殿""中和殿""保和殿"均有一个"和"字,这个"和"字意味深远。

2008年北京奥运会开幕式上表演的活字印刷术,从古代象形字到秦统一中国的小篆,篆、隶、楷、行、草,直到现代简体字,中华文明历史进程中3个不同字体的"和"字向全世界观众展示了几千年的汉字进化与演变的过程。一个大大的"和"字,把中华文化的思想核心淋漓尽致地展现在世人面前,震撼着每一位观众的心,震撼着世界上每一个爱好和平人的心。

谱和谐之韵 逐向上之梦
——构建和谐向上的学校文化

一、中华"和谐"思想的渊源

习近平说:"老子、孔子、墨子、孟子、庄子等诸子百家学说至今仍然具有世界性的文化意义。"因此,我们应当继承和发扬中华民族优秀的思想文化精髓。

中华文化博大精深,儒家、道家和佛家可称为中华文化的三大主要思想体系,其他各种思想学说百花齐放。各种思想文化既相互批判、各有其自己的理论体系特色,又互相借鉴学习、创新发展,从而共同交汇融合到中华思想文化的大潮当中。然而我们认真寻源分析,这些其实都离不开一个重要思想——"和"的思想文化。

1. 儒 家

谈论中国的思想文化与教育渊源,我们很自然地想到两千多年前的孔子。孔子(前551—前479)是春秋末期的伟大思想家、教育家,是我国古代教育思想的奠基人和儒家学派的创始人,我们称之为孔圣人。儒家思想内容丰富,博大精深,对中国思想与文化有着极为深远的影响。"和"是儒家特别倡导的伦理、政治和社会原则。

"仁爱"是儒家思想的核心内容,倡导的是"仁义道德,舍生取义",讲的就是"爱人""亲和"的互相帮助、互相爱护的和谐理念。"礼之用,和为贵""君子和而不同,小人同而不和"的谆谆告诫,还有"和无寡,安无倾"的社会理想,蕴含了仁爱和谐的尚和精神。《中庸》的"致中和",把"中和""中行""中道"提升到宇宙精神的高度。"中庸之道"是儒家为人处世的基本之道,表现为中正、公允、平和的处世原则,以及温、良、恭、俭、让的处世态度,讲的就是不偏不倚、不上不下的中道思想,是融汇各方之所长、汲取最合理之道的大智慧。中庸的主要思想,在于论述为人处世的普遍原则,不要太过,也不要不及,要恰到好处。"和而不同"与"过犹不及"的实质乃是强调矛盾的统一与均衡,强调通过对事物之度的把握以获得人际关系的和谐,避免人与人、人与社会乃至国家、民族之间的对立和冲突。

儒家学说中"仁义"、"亲和"、"和为贵"和"中庸"等思想观念根深蒂固,乃至于影响了整个中华文化的思想根基。"和为贵"成为中国人为人处事的基本思想理念,中国人的性格骨髓中之所以流淌着"和"的血脉,就是因为儒家思想的影响。

孟子(约前372—前289)虽属于儒家,但他继承和发展了孔子的德治思想,主张"仁政学说",这是其政治思想的核心。孟子把"亲亲""长长"的原则运用于政治,以缓和阶级矛盾。孟子认为"性本善",把道德规范概括为4种,即仁、义、礼、智。同时把人伦关系概括为5种,即"父子有亲,君臣有义,夫妇有别,长幼有序,朋友有信"。孟子认为,仁、义、礼、智四者之中,仁、义最为重要。仁、义的基础是孝、悌,而孝、悌是处理父子和兄弟血缘关系的基本的道德规范。他认为如果每个社会成员都用仁义来处理各种人与人的关系,封建秩序的稳定和天下的统一就有了可靠保证。可以说,孟子是亲民的和谐民本思想的先驱者。

荀子(约前313—前238)的思想特征是综全百家,出入道法,这正与"采儒墨之善,撮名法之要"的黄老之学相契合。荀子提出关于天人关系"明于天人之分"的辩证观点,主张不以主观意志代替客观职能,强调"天行有常"的规律性,反对背道而妄行的主观唯心论;又强调"制天命而用之"的能动性,反对自然命定论。使自然无为与人道有为在较高的理论思维水平上得到统一。荀子认为,"知有所合谓之智""能有所合谓之能",人们认识世界和改造世界的知识和能力只有在主观符合客观的前提下才能实现。要做到这一点,必须在认识过程中充分发挥"天官"(感觉器官)和"天君"(思维器官)的作用。这种认识上的辩证方法以感性认识为基础,但又克服了狭隘经验论的局限性,强调理性思维的能动作用。荀子的思想本质其实就是"和谐向上"的思想意识。

西汉"大一统"的设计者董仲舒(前179—前104)在他著名的《举贤良对策》中系统地提出了"天人感应""大一统"学说。他认为天是至高无上的人格神,不仅创造了万物,也创造了人。因此,他认为天是有意志的,和人一样"有喜怒之气,哀乐之心"。人与天是相合的。天意要大一统的,汉皇朝的皇帝是受命于天来进行统治的。各封国的王侯又受命于皇帝,大臣受命于国君。家庭关系上,儿子受命于父亲,妻子受命于丈夫,这一层层的统治关系,都是按照天的意志办的。他的天人合一的天道观思想是其思想核心。

2. 佛家(释家)

佛教虽然是两千多年前从印度传入中国的舶来品,但佛教在中国的传播与发展就是一个融和中华文化的发展过程,并形成了具有中国特色的中国佛教文化。

佛家的思想品格是"慈悲"两字,世间人际关系崇尚为人和蔼、虔诚,处事平和不争。虽以出世思想为终极旨归,但在入世的人际关系方面非常重视"和"思想的宣传与灌输。

要顺和天意,尊重因果,意念慈善;要顺和人意,众善奉行,诸恶莫做。佛家认为前因和后果是有必然联系的,因此,奉劝人们多行善事,不做坏事,善有善报,恶有恶报,倡导的是因果报应,有求必应,行善积德,并能预知未来。佛家认为宇宙万事万物都是众缘和合的生灭现象,都处在一定的因果联系之中,是相互依存的关系,相互对应,相互统一。天意和人心要统一,原因和结果要一致,这里蕴含着非常深刻的和谐一统的"和"的思想意境。

3. 道　家

老子是我国人民所熟知的一位古代伟大的哲学家和思想家,所编撰的《道德经》开创了我国古代哲学思想的先河。《道德经》虽只有五千多字,但它思想深邃,内涵丰富,有朴素的辩证法思想。

道家的思想核心或老子哲学的中心思想,就是"道",认为"道"是世间万物的本源。老子言,"人法地,地法天,天法道,道法自然""万物皆由和气产生"。天道,自然无为;人道,顺其自然。"道"无声无形地存在和运行,先天地而存在,循环运行不息,是产生天地万物之"母"。

天人关系的架构就是和谐自然。道家强调一切要顺应自然,提倡清静无为,知足寡欲。社会动荡的根源在于人们的行为违背自然,所以提出"无为而治"的主张等。顺天,从地,和人,天地人自然融合,其实就是一个非常深厚透彻的"和"的思想。

庄子的思想主要由道家发展而来,认为"道"是"先天地生"的"非物"。对待生活的态度是:一切顺应自然,安时而处顺,知其无可奈何而安之若命。对待政治的主张是:无为而治,反对一切社会制度。庄子认为事物存在对立统一:"安危相易,祸福相生,缓急相摩,聚散已成"。庄子虽然是相对主义的"不别同异""万物一齐"的消极"和谐"思想,但其顺其自然、不求名、不求利、淡视生死的逍遥主张,对人们在工作、生活和社会的和谐相处很有意义。

4. 墨家学说

墨子(约前468—前376)的主要思想是"非攻""兼爱",其实就是"利爱百姓",包含平等与博爱的"和谐"意思。墨子要求君臣、父子、兄弟都要在平等的基础上相互友爱,"爱人若爱其身",并认为社会上出现强执弱、富侮贫、贵傲贱的现象,是因天下人不相爱所致。墨子认为"天之爱民之厚",君主若违天意就要受天之罚;反之,则会得天之赏。墨子主张"尚同""尚贤"。"尚同"是要求百姓与天子皆上同于天志,上下一心,施行义政。"尚贤"则包括选举贤者为官吏,选举贤者为天子国君。对于贤者则不拘出身,提出"官无常贵,民无终贱"的主张,这里就有深层次"和谐"的思想意识。

5. 易　经

《易经》诞生于三千多年之前的周朝,是中华古老而又璀璨的文化瑰宝,中国很多思想大家包括孔子、老子、庄子等都从《易经》中得到极大的养分。《易经》可谓百家之源、群经之首。古人用《易经》来预测未来、决策国家大事、反映当前现象,上测天,下测地,中测人事。其实,《易经》中充斥着"和谐向上"的思想理念。

《易经》的宇宙思维模式就是"天人合一"的和谐境界。《易经》中用乾、坤二卦代表天、地,天、地便代表了自然界。在《易经》看来,天地间的万物均"统"之于天,地与天相辅相成,不可缺一。但地毕竟是"顺从天"的,所以,天可以代表整个自然界,天"和"万物。《易经》的这种"天人合一"的宇宙思维模式,充分注重了从整体的角度去认识世界和把握自然界,把人与自然看成是一个互相感应的和谐整体。《易经》《象辞》中"亢龙有悔,盈不可久也",意思就是龙飞到了过高的地方,必将是会后悔的,因为物极必反,事物发展到了尽头必将走向自己的反面。《象辞》曰:"出门同人,又谁咎也!"就是说:一出门便能与人和睦相处,又有谁会来危害你呢?这里充满和谐的思想意识。

《乾卦·象辞》中的:"天行健,君子以自强不息"——天道运行周而复始,永无止息,谁也不能阻挡,君子应效法天道,自立自强,不停地奋斗下去。这里充满了"和谐向上"的精神,"自强自立"已成为很多人自强生存的座右铭。

《坤卦·象辞》中的:"地势坤,君子以厚德载物"——"坤"象征大地,君子应效法大地,胸怀宽广,包容万物。"厚德载物"已成为历代社会的至理名言。

《易经》看似算卦,其实在"风水"的卦测里面蕴含全面深刻的天、地、人三者和谐向上的规律。

二、"和"字解析

中国人聪明智慧,象形的造字很讲究意境与韵味,"和"字的古今造字都有丰富深刻的"和谐向上"思想意义在里面。

1. 古 解

"和"字在我国三千多年前的甲骨文中就已经单独出现,"和合"一词在古书中也多次出现,《国语·郑语》:"契能和合五教,以保于百姓者也。"

东汉许慎《说文解字》:"和",口部作"咊",解为"相应也",系与入口之饮食有关。龠部有"龢"字,解为"调也",本是乐器的象征,皿部有"盉"字,解为"调味也",原指调味器,就有调和的意思。"咊""龢""盉"三字,同音同源,字形虽异,却都以"禾"字为旁。"禾"乃是"和"的观念的基本喻象,透露出农耕文明的历史特点。当然,"和"的概念也在发生演变:由实转虚,它逐渐从形而下的具体器物与感官经验抽象为形而上的价值理念和精神诉求,用来表达协调、调和、协和、和谐、和睦、和平、平和等思想观念。

先秦诸子百家对"和"的意蕴、价值、实现途径和理想状态进行理论阐发,使之成为中华民族精神之自觉。"和"成为涵盖自然(天地人)、社会(群家己)、内心(情欲意)等层面的基本原则,以及修身、齐家、治国、平天下的本质规定。可以说,一个"和"字,差不多反映了中华文明的精神特质。

2. 今　译

现在中国的"和"字,是由古代字简化和推演而来的,也能深刻地体现"和谐向上"的思想内涵。

从字的结构看,"和"是合体字。"和"由"禾"与"口"的两个独体字组成,"禾"是谷类植物之意,"口"是人食之道。民以食为天,人要生存首先就是吃饱肚子。一个人有饭吃,个人就能和顺了;一家人有饭吃,家庭就和睦了;社会上的人都有饭吃,社会就和谐了;世界上所有的人都有饭吃,那世界就和平了。

从书写上看,我们要先写"禾",才写"口",其意思就是没有万物生长的"禾",就根本谈不上我们人类"口"中的食,更谈不上人们的穿、用、行了。因此,我们人类只有依赖自然界的植物生长,并维护自然生态的枝繁叶茂,才有我们人类生存繁衍与繁荣昌盛的可能。因此,"禾"与"口"组成的"和"字,把自然界万物生长的"禾"与智慧人的"口"紧紧地"和"在一起;只有"禾"是孤单的植物类,只有"口"人也生存不了,"禾"与"口"合为一体的"和"就是自然与人类组成的和谐世界。自然界与人类平等相处、不离不弃、共同和谐发展。万物有了人类,就有了生长存在的意义;人类有了万物,才有了和谐的社会,并能创造更加丰富多彩的世界。

从词性上看,"禾"与"口"联合在一起组成一个连词的"和"。一个连词的"和",把世界上所有的人、事、物都"连"在了一起。有了"和"才有了你我他,才有了日月星辰的一年四季,才有了植物的生根、成长、开花与结果,才有了万物联合在一起和谐互动的作用与意义,才有了学校、社会以及自然界中各种动植物生长与延续的源泉。有了"和",世界的万事与万物才能循环反复、兴旺繁荣。

一个"和"字,体现了多么深刻的生活和社会的哲理,这个字也是自然与人类的完美结合与和谐统一,体现了大自然与人类社会唯有"和谐"才能"向上"发展的客观规律。

"和"是天地存在之大道,"和"是世界发展之正道。

三、"和谐向上"释义

"和谐向上"的内容看似平实浅显,其实内涵极其丰富,有着对立统一、相容发展的深刻规律,它对我们每个人一生的学习、工作和生活,乃至于整个自然社会的发展都有重要意义。

1."和谐向上"思想理念内涵

"和谐向上"的核心内涵都在于古代沿承下来的"和"字。一个"和"字把我们(包括世界万物)联合在一起,但是有了在一起的"和"还远远不够,因为人与自然界是变化发展的。因此我们还要相互协作、相互关心、相互帮助、包容礼让、和睦相处，这就是"和谐"的基本意思。有了"和谐"，人们才能愉快生活；有了"和谐"，环境才能更加美好；有了"和谐"，自然才能昌盛繁荣；有了"和谐"，社会才能发展进步；有了"和谐"，我们才能创造更加美丽的世界；有了"和谐"，世界才能"向上"发展。和谐是美，和谐是韵，在美韵的基础上构建人类社会的向上之梦，这就是"和谐向上"的基本意义。

世界万物的运行有一定的规律性。"和谐"是世界万物能够存在的基础，是自然社会"向上"发展的基本规律，没有"和谐"就没有人类与自然的存在与发展。和谐是一种平衡，和谐是一种融洽，和谐是一种协调，和谐是一种妥协，和谐是一种规律，和谐是一种自然，和谐是一种存在，和谐是一种对立的统一。但只讲"和谐"也还不够，只有"和谐"，社会和自然就停止发展了，"向上"是"和谐"的发展和进化，是世界万物生存和生活的目标，"向上"才有希望，"向上"才能进步，"向上"才有追求，"向上"才有未来，"向上"发展了"和谐"才有了真正的意义；"和谐"是为了"向上"，"和谐"必须"向上"，但"向上"不能破坏"和谐"，"向上"破坏"和谐"就必定遭到惩罚，"向上"应当维护和促进已有的"和谐"，使之达到更高层次的"和谐"。因此，"和谐向上"应该是社会和历史发展的本质规律，也应是我们共同追求的思想境界。

人类本身要和睦相处并向上发展，但人类的和谐发展必须以与天地的和谐相处为基础，因为人类的发展是依赖大自然的，是与大自然共存亡的，必须顺天意、接地气。人类与自然界的和谐相处才是人类和谐向上的本质要求。人类不能为了自身的向上发展损害其他动植物的生存和发展，不能违背大自然的发展规律。顺应自然才能利用自然，顺从大自然的发展规律，我们人类才能按客观规律"和谐向上"地向前发展。

中国的历史分分合合，虽有无数次的内战与外侵，最终还是融和为中华民族。搞分裂者必成民族败类，助统一者定成民族英雄。家和万事兴，人和事业旺。天时、地利与人和是万事成功的基本要素。

中华民族"和谐向上"的思想与性格，使中国人到世界各国都能很好地生存和发展，与他国人民和谐相处；传播中华文化，使中国人与世界人民紧紧相连。"和谐"能顺应历史发展，"和谐"能使国家繁荣昌盛，"和谐"能促世界安康同乐，唯有"和谐"才能"向上"发展。

孙中山先生说："世界潮流浩浩荡荡，顺之者昌，逆之者亡。""和"是中国人的思想核心，"和为贵"是中国人的处事之道，"和谐向上"是中国社会和世界历史发展的必然潮流。

2. "和谐向上"体现先进思想

在世界历史文化和各种思想观点的影响下，各种思想意识形成了极为丰富的思想文化内容，它们或好坏交织，或相得益彰，或互为补充，大到治国方略，小到养家糊口，精到养生之道，细到为人处事等，其思想内容相通相容、相互借鉴，都有重要的意义。例如，《孙子兵法》的三十六计，每一计既适合行军打仗，也可以引申运用到人际交往的具体办事当中。人类社会的复杂性是由人们思想认识的发展性、多样性、交融性和爆发性造成的。

由于社会的复杂性，以及名利对人的引诱性，使得人类社会思想多元，各种矛盾纷争层出不穷。人们渴望生存、希望发展、期待向上，但必须遵守自然规律和大众法则，应当追求互惠互利，这样个人与社会的发展才能不断和谐向上。

因此，"和谐向上"是一种科学先进的好思想。"和谐"就是合乎自然发展规律和社会大众的基本规则，有广泛的自然社会基础与和睦和谐的相互关系；"向上"就是应促使人和社会健康向前发展，而不是停滞不前的。"和谐"与"向上"是有机的统一整体。"和谐"是"向上"的前提基础，"和谐"促使"向上"，只有事物诸要素之间和谐互动，才能产生事物发展的生发力量，才能为"向上"提供强劲发展动力；"向上"是"和谐"的发展成果，"向上"应当要"向善"，"向上"应该具有包容性，要促进"和谐"并达到更高层次的"和谐"，为进一步"向上"打下更厚实的基础，"向上"破坏"和谐"就失去了"向上"的根基，就不可能持续"向上"发展。"和谐向上"的真谛就是持续、稳定、和谐地向上发展，而不是只图一时地快速向上发展。

"和谐向上"的思想归结起来应是：明在人心，和于民众，融于自然，顺天合地，唯物实际，辩证统一，健康向上，持续发展。

"和谐向上"是我们生活和工作应有的健康正确的思想理念，它能指导我们平和正确地对待大自然和社会生活中出现的问题，促使我们妥善处理好各种关系，乐观勤奋地努力工作，科学务实、积极向上，正确面对工作和事业中的成功与失败、生活和家庭中的欢乐与痛苦，调整平和心态，不受或少受各种因素影响，不断向着合理正确的方向发展。

"和谐向上"应当是社会发展和个人成长的先进科学思想，是我们学校教育和家庭教育要认真遵循的育人法则，也是笔者正在学习思考，并探索实践的教育思想和办学理念。

3. "和谐向上"促进幸福人生

人的一生路途漫漫，要学习、生活和工作，有顺利、挫折与等待，一切都是为了追求幸福和谐的人生。平淡才是真，平和才有情，在平淡、平和中积极向上发展。只有和谐处理好自己与自然、自己与社会、自己与家庭、自己与工作、自己与朋友等各种关系,平和正确对待生活中出现的各种状况,才能体会人生的乐趣,才能稳定向上发展,才能创造自己的幸福人生。爱家庭、爱朋友、爱工作、爱社会、爱自然,就是一种和谐融洽的表现,只有这样,才能得到家庭、朋友、工作、社会和自然对你的回爱。我们要容别人所短,也要容别人所长;要欣赏别人对你的表扬和鼓励,也要包涵和理解与你意见不同的人;要与一起学习、生活和工作的人和谐相处,这样才能其乐融融,才能更好地得到大家的关心、理解和支持,才能幸福生活,才能不断向上进步。

庄子曰:"大知闲闲,小知间间;大言炎炎,小言詹詹。"大智的人广博雅致,小智的人固执偏狭;高谈阔论的人盛气凌人,具体而论的人争辩不休。俗语又说:"大人贤贤,小人尖尖",我们不要做损人利己的事,踩压着别人满足了自己,这就破坏了和谐融洽的环境氛围,最终自己必受惩罚。俗语还说:"成于勤勉,败于享乐",不要只图自己的利益、巧取豪夺,只想自己轻松享乐。躺在前人或已有的财富上享福,不思进取,必定坐吃山空走下坡路。只有既豁达坦荡——"和谐",并积极进取——"向上"的人才会得到更多的人的信任与拥戴,才能走好自己的人生之路。

一个人的能力有大小,智慧有高低,信仰有不同,但有了"和谐向上"的思想理念,就能坦然面对未来的人生路,就能逐步树立正确的人生观、世界观和价值观,用自己的思想与言行得到周围人对你的信任与支持。我们每个人应当不断提升自己的思想素质,科学合理地理解和运用"和谐向上"的思想理念,这必将提升我们的生活质量,指明我们的努力方向,扩展我们的发展前程,促使我们的工作和生活更加有意义,也将使我们更加胸有成竹地面对眼前和未来所发生的一切,促使自己的一生和谐幸福、向上发展。

少年儿童的发展也应是"和谐向上"的,要德智体美劳全面协调地发展进步,要适合孩子年龄特点地持续稳定向上,不能为了孩子的学习成绩或某一方面的向上发展,而影响孩子的身心和谐发展。健康第一,品德为上,立德树人,协调促进。适合的就是最好的,喜欢的就能进步,这就是和谐向上。只有依据孩子的实际情况,全面和谐发展才能促进孩子某一方面的健康发展,也才能使孩子未来的发展持续稳定。学会做人,学会生存,诚实友善,团结友爱,奋发努力,积极向上,用优良的品德引领人生道路。因此,"和谐向上"能促使孩子树立好品德、培养好行为,引领孩子健康、全面、持续地向上发展。

我们每个人不可能都成为思想家,但睿智的人应自觉地、不断地提高和丰富自己的思想素养,使自己的思想更加稳健和正确。因为一个人的思想观念是随着社会生活的磨砺和其他各种思想文化的学习、影响,乃至于社会地位和

谱和谐之韵 逐向上之梦
——构建和谐向上的学校文化

物质生活的变化而不断发生变化的,特别是随着物质生活条件的改善和人际圈子的变化,人的思想可能发生非常大的变化。人的思想观念经过人生磨砺与学习汲取有可能向更加正确、健康向上的方向发展,但由于生活条件改善又不注意思想修炼并受人的本性劣根的骚扰,也有可能向不好的方向发展变化。

自然社会是丰富多彩并且复杂多变的,思想文化是五花八门且引人入胜的,物质金钱是令人神往且充满铜臭的,食欲色情会使人心驰神往且能激起人本能劣根的,各种影响和熏陶同自身经历的感悟相融合就可能加深或转化个人的思想认识。我们有不少原本很优秀的干部,因为物质条件和接触的人际圈子等发生了变化,思想观念发生巨大的蜕变,走向人民的对立面,与社会和民众不和谐了。只有加强学习、加强修炼、加强磨砺,才能使好的思想更加稳固与发展,不好的思想观点侵蚀不进来。出淤泥而不染,保持清醒健康的平和心态,平和对待眼前的绚丽多彩,就能做到常在河边走就是不湿鞋,才能在花开花落的人生路程上做到"任凭风浪起,稳坐钓鱼船"。

我们每一个人都应该而且必须重视思想素质的积累与提升,因为每个人真正意义上的差距,不是物质财富的差距,而是大脑智慧的差距,其实就是人的思想素养的差距。

自觉加强思想修养,不断丰富和充实和谐向上的思想理念,家庭会更加和睦,工作会更加和谐,生活会更加和美。和和美美,美美与共。

4. "和谐向上"充满辩证思维

"易,穷则变,变则通,通则久。"这是《易经》里《系辞》中说的,也是《易经》中一个重要辩证法则:"通变致久"。《易经》认为世间万物都是变化着的,只有天道规律本身不变,因此人就应该效法天道,不违天逆常,顺时适变,如此才可以保持长久。"和谐向上"思想就是充满"通变致久"的辩证思维和理性思考,是科学认识社会与自然的哲学理念。

一个人的思想素养不是与生俱来的,是靠后天学习、实践、感悟,再学习、再实践、再感悟而逐渐积累得来的。在改造客观世界的同时,努力改造自己的主观世界;在改造主观世界的同时,更加科学全面地认识客观世界。重要的是我们得出的思想认识要符合客观世界的本质规律——就是和谐的,同时对社会、自然和人们的生活有积极意义——就是向上的。

思想观念是我们对客观事物的理性认识,这个认识是否健康正确要由实践来检验。我们在日常的学习生活和工作实践中应不断学习和实践、总结和归纳、感悟和提升,把对客观世界的感性认知结合我们已有的知识经验转化为自己人生哲理和工作准则的理性认识,并在生活和工作实践中验证认识的科学性和正确性,不断矫正和丰富自己的思想理念,从而指导我们平时的学习、生活和工作。

　　真实反映客观世界的思想认识都是和谐向上的,它适合我们认识事物发展的客观规律,并能推进大家的学习、生活和工作。认真学习各方面的历史文化知识,广泛听取和吸收各种好的思想观点,并结合自己丰富的人生经历和深刻思索,再与人们交流,就可能形成属于自己的和谐向上好思想。关键是我们要正确地将其运用到实际生活和工作当中,这又是一个和谐向上的实践过程。

　　笔者在与一位老校长喝茶聊天时问他:"校长平常应当做些什么?"他指了一下茶意味深长地说:"很简单,就是喝茶、抽烟与喝酒。"笔者理解他说的"喝茶、抽烟和喝酒"的意思,其实是一种形象的比喻。"喝茶"就是校长要多与老师们聊天,多和同行们交流,加强思想认识和工作经验的互动,知道老师们在想什么,知道同行们在做什么,掌握实际情况的第一手资料。"抽烟"就是校长一定要多学习和思考问题,形成自己的教育思想和办学理念,校长还要广泛了解和研究上级方针政策和国内外教育信息,多思多想学校发展中的问题。"喝酒"就是校长不能闭门造车,要走出校门,疏通好上下左右等各方面的关系,多争取各方对学校工作的关心支持。老校长说得很形象,而且内含深刻的思想道理,是我们校长搞好学校工作的一种思路和思想认识。"喝茶"就是调查研究,"抽烟"就是思考问题,"喝酒"就是疏通关系,并不是叫我们校长真的去抽烟喝酒。老校长的办学方法里蕴含着"和谐向上"的思想理念。

　　所谓好的或科学的思想观点,应当是符合唯物辩证法的哲学思想,符合自然社会和人类历史的发展规律,能被社会民众普遍认同,并能启迪和引导人们健康正确的思想认知,引导自己、他人和社会和谐向上地向前发展。

　　其实,思想观念上的好中坏之分,就跟我们词性理解上有褒义词、中性词和贬义词一样,而在具体实施的方法和对象上却又要认真分析区别,社会之精彩复杂就在于此。要看我们用思想方法做什么事?怎么做?还要一分为二来看。例如,"诚实守信"是好的思想品质,但对待要欺骗你的人或你的敌人,就不能讲"诚信"。对这些人讲"诚信",则会损害自己和信任你的人,就可能危害民众和社会。世界上各种宗教都是不科学的唯心主义,但其中顺天应地、引导人行善积德等又有积极的意义,而且其中辩证的社会人生哲理意义深远,信徒敬仰,积淀成文,源远流长,都成为一种世界性的思想文化宝库。当然,有人利用宗教的旗帜,并加进一些极端主义思想,成为迷惑人们精神的邪教组织,那危害可就大了。

　　社会之丰富,思想之复杂,需要我们每个人认真地理解与运用;况且,思想理念是意识的东西,看我们怎么用,用在什么地方,用在有利于社会和民众上

谱和谐之韵　逐向上之梦
——构建和谐向上的学校文化

就是有益的,反之就成为有害的了。

我们每个人都处在"和谐"与"向上"的辩证统一中,"向上"发展了,肯定是"和谐"做得好;"向上"发展不了,或突然"向下"了,一般是"和谐"出了问题,这是人生与社会的自然规律与法则。当然有些机遇等客观因素我们把握不了,若以和谐的心态对待就会使自己还有向上的机会,平和对待本身就是向上的表现。牢固树立"和谐向上"的思想,我们不仅能立足社会,干好工作,还能主动把握自己的命运,精神生活也更加充实,使自己的人生坐标永远定在"和谐向上"上。我们常说:这个人是"好人",为人谦和,处事平和,其实就是这个人很"和谐";"好人"必有"好报",因为大家愿意与你合作交流,相信、支持你,"好报"就是"向上"了。"好人"就是有助于大家的人,就是有益于人民和社会的人。多帮助别人,必然多得到别人的关心帮助;多关心社会的人,必然得到社会与天的帮助,有天助的人,"向上"发展就顺其自然了。

当然,我们也不能把"向上"单纯狭隘地理解为得到名利或提拔、晋级等事业上的进步与认可,这就掉到功利主义的"和谐向上"理念中,这本身对"向上"的理解就与实际生活规律不和谐了。其实一次满意的备课,一个难点的攻克,一堂精彩的授课,一场顺利的活动等,都是在和谐自己与各种关系基础上的一种向上表现。我们平常和谐愉快地生活与工作都是和谐向上的美好过程。因此,"向上"是一种"向善",而不是"出恶"。平和的处事心态、和谐的人际关系,都是一种向上的表现;反之,一天天无所事事、不思进取,貌似"和谐"其实本身就与所处的工作环境不和谐,还会产生与同事和领导的矛盾。当然,在生活与工作的不和谐情况下努力求得生活与工作环境的和谐也是一种向上进步。当今,由于人们过于追求经济效益的向上快速发展,社会环境和自然生态产生很多不和谐因素,我们大家共同努力追求社会和生态的和谐就是积极向上的重要表现。

因此,"和谐"与"向上"是辩证的互动关系,相互依存、互为补充。在不"和谐"中追求"和谐"是"向上"的表现,在"和谐"中不求"向上"发展就不能保证"和谐","向上"能确保"和谐",也是更高层次的"和谐"。

5."和谐向上"能够面向未来

我们每个人一般都有好吃懒做、贪图安逸等本性劣根,并且后天的生活经历与利益诱惑,还会伴随一些劣根,这些劣根会膨胀发展使我们走向"和谐向上"的反面。我们要吸收好思想,抵制坏理念,修炼好品行,不沾坏习气,把好的思想观念持续科学地运用到实际生活和工作中,抵御本身劣根和各种不好思想的侵扰,使我们的生活和工作一直和谐向上。

社会与自然一般都处于原有的"和谐"状态,矛盾是绝对的,平静的"和谐"

是相对的,自然社会都是在一定条件下才保持和谐平稳状态的。我们要维护和建设和谐社会,但和谐是我们的手段不是我们的目标,我们建设和谐社会是为了社会更进步、经济更发展、人民更幸福,是为了达到更美好和更高境界的和谐。社会要发展,人类要进步,故步自封是没有出路的,也不能使现有的和谐长期保持下去,只有发展才有出路,只有发展才是硬道理,只有向上发展才能使现在的和谐更稳固,有更高层次的和谐。因此,"和谐向上"使我们面向未来,使我们更有信心建设和谐美好的未来。

中国在封建社会的鼎盛时期曾经是世界最发达的国家,但自高自大使封建保守思想越发严重,只想保持自己现有的"和谐"状态不求"向上"发展,不仅社会制度更加腐朽落后,而且阶级矛盾愈发尖锐,社会动荡,经济停滞不前,更为严重的是与整个世界"向上"发展的步伐严重脱节,自身与世界都产生极大的不和谐。落后必定挨打,与时代不和谐融洽肯定受惩罚,多少世界列强都曾侵犯掠夺过中国。只有奋发图强、努力奋进,才能融合于世界发展的洪流中,才能得到世界的认可与尊重,我们的社会也才能和谐稳定,人民才能幸福安康。

马克思主义是科学的好思想,形成了一整套基本的理论体系,已被实践证明是认识社会和指导社会主义革命的真理。然而马克思主义不是教条,是思想行动的指南,要与各国的实际情况相结合,因此马克思主义是不断创新、向上发展的思想理论。毛泽东思想就是把马克思主义同中国革命相结合并有所创新的好思想,也形成了一系列的理论体系,是马克思主义的继承与向上发展,指导中国革命走向胜利,建立了新中国;毛泽东思想也还要发展,才能指导中国的建设和改革开放,邓小平理论就是毛泽东思想的继承和发展,使中国走上繁荣幸福之路;当今我们要进一步改革开放,实现振兴中华的"中国梦",就必须进一步创新发展邓小平理论。因此,任何一种好的思想理论都不是僵化不变的,都要与具体的实际情况相结合,都要随着历史的发展和环境情况的变化而相应发展变化——与时俱进,也就是"和谐向上"的发展。

人都要有梦想、有追求,向上就是一种梦想与追求。中华民族伟大复兴的"中国梦"要靠一代代中华儿女拼搏向上的精神来实现,安于现状、不思进取不仅建不成繁荣富强的中国,还会造成落后,产生不和谐的社会矛盾,必定被人欺负;励精图治、努力创新才能完成振兴中华的伟大创举,才能使社会和谐、人民幸福安康。因此"向上"发展能促进"和谐"的社会,建设"和谐"的社会必须"向上"发展。

第二节　和谐向上学校文化的功能

学校教育是有目的、有计划、有组织地向青少年传授一定的社会规范、价值标准、知识技能的活动。我们构建和谐向上的学校就要明确其功能与作用，从而自觉地熏陶孩子的心灵，细致地塑造孩子的人格，全面地培养孩子的人生观、价值观，并打好各方面知识与文化的基础，为和谐向上的社会做出我们的贡献。

一、直接功能

校园中的人组成了一个大家庭，我们有缘相聚在一起，大家最直接的愿望就是和谐相处——团结、包容、互助、快乐，在此基础上又积极向上——学习、进取、竞争、进步。

1. 和谐相处

在和谐向上的校园中，大家都应平等相待、互相尊重、互相帮助、团结友爱、和谐相处，师生快乐地在校园中学习、生活和工作。幸福和谐的相处体验才能深刻理解和谐向上的意义，不管是老师、学生，还是校长、工友，都是校园中的一员，都应和谐相处。

物以类聚，人以群分。既然大家有缘相聚在一个校园里学习生活，就应当彼此珍惜，就应当和谐相处。人是有感情的，人们生活和工作在一起，应当追求愉快的情趣，营造融洽的相互关系，这是人们社会属性的基本心理需求，也是人生幸福和快乐的基本生活要素，更是我们建设和谐向上学校的基本要求。和谐相处的情感前提是平等相待、互相尊重。尊重不仅是一种文明素养的美德体现，更是获取双方内心与情感互动的一种心理需求。

"送人玫瑰，手留余香。"尊重是和谐相处的基本要求。老师根据岗位职责教育培养学生，同时要尊重学生，尊重门卫工友，还要尊重同事和家长等，用尊重获得对方的配合与支持，用尊重获得对方对自己工作和人品的尊重，用尊重使自己的教育教学工作顺利有效地实施；学生要按照学生守则要求努力学习，尊敬师长，文明守纪，团结友爱，同时要尊敬门卫工友，用尊敬换来别人对自己的关心爱护，用尊敬促使自己德智体更好更快地全面发展；门卫和工友在热情服务师生的同时，也应尊重学生，还要友善对待家长来宾等，用尊重得到校园中师生和家长等对自己工作和人品的尊重。

没有高贵的学生，没有低贱的门卫，只有工作内容不同的校园人，不应歧视校园中任何一个人。和谐的校园体现在"我爱人人,人人爱我",在此基础上恪尽职守地做好自己本职的工作。

教师充满爱心:教书育人,循循善诱;团结协作,爱岗敬业;严谨治学,刻苦钻研;热爱学生,为人师表。

学生充满信心:学习做人,文明守纪;团结友爱,诚实守信;刻苦锻炼,全面发展;尊敬老师,孝敬长辈。

工友充满热心:服务育人,热心细致;热爱学校,关心师生;热情接待,遵规守纪;互相配合,愉快工作。

和谐开心,愉快益智。学校是获取知识、学会做人的学园,学校是美化绿化、花香四溢的公园,学校是欢声笑语、快乐温馨的乐园。在校园中每个人都能愉快学习,愉快活动,愉快工作,愉快进步。因此,和谐向上的校园应当是学生、教师及员工都能和谐相处、快乐生活,校园中所有的人都开心和尽心地学习、生活和工作。

2. 和谐共进

校园中所有的人都和谐相处是和谐向上学校的基本要求,但大家在一起和谐相处是为了共同进步,学生、教师同学校一起都得到和谐向上的发展。"和谐"是氛围和基础,是美丽的韵律;"向上"是方向和目标,是美好的梦想。"和谐"是为了"向上",如果"和谐"不"向上"就失去了"和谐"的意义;"向上"必须"和谐",如果"向上"不"和谐"就失去了"向上"的源泉和动力。校园中的人和谐相处并且共同向上发展构成了和谐向上的学校文化的基础。

大家在愉快的和谐相处过程中,好好学习,努力工作,团结友爱,互相帮助,积极进取,共同向上。校园中每个人的发展不是排他的、孤独的和非我莫属的,不能因自己的利益和进步影响和损害别人的利益和进步,从而破坏校园的和谐,而应相互支持、互相欣赏、彼此包容、彼此鞭策,大家一起向上进步。

为了促进孩子们共同学习进步,为了培养社会需要的各种人才,学校必须严谨扎实地做好各项教育教学的工作,要平等、公开、有序地组织各种教育教学的评比、竞争与竞赛,对孩子的表现要有督促,有批评和表扬,当然以表扬为主;对教师的专业进步要有肯定的赞扬,对其不足之处给予帮助,从而激励大家向上发展。竞争是为了使校园充满激情活力,而不是钩心斗角;活动是为了培养师生的各种能力,而不搞形式主义;评比是为了展示优良的方式与成果,而不是追求个人名利。弘扬正气,摒弃歪风,努力拼搏,奋发向上。学校的各项工作都是为了促使所有人积极参与,同时和谐共进地发展。

老子说,"善人者,不善人之师;不善人者,善人之资"。互相借鉴,互相学习,比、学、赶、帮、超才能促进大家更好、更快、更全面地进步,但学校不是你输我赢的竞技场,而是合作共赢的大舞台。有人进步快些,有人成绩好些,这是很多内外等各种因素造成的正常现象。要树立优秀的典型,要欣赏别人的进步,要帮助后进的同学,要关心弱势的群体,要形成共进的和谐氛围。你的进步是我的榜样,我的成绩离不开你的关怀。既要宽容和理解别人的不足,也要赏识和包容别人的优点。小肚鸡肠不仅影响集体的和谐,也影响自己和大家共同的进步。帮人所短,学人所长,借鉴互动,形成良好融洽的氛围,取长补短和谐共进。

共同探讨和进行教育教学,一起学习和交流文化知识,大家共同提高各方面素质和能力。一个人的能力有大小,只要融合在和谐向上的集体中,就是幸福和快乐的,就能在集体怀抱中和谐共进、健康成长。

学生要进步,教师也要进步,学校更要发展。学校、教师和学生的进步是相辅相成、互相促进的。学校的发展是师生共同努力的成绩汇流而成,学校的发展也为师生的成长进步搭建了更好的氛围和舞台。学校、教师和学生都和谐向上发展是大家共同的愿景与目标,是一种良性的互动、互促、共进。

"一切为了学生",不能排除学校也要为教师和工友提供良好条件与服务,因为没有教师和其他工勤人员的发展与高质量的工作,"一切为了学生"就成为空中楼阁。

因此,学校是一个载体,装载着校园中所有的人和谐共进。

3. 和谐发展

每个人的发展,既表现为一个随着年龄的不断增长而身心生长、发育、成熟的自然过程,又是个体逐步承担社会角色、不断增强自我意识、丰富人生世界的和谐过程。因此,学校中个体的向上发展应当是适合生长规律并随着年龄和学识的增长来承担相应的责任与压力,不能不顾身心生长与成熟的规律状况追求一时的成绩,也不是只重视某一方面的发展而影响其他方面进步,当然也不能忽视孩子个性特长的发展,而是遵循教育教学规律和个性身心发展规律的稳定、持续、和谐发展。

教师要重视和培养学生德智体美全面、健康发展,学习知识,学习生存,学习做人,要注重孩子基础知识和基本能力的培养,不仅要重视孩子的文化成绩和智力培养,还要重视孩子品德和生存能力的训练;小学生是长身体的重要时期,要特别关注孩子身体和心理的健康。学校和教师不能为了学生一时的学业成绩,违反教育规律,不顾孩子的身心健康,加重学生的课业负担;学校也不能为获取所谓的成绩与荣誉,做劳民伤财的形象工程,使师生疲于奔命,从而影响教师和孩子持续稳定地健康成长。

教师既要重视孩子的全面发展,还要尊重孩子的个性发展,不能千篇一律地用一个标准要求每一个孩子,尊重每个孩子的差异,培养孩子的兴趣爱好,树立战胜困难的信心和勇气,鼓励和期待学生的学习进步。兴趣是最好的老师,合作是最佳的方式,愉悦是最美的心情,竞争是最大的动力,向上发展是大家共同的目标。当学习成了兴趣,当工作成了情趣,当相处成了乐趣,当大家都充实、乐观地面对学习、生活和工作中的困难,勇敢面对各种挑战,就能构建和谐向上的学校文化,为美好人生奠基。

教师在追寻教育真谛、培养孩子健康成长的同时,在日复一日地将理想化为身上的责任的过程中,也要追求自身的幸福成长,促进自己的专业持续健康发展。享受教育,享受课堂,享受孩子成长,享受成为人民教师的幸福和骄傲。

教师在努力工作的同时,也要注意自己的身体和心理的健康,还要重视家庭的幸福。身体健康、家庭和睦是我们努力学习与工作的归属,因为只有良好的身体和美满的家庭,我们的老师才能更愉快地、全心和专心地做好教育教学工作。工作为了生活,生活促进工作,生活和工作的充实才是幸福和谐人生的全部。心平才能气和,气和了身心发展才顺畅。身体要健康、心态要平和、知识要丰富、品德要优良,学习工作才能愉快地和谐向上。

构建和谐向上校园最大、最直接的受益者就是生活、学习、活动和工作在校园中的师生员工,因此,我们作为校园中的每一位成员都应该用最大的努力来建设和谐向上的学校。

二、间接功能

学校是一个学习、生活和工作的大家庭,每位师生员工都来自于各自的小家庭,他们是家庭的一分子,他们还是整个社会大家庭中的一个成员。因此,构建和谐向上的学校文化,其办学理念、校园文化氛围与师生的精神状态等,必定对师生员工的家庭和社会各方面的和谐向上有重大的间接促进作用。

1. 影响家庭

每个人都有自己的家庭,这是他们的根,这是他们努力学习和辛勤工作的归属所在,一个人学习、工作的情绪状况必定会影响到自己的家庭。教师生活在自己的家里,上应孝敬老人,下需养育子女,中要夫妻恩爱,旁需邻里朋友和睦。教师在学校对同事相帮相助、和气友善,必定促使他们在家中互敬互爱、相敬如宾,必定会妥善处理家庭和邻里之间等各方面的关系。

学校虽然没有权利管到教师的家庭生活和个人行为,但作为人民教师不仅要在课堂上、在教育学生时、在学校工作中为人师表,在家庭生活和社会交往中也应时刻注意自己的言行举止,和谐对待生活中出现的事情,随时表现出人民教师的素质和风范,这样才能赢得所有人,包括父母、夫(妻)、孩子、朋友、

谱和谐之韵　逐向上之梦
——构建和谐向上的学校文化

家长等的尊敬与爱戴,也说明教师的职业素养已内化为道德的行为自觉。因此,我们学校关怀教师树立和谐向上的教育思想与理念,必定会促进教师树立和谐家庭、和睦邻里的思想行为;良好的教师职业道德规范,也一定会促进教师包括家庭美德在内的各种美好品德等观念的树立;家庭美德也是教师职业道德的延续和发展,能促使教师职业道德的提高和升华。

学校构建和谐向上校园,开展各种活动教育学生树立和谐向上的思想,文明礼貌、团结友爱、爱护自然、互相帮助、孝顺长辈等,孩子就会表现在日常的行为规范中,就会在家里、邻里做和谐向上的小天使,小手拉大手,文明一起走。努力做力所能及的家务事,自己的事情自己做,家里的事情帮着做,孝敬父母长辈,不给父母添麻烦,把文明的言行与和谐的思想带到自己的家庭生活中,促进家庭的和睦,促进邻里的和谐,同时也锻炼和培养自己各方面的能力。

家长是学校、教师教育孩子最主要和最得力的帮手,学校教育孩子团结友爱、爱护环境等和谐向上的品德行为,也一定要积极请家长大力协同帮助,家长必定会全力配合。为了孩子的全面健康成长,家长一定会为孩子品行的进步、生活能力的提高积极配合学校教育孩子,形成家校良好的和谐互动,共同培育德智体美劳全面发展的一代新人。因此,学校要筹划和开好每一次家长会。

我们建设和谐向上的学校,虽然不是直接针对师生的家庭生活,但必定会潜移默化、春风化雨般地影响到教师和学生的家庭和睦,对教师和学生家庭生活的幸福、密切家校联系、融洽老师与家长的关系等,都有重要的实际意义。

2. 辐射社会

我们的社会是由一个个家庭、一所所单位组成,每个人生活、活动、工作,不仅局限于单位与家庭,还要生活、工作、联系、交往和活动于社会之中。因此校园中每个人的文明素养既体现在工作单位里,也表现在家庭生活中,更展现在社会交往的活动中。社会是大环境,决定学校小环境的文明建设;学校是社会的一个组成部分,学校和谐向上的文明建设必将影响社会大环境的文明建设。

我们构建和谐校园,对师生进行和谐向上的思想引领,并贯穿到师生的行为意识中,师生员工回到家里,走进社区,交往和活动在社会的各个角落,就会把他们个体的和谐向上素养及言行传播到与其接触的人们当中,就会影响更多人的思想和言行,这些人又会涉及更多家庭的和谐幸福,这些和谐因素形成的融洽氛围就会促进社区和社会的文明建设。社会需要正能量,学校和谐向上的教育与影响是正能量的重要源头之一。

学校进行和谐向上的文化建设,还应当积极走进社区,走进街道,走进机关单位,走进社区老百姓的家里,积极进行和谐文明的宣传教育活动,小手拉大手,文明一起走。这不仅有利于培养和锻炼孩子的能力,也有利于促进社会的和谐向上。在春秋游和社会实践等走出校门的大型活动中,孩子们热爱大自然,文明和谐的言行也必定会像和谐的春风一样吹拂着人们的心田。在中国传统的春节、中秋节、端午节、拗九节,以及元旦、五一、国庆等节日来临之际,红领巾志愿者关心慰问老革命、老前辈、劳动模范、孤寡困难民众等,传递人间温暖,构建和谐的学校与社区关系。

因此,扎实有效的和谐向上学校文化建设,会像"多米诺效应"一样,影响到更多的人、家庭和社会的和谐幸福。

当然,社区和街道应当积极进行和谐社会创建,并把辖区学校作为重要的精神文明阵地加以帮助和支持,利用学校的影响促进整个社区的和谐建设。

学校是教书育人的场所,是建设社会主义精神文明的重要阵地,学校建设和谐向上的校园,形成良好的和谐向上氛围,必定对社会的文明和谐有极大的辐射作用。

3. 传承文化

社会是由一代代人接力传承并不断发展而来的,人类的传承特点是智慧的传承、文化的传承、思想的传承,这种传承要不断吸收各种积极有益的文化信息与传播方式,促使整个人类社会和谐向上。

学校教育是人类传承社会文明成果的一种重要方式和途径,它不仅接纳传承,还要整理传承、消化传承、提升传承。随着社会、科技、经济、文化等的发展,以及网络媒体和宣传交流的便捷,各种现代社会需要的教育文化内容都会贯穿到学校制度、教学管理、环境建设中,乃至于师资建设和课堂教学等各方面,这些也同时为社会文化发展提供有益的经验和积极探索的内容,从而促进教育事业和社会文化的传承与发展。

因此,构建和谐向上的学校文化,学校必然从办学的思想理念、教师队伍的专业发展、教育教学的管理方式、学校环境的文化建设等方面适时地融入和谐向上的教育内涵。低碳生活、爱护自然环境、和谐人际关系等和谐向上的观点方式和相应的思想理念都会直接或间接地融入学校各项教育教学工作中,也必然成为小学课堂和各项活动应有的教育内容。这些和谐向上学校文化建设的深化与升华,自然对社会的和谐文化传承与发展有一定的影响作用。

学校文化建设已成为学校持续发展的重要软实力,对社会政治、经济、文化、法制、科技、国防、人口等诸方面都有间接功能。当然社会大环境决定学校小环境,但学校小环境的文化建设也影响和促进社会大文化的建设;虽然学校文化有其"雅文化"和"象牙塔"的"纯洁之瑕",也正因为其文雅与白净,就更应当受到社会广泛关注与尊重,使之成为传承文化的重要力量。

三、目标功能

我们现在教育学生学习文化知识,培养学生优良品行,训练学生自理、自立、自强能力,建设团结友爱的和谐向上的学校,最终目标是将我们的孩子培养成为全面发展的有和谐向上思想素质的人,将来去建设更加美好的社会。

学校进行爱祖国、爱人民、爱自然、爱社会、爱科学等思想行为教育,不是为了孩子现在能讲在嘴上,会写在作文里,或影响成年人,这些都是形式和手段以及连带的教育作用。学校其实是通过这些教育活动,使教育内容深入孩子们的心里,提高他们的思想觉悟和各种能力,孩子将来有爱祖国的赤胆红心,有建设祖国的真本领,将来努力为社会、为人民、为祖国服务,造福幸福美好的未来。所以,培养我们需要的合格人才是学校进行各项教育教学活动的最终目标。

因此,我们建设和谐向上的学校文化,扎实开展构建和谐校园的各项工作,就是让孩子们在学习文化知识的同时,在和谐快乐的校园学习生活过程中,不仅孩子本身得到和谐向上发展,重要的是使孩子逐渐树立起和谐向上的思想理念,培养团结友爱、和蔼待人、尊重他人、爱护自然、互相帮助、包容豁达、文明有礼等和谐意识和能力,并使这种思想意识牢牢地刻在孩子们的心田上,成为一种思维定式和生活习惯,从而影响孩子的一生,将来孩子长大成人,在学习、生活、工作、交友、成家、立业等方面,都会去努力践行和谐向上的思想。

因此,我们的学生要走出校门、走进社会、走上工作的岗位,他们要成为国家和社会的栋梁之材,他们要担当起建设和谐幸福社会的伟大责任,他们有了牢固的和谐向上思想,就能把和谐的理念和行为自觉融入学习、生活和工作之中,成为建设和谐向上社会的主力军。

我们的社会是一代一代人接力建设起来的,每一代人都必定会成为本时期社会发展的中流砥柱,他们一定是继承了前代传递下来的自然环境与社会条件,并生活其中。社会与自然一定要和谐有序地向前发展,我们的后代才有生存的资源与空间,从而承接建设更加美好的未来。创造美好生活、造福未来是每一代人共同的责任,而教育培养好一代新人,我们的自然与社会才能持续发展,这个重大的使命学校教育责无旁贷。教育全体师生、员工,爱护校内的一花一木一草一石。

人类要生存,社会要发展。我们拼命努力发展社会经济,只顾眼前利益,追求发展速度,致使耕地减少、空气污染、资源匮乏等不和谐状况,使社会持续和谐发展面临困境。是什么原因造成目前这些不理想的现象？归根结底就是人们环保意识或和谐向上的思想淡薄。虽然这里有人们认知理解、利益需求、政策体制等各种因素，然而事情是人做的，这些人也都是学校教育培养出来的。虽然有其他各种因素影响，但我们必须承认学校教育确实有缺陷。俗话说，"有其父必有其子""有什么样的教育就有什么样的人才"，我们培养有和谐向上思想的人才，就会努力建设和谐向上的未来。我们的自然、我们的社会、我们的人类必须和谐向上，不和谐向上就没有我们社会、自然和人类的未来。因此建设和谐向上的学校文化，就能培养和谐向上的人才，这些人才必定促进整个社会的和谐发展，必定促进自然生态的和谐发展，必定促进世界的和平发展，这是造福社会、造福人类的千秋伟业，有着十分重要的现实意义和深远的历史意义。当然教育是有周期性的，思想文化的影响也是多方面、复杂的，但只要我们坚持不懈努力，就会培养出一批批有和谐理念的人才，我们的社会就会持续和谐向上发展。

因此，建设和谐向上的学校文化，是人类社会和谐向上发展的需要，是自然世界和谐向上发展的需要，我们教育工作者必须肩负起历史赋予我们的使命。

第三节　思想理念是学校文化的灵魂

思想是行动的先导，思想有多远，我们就能走多远。美国著名管理大师斯蒂芬·科维有句名言："思想决定行为，行为渐成习惯，习惯塑造品格，品格决定命运。"唐朝大诗人韩愈也说过："行成于思，毁于随。"

可见，思想素质对人的学习、生活和事业产生着深远的影响。同样，学校文化发展也离不开思想理念的指导，校长的思想理念是学校文化发展的灵魂。

一、思想理念的内涵分析

人的思想好像看不到、摸不着，其实人区别于其他动物就是因为有思想理念，而且思想理念有其生成、发展和变化的一些规律。思想意识一直都伴随我们的左右，它决定我们对事物的分析与判断，直接影响我们每个人的学习、生活和工作。我们遇到一些难解的问题时经常会说："让我想一想"，就是运用已有的思想进行分析判断的一个思维过程。

1. 思想理念概要释义

什么是思想？思，是思考，想，是想象。"思想"这两个字都有心，说明思想

谱和谐之韵　逐向上之梦
——构建和谐向上的学校文化

是我们看到、听到的事物,通过心里的思考所表达出来的想法和观点。这就告诉我们:思想不是跟镜子一样对事物直接的反照,思想是人们对客观世界反应后经过心里思考得出的理性认识,带有鲜明的个体情感色彩和思索过滤成分。因此,思想是客观存在反映在人的意识中、经过思维活动而产生的结果。

法国雕塑家罗丹的《思想者》,表现出痛苦、紧张和深沉的内心世界,撞击着每一个参观者的灵魂,因为它有深刻的思想内涵,充分体现了作者对自由、平等与和谐生活的向往。

每个人的外表、身高和体重的不同,可以用眼睛看出来;而一个人的思想意识是内心的,只有通过他的言谈举止和面部表情才能表现出来。因此,思想素质是人内在涵养的积淀,是一个人心灵的表现,每个人的不同不仅在外表,更体现在思想素养的内涵上。我们要在学习、生活和工作的磨砺中不断地学习、观察、思考和感悟,才能有属于我们自己的思想认识。我们知道的一些思想大家,如孔子、孟子、老子、马克思、恩格斯、毛泽东等都有极其深厚的思想文化根基,就是他们认真学习、努力实践和积极思考得来的。

人的思想来自于学习、实践与思考。我们对现实生活和工作实践中的万千事物,走过、路过、看过、听过和做过,都应当经过心里的思考和过滤,因为这些事物都是零散和外在的,要经过头脑全面分析它们相互之间的联系和成因,认真学习他人和书本的经验并努力经过内心的思考,展开想象和触类旁通的推理判断,从而透过客观事物的表面现象,看到其内在的本质,得出规律和科学的思想认识,各种思想认识的积淀和融合,就转化为自己理性的潜在思想意识,把它运用到具体的生活和工作实际中,就成为自己的思想理念了。因此,用思想指导具体的工作和生活,并构成一定的理论体系和逻辑框架就是理念了。思想影响理念,思想决定理念,思想理念决定人的和谐向上发展。

中国的先哲喜欢用独到的视觉和富有哲理性的语言审视与定位人生历程:"十岁不愁,二十不悔,三十而立,四十不惑,五十知天命",这其实就是由生活经验的积累与思想涵养的积淀所促成的。

2. 劳动实践创造思想

恩格斯说:"劳动创造了人本身","劳动促成了从猿到人的转化",说明劳动对人的演变发展有极其重要的根本意义。其实就是因为劳动创造了智慧的人类、创造了人类的思想,才推动了人本身的进化和社会的文明进步。一切思想文化和物质财富都从劳动实践中得来。

每个人都要靠劳动而生存,劳动锻炼健康体魄,劳动丰富人生经历,劳动创造幸福人生,劳动实践创造和验证我们的思想认识。任何人的发展都离不开劳动实践,只有劳动实践才能使人的身心得到健康发展。思想存在于劳动实践之中,世界上最美好的东西,都是由劳动创造出来的,只有劳动才是神圣的。人生求乐的方法,最好莫过于尊重劳动。一切乐境,都可由劳动得来;一切苦境,都可由劳动解脱。一切思想认识都是从劳动中得来的。

我们国家的教育方针就有"教育必须同生产劳动相结合"的要求,这有深刻的意义在里面。我们组织孩子劳动实践、动手体验,这不仅仅是对孩子进行尊重劳动、热爱劳动的思想行为教育,在亲近自然、丰富知识、开阔眼界、亲历劳动实践的过程中,孩子们才会逐渐感悟和深刻理解科学知识的来源和创新发展的社会与劳动的密切关联。这不是说教能感觉和理解的,只有劳动,只有实践,只有动手,才能触动思想灵魂,才能有益于孩子终身和谐向上发展。

在中央电视台播放的电视连续纪录片《长寿密码》中,有一位从没走出过自己村庄的百岁文盲老太太,她用一生淳朴的生活经历得出了一句普通而深刻的话:"车闲散,人闲懒。"这句话就是非常正确并富有人生哲理的思想认识:车的要害是"散",车"散"了就报废了;人的命门是"懒",人"懒"了会产生很多副作用,也跟车一样会"报废",而"报废"的根源是"闲"。这种思想指导她乐观豁达地对待简朴和勤俭的生活,生活自理,劳动锻炼,促使她健康长寿。这种劳动得出的思想理念,对我们每个人都有很好的教育意义。

毛泽东同志在《人的正确思想是从哪里来的》一文中说:"一个正确的认识,往往需要经过由物质到精神,由精神到物质,即由实践到认识,由认识到实践这样多次的反复,才能够完成。"因此,只要我们尊重劳动、尊重实践,踏实、认真、客观地思索与反省,每个人都可以得出一些深刻正确的思想认识,也能获得一生的健康与快乐。

我们学校一定要重视学生的劳动实践锻炼,促使孩子热爱劳动、积极实践。热爱劳动吧,劳动不仅创造了物质财富,还创造了我们自己;积极实践吧,实践不仅锻炼了我们的双手,还发展了我们智慧的头脑。

3. 学习感悟继承思想

书籍是进步的阶梯,书籍是人们在生活实践基础上的理性总结与提升,书籍中有内容广泛和哲理深刻的思想内涵。因此读书就是在别人思想文化的引领与帮助下,丰富并创新自己思想认识的发展过程。不读书的人,文化知识就会枯竭;不思考的人,思想理念就会停止。

文化知识和思想认识有着密不可分的关系,文化知识里蕴含丰富的思想意识和思想观点。我们认真学习,积极思考,努力与社会实践相联系,就能把书本的文化知识转化成为自己的思想认知。因此,一个人认真学习文化知识都有可能丰富自己的思想观点,自己的思想观点也会加深对文化知识的学习与理解。关键是书本中这些别人的思想文化还要在生活工作中不断实践与检

谱和谐之韵　逐向上之梦
——构建和谐向上的学校文化

验,并经过自身的感悟与升华才能成为自己的思想认识。文化知识需要积累,因而可以死记硬背;思想认识也需要积累,但思想意识只靠死记是不行的,只有在学习实践中的真实感悟才能转化成为自己的思想理念。

文化知识渊博、人生经历丰富的人,思想认识的内容可能很丰厚,但并不能证明其思想认识就是客观世界的真实反映,就是健康和正确的思想认识。我们也见过一些歪门邪道的传销理论或封建邪教的思想文化等,很多人被迷惑或陷到这些"思想文化"的深坑,不仅很难解脱,而且还会害人、害己和危害社会。

因此,不是所有的文化知识和思想理念都是有益的,我们要学习健康向上的文化知识,丰富正确的思想认识。有些文化知识和思想观点是有毒的,尤其是封建迷信、色情和贪欲等思想很会吸引和迷惑人,并会激起人的本性劣根。青少年学生经历浅薄、思想意识单纯,很容易被这些不健康的思想文化所引诱,影响他们的健康成长。即使成年人,如果不注意思想意志的修炼,被利欲所引诱也会误入迷途,可能走向深渊。

因此,立德树人,树立正确健康的思想观念很重要。只有加强正确的思想修养,才能抵御不好思想意识的侵蚀,才能约束个人本性中那些劣根萌芽的发展。

4. 思想影响世界观形成

我们生活在社会当中,每个人都有自己的思想认识,社会各种思想观点随时冲击着我们的思想意识。好的思想认识不会主动钻到我们的头脑中,我们需要努力学习、积极实践、认真思索、历经磨砺、充分感悟、深厚积累,就会有比较广泛的思想认识,从而推敲整理和感悟升华出自己为人处世和对世界的基本观点,这就形成了一个人基本的人生观、价值观与世界观。

世界观是个人对世界和事物的总看法和根本观点,决定你如何看待身边的人和事物,从而决定处理事情的方式方法。

由于世界观和价值观的认同或相近,并适合社会和自然认知的一定规律,就形成了一些哲学的思想流派,如唯物主义、唯心主义、辩证唯物主义、历史唯物主义等。同时,这当中有一些文化知识、哲学理论极为丰厚的人,成为吸纳综合并创立发展某种思想的大家,得到很多人崇拜、学习和拥护,并跟随研究使之内容不断丰富和发展,成为人类认知社会与自然发展的思想文化宝库。例如,孔子的儒家学说和老子的道家学说,以及当代的马克思列宁主义、毛泽东思想等。其实各种思想流派之间虽然主体思想主张有些不同,有的甚至是对立的,但在创立、实践与发展的过程中,相互之间有批判,有抵触,更有互相的学习、交流与借鉴,很多思想认识观点和论述方法是你中有我、我中有你,促使我们人类思想文化和哲学理念的繁荣发展。

各种有影响的思想流派对人们的人生观和世界观的形成都有一定的影响,这要看你学习认同与感悟的深浅,思想理念的深刻认识能促使一个人政治理想与信仰的树立。

社会实践证明,认识自然界和人类社会最基本的、科学的思想观点是辩证唯物主义的哲学思想,这也是很多人崇尚的基本世界观。

5. 思想有定式的稳定性

每个人的思想是学习、实践、思考并不断积淀得出来的,思想理念对个人的思维判断有明确的指导作用,从而使人的思维有一定的稳定性。我们努力形成正确的思想理念,就是为了树立科学正确的人生观、世界观和价值观,从而稳定持续地指导自己的学习、生活和工作。

你是哪里人,接受什么传统文化教育,家庭环境影响怎样,经常接触交际什么人,等等,这些学习生活经历都会促使我们形成相对固定的思想认识,形成稳定的思维方式。因此,从小接受良好的思想教育与训练,对立德树人的思想认识和科学世界观的形成有重要意义。

读万卷书,行万里路,做万件事,想万种理。我们每个人都接受过或正在接受着家庭、学校和社会的各式各样的教育与熏陶,其中,家庭教育是先行和影响长久的,学校教育是基础和比较系统的,社会教育则是丰富多彩和取之不尽的,这些都对人的知识储存和思想意识的形成有较大影响。随着知识的积累、生活的感悟、工作的积淀和人生阅历的铺垫,我们每个人都会逐渐形成相对稳定的思想认识并形成相对稳固的世界观,并会用这种比较稳定的思想理念引领与指导生活与工作,为人做事和开展工作就有相对稳定的思维定式。

我们要认真学习并感受前人已经反复验证过的思想理念,因为它是人们在长期实践的基础上共同得出的思想认知,但能成为我们的思想认识也要经过再次的消化理解和感悟升华。辩证唯物主义、马克思列宁主义、毛泽东思想是科学的思想,也是我们人生观、世界观的重要思想基础,我们要好好学习、实践、思考并领会。

当然,前人的思想理念浩瀚广博,各有其理论基础和文化内涵,但也良莠混杂。当下又是媒体发达的信息时代,每个人都会从各种渠道得到丰富而复杂的思想文化等信息,这些信息通过我们已有的知识经验进行思考推敲,并结合生活、工作的实际不断撞击和升华,使我们进一步形成或深,或浅,或多,或少的思想认知,这些思想认知的融合提升都会成为我们思想素养的积累,成为稳定的思想认知。

6. 思想有发展的变化性

每个人的思想观点不仅有稳定性，还受自身与外界各种因素影响有不断发展的变化性。

人是在成长与变化的过程中生活与工作的，人的思想认识不可能永远一个样。我们每个人只有不断学习和更新思想认识，才能跟上时代的潮流，才能使我们的人生绚丽多彩。世界上没有外表完全相同的两个人，也没有思想观念完全一致的两个人，每个人的思想认知都有其个性的特点和独特的发展轨迹。因此，我们每一个人的思想积累，就是学习认识各种文化知识与思想观念的认知过程，并不断在生活、工作和实践中感悟综合从而转化形成自己的思想理念，思想的变化性是思想内涵积累与发展的过程。活到老，学到老，改造到老，持续地学习实践与思考提升就一定会有更加深厚的思想积淀。思维方式和为人品质的不同是由人的思想素养决定的。

一花独放不是春，百花齐放春满园。有了个人思想发展的变化性，我们就需要不断学习、交流，从而提升和创新自己的思想认识，促使人们思想认识的多样化；有了人们思想的多样性，各种理论观点就会百花齐放，百家争鸣，从而促使整个社会思想文化的大繁荣、大发展，推动人类社会的和谐向上发展。

人是有情感的动物，一个人思想认识的形成提升与发展变化含有重要的情感因素，情感触及灵魂，情感触动思想认识的深刻性。引人入胜的影视小说、打动心灵的文艺宣讲、动手实践的切身感受，就是因为打动人的心灵、触动人的情感、体验人生的感悟，才使人自然而然地理解其思想文化意义。因此，我们对孩子进行思想教育不能只讲大道理、填鸭式灌输，一定要动之以情、晓之以理，触及孩子的心灵，这样才能真正有效地促成孩子深刻的思想认识。

刺激深刻的亲身经历事件，或影响社会生活的重大事故，都会对个人的思想认识以重大触动，有时会改变或加深一个人的思想观念。一个没有经历过工作和生活历练的人所形成的思想观念是不稳定的，是容易受到各种思想意识和社会事件的冲击与影响而改变的，这是生活积累和思想积淀的一个过程。因此，我们学习到的知识和经历过的事情都是人生思想认识的一个积累与变化发展的过程，都在逐步形成和完善自己的思想观点，并且也不断受新的外界思想的冲击，还要进行新的学习充实和实践历练，从而感悟深化和丰富自己的思想认识。

稳定是相对的，变化是绝对的。要有稳定正确的思想理念，促进生活工作的稳定发展；并时刻吸收新鲜有益的思想观念，促使自己思想理念和谐向上发展，从而形成丰富的人生精神财富。

7. 思想是人的精神财富

一个人的思想认识需要在学习、生活和工作实践中用心感悟、用心思考、用心提炼,并在工作、生活和社会实践中进行不断的历练和检验,从而得出自己对客观世界的本质认知。思想素质促进世界观的形成,决定一个人对世界各种事物的基本认知态度,将影响一个人对生活、爱情、家庭、工作、交友等方面的基本观点,也就影响个人事业的成败和对幸福生活的理解。因此,思想素质决定一个人对事物的基本判断,影响个人未来的发展。思想是财富,思想是一个人最重要的精神财富。

一个人的物质财富越用越少,因为物质财富会自然消耗,当然会理财、懂经营的人会用物质财富去创造更多的物质财富,但这是个人经营能力和思想理念的精神财富起的作用;一个人的思想财富越用越丰富,因为思想会融会贯通、思想会吸收积累、思想会提升迸发。物质文明要抓,精神文明也要抓,两手都硬就是一种和谐互动的综合作用,就会不断向上发展,就是一种和谐向上。我们要努力工作创造丰富的物质财富,满足我们的物质生活需要;我们更要努力学习实践和思考,储存丰富的思想财富,满足我们的精神生活需要,并使物质财富的创造有思想理念的支撑。有了丰富科学的思想财富,我们就能更深刻和正确地理解生活、工作和学习的意义,正确对待生活和工作中遇到的各种困难和顺境,促使我们的事业走向成功,创造更丰富的物质和精神财富。

物质是身外之财富,生不带来死不带走;思想是终身之财富,将永远记在你的名下。

二、校长的思想理念是学校文化的核心

影响一所学校发展的因素很多,有外部环境和内部因素,有教师素质和学生教育,有硬件条件和软件精神,这一切都需要校长的组织领导,校长是学校发展的第一责任人。学校和谐向上持续稳定地发展关键是学校文化建设,校长不仅是学校文化的代言人与形象大使,更是学校文化的设计者与领头人,校长的教育思想与办学理念是学校文化的灵魂。

1. 校长的光荣职责

作为一所学校的行政长官——校长,管理着学校,引领着教师,教育着孩子,担负着办人民满意学校的重任,担负着为社会培育优秀人才的光荣职责。

校长必须全面贯彻执行党和国家的教育方针,坚持社会主义办学方向,依法治校,以德治校,遵循学校发展的规律,科学制订学校发展规划,组织和调动校内外各方面的积极因素,关心教师的专业发展,努力培养德智体全面发展的社会主义事业的建设者和接班人。

谱和谐之韵　逐向上之梦
——构建和谐向上的学校文化

保证学校和谐向上发展,这是校长的职责所在。

有"好校长"才能有"好学校"。人们常说:"有什么样的校长就会有什么样的学校。""一个好校长就是一所好学校。"这些话把校长对学校的作用给予充分肯定,也是政府和百姓对校长的期望与要求。"好校长"就是思想素质高、做事能力强、工作有责任心的校长,"好校长"就是有鲜明的教育思想和办学理念、按照教育教学规律团结和带领全体教职员工建设和谐向上的美丽学校。

"好校长"一定要努力学习、加强培训、不断探索、积极实践,树立科学正确的教育思想,提高各方面管理能力,履行好校长的职责,办政府放心、人民满意的"一所好学校"。

作为学校的领路人——校长,肩负着沉重而又光荣的职责,要敢于担当,要勇于担当。校长把学校办好责无旁贷,这是校长的职责所在。

2. 客观地评价校长

校长对学校的发展具有决定性作用,这是不容置疑的。但社会和家长也要客观并实事求是地评价校长对学校的作用和影响,校长只能在其职权范围内决定学校的发展方向和各项事务,不要把学校发展的一切责任都压在校长一个人身上,学校的发展有其历史与现实条件的限制,还受外部环境因素的制约,我们应当理性与客观地分析校长的责任和作用。因此,对待校长也要客观与"和谐"地评价,应看校长是否在原有基础上使学校"和谐向上"地发展。

所以,一所学校的发展除了校长个人因素外,还受其他各方面因素的制约,有外部大的社会客观环境因素,也有内部现实条件因素,很多因素既独立存在,又相互影响制约,不是校长都能把控住的。同时每所学校的客观条件千差万别,不能用一方的优势比另一方的劣势,很多情况是没有可比性的。政府、上级领导以及社会各方面直接和间接影响学校工作的现象也时有发生,这是社会大环境决定学校小环境的客观现实;就是学校内部的管理工作也不是校长一个人就能全部决定的,也受外部客观和内部条件因素的影响。因此,学校的发展有其内在的发展规律和各种因素制约。

教育要改革,方法何其多;教育要发展,道路很广阔。但改革发展的道路是否科学正确,其实每位校长都在摸索。学校是小环境,社会是大环境,社会的安定稳定,政策的变化调整,都会影响学校的和谐向上发展。社会大环境决定学校小环境,当然学校小环境也积极影响和促进社会大环境,但小环境无法决定或左右大环境。学校教育既有其探索的先行性,只有改革创新学校才能发展,才能培养敢于创新的优秀人才,更好推动社会科学和思想文化的发展;但学校教育也应有其实施的稳健性,教育事业和孩子培养是极其复杂并有其内在规律的系统工程,学校教育有一定的周期性,不是很快就能见到实效,要积极稳妥推进改革,随意冒进会影响一代人的教育与培养。教育改革之路应当是按办学规律和谐向上地稳妥推进。

当下我们实行校长负责制,其实校长负责制有其全面深刻的内容,一是校长在学校的至高行政地位,学校工作由校长全面负责,实行个人专责制,废除多头领导;二是有充分的办学自主权,包括决策指挥权、人事任免权、经费使用权、机构设置权、科研教改权、奖惩权等;三是上级主管部门从领导转换为督导、从控制变为服务,学校成为独立的办学实体,建立双向目标责任制,协定办学目标,互相促进、互相制约。学校党组织的保证监督和教代会的民主管理对校长的权力有必要的约束和制衡作用,但必须通过组织实现,并不妨碍校长行使正当权力。

因此,我们要根据国情和校情实事求是并客观冷静地评价校长的工作和作用,要用发展的眼光判断学校发展的实际状况。要为校长排忧解难,要为校长撑腰打气,要让校长放开手脚按教育教学规律办学,使校长勇于承担校长应担负的职责。只有这样,校长才能既积极稳妥地和谐办学,又大胆创新地改革实践,促使学校和谐向上发展。

稳定才能发展,和谐才能向上。学校教育关系到千千万万的孩子与家庭,关系到社会的发展与稳定。人人都对教育抱有美好的期望,人人都希望孩子健康成长,人人都了解一些教育的情况,社会各界都有权利对学校和校长提出建议要求,这是督导学校和校长办好学校的需要。社会、家长提出的各种建议角度不同,都有其合理和有意义的方面,但每所学校有其历史发展的基础和未来发展的规划,并有很多制约学校工作的具体因素,校长要结合社会、家长的意见和学校的实际情况,进行认真分析,科学判断,以便更规范和科学地组织和管理学校的各项工作。

应试教育与素质教育、减轻负担与提高质量、人文管理与纪律制度、科学发展与荣誉形象等,这些都是校长要科学与和谐应对的具体工作,不是说一说就能过去的。

校长的责任重大,是学校的第一责任人,学校的每项工作校长都要负责,即所谓校长负责制。校长到底姓什么?姓社?姓钱?姓安?姓教?姓招?各项工作都是学校的重要工作,哪一项工作没有做好校长都要被"打屁股"的,校长一定要科学规划,统筹安排,合理协调,才能使学校和谐稳定向上发展。

虽然学校的发展受很多因素影响,但校长是学校的法人,是学校的"精神领袖"。社会认可了你,上级任命了你,学校选择了你,教师信任了你,家长期待着你,你就应当对孩子的健康成长全面负责,就应当尽自己最大的努力,调动和发挥各方面的积极因素,排除各种干扰,为学校持续稳定地发展担当起校

谱和谐之韵　逐向上之梦
——构建和谐向上的学校文化

长的这份职责。因为,你是一校之长。

在社会需求影响下的教育变革和学校发展的进程中,在校园内起最重要作用的只有一个人——校长。建设和谐向上校园,学生、教师和学校才能健康发展,和谐向上是学校发展的本质规律。

当思绪纷争与社会呼唤成为这个时代对学校发展的重要考题时,校长的教育思想和办学理念必定成为学校和谐向上发展的指路明灯。

3. 用思想领导学校

校长对学校的发展有非常大的作用,那么怎样才能使学校和谐向上地稳定发展?苏霍姆林斯基说:"校长对学校的领导,首先是思想上的领导,其次才是行政上的领导。"一个智慧的校长应能赋予学校灵魂,这个灵魂就是先进并有特色的思想理念。

思想意识对个人的思维判断有持续的稳定性作用,统一的教育思想与稳定的办学理念对学校的和谐向上发展有极为重要的意义。学校是培养人才和传播文化的地方,学校的发展就像一艘不断向前行驶的大船,只有方向明了才能思路清晰,不走或少走弯路地平稳行驶。校长要用明晰正确的教育思想和办学理念引领学校的发展,学校的各项教育教学工作就不会今天向东、明天向西,老师就能安心踏实地努力工作,从而使学校这艘大船长期稳定地向前行驶。

当然,学校是小气候,社会是大气候,学校这艘船必定要跟随政府和社会的大风向前行。学校不是脱离现实社会的空中楼阁,脱离现实社会就可能船毁人亡。德育为首、全面发展、学习知识、学习做人,这是我们学校办学的根本宗旨。我们有党的方针政策和各项法规制度保障,有政府和广大人民群众的大力支持,学校发展的大方向和目标就不会错。

当然,上级的方针政策与人民群众的要求是要由人来执行的,要经过校长的思想来消化理解,并按学校的具体情况精心组织与实施。况且每所学校有其历史发展的自身轨迹,有的学校创办了几十年,甚至上百年,有的学校虽然创建不久,但都有其当下与未来发展的思路,每所学校都有其独特的思想文化和发展轨迹。校长的思想既要学习吸收当下主流先进的教育思想,又要根据自己学校的特点形成自己的教育思想与办学理念,这样会更加鲜明和具有吸引力,并容易形成有特色的学校文化。校长有了明确的教育思想和办学理念,就能依据学校的实际情况,制定明确的工作思路和规划,按照学校发展的规律,和谐平稳地推进学校工作。

因此,校长要使学校和谐向上发展,必须用教育思想指导学校工作,按教育教学规律规范办学,学校的工作中心和文化发展主线需要校长的思想来引领,不能听风就是雨,不能朝令夕改,要听取更要分析和理解各方面信息,汲取社会和家长提出的科学有益的建议,完善自己的教育思想和管理理念,并结合学校的实际认真务实组织实施。

中心明晰了,学校发展的内气就平和了;目标明确了,学校的发展方向就清晰了。学校的中心和目标确定,学校的各项工作就能够和谐向上地进行。

校长明晰的教育思想会促成相应的办学理念,并以此指导和规划学校的各项计划,以推动学校各项工作具体科学有效地实施。

教育要同生产劳动相结合,要为现代化建设服务,要为人民服务,要按孩子的成长规律和教育规律培养全面发展的合格人才。其实学校教育的目标就是落实在孩子全面健康地成长上,千头万绪的工作也有一定规律,教学是学校各项工作的中心,教学质量是学校的生命,学校必须按孩子的身心发展规律与教育教学的规律来组织教学。因此,校长的办学理念首先应姓"教",要紧紧抓住教学这个中心不放,这是学校和谐稳定的中心,其他的各项重要工作都是为教育教学服务的,都要促进教育教学、促进孩子的全面发展,不管"风吹雨打,电闪雷鸣",办学思路不能随气候乱变,育人的方式一定要符合孩子的身心健康,不要急功近利,要按教育规律来提高质量,这样学校才能和谐向上发展。

学校应实行素质教育,但素质教育不是不要教学质量,素质教育包含教学质量这个中心内容。学校要抓住教学这个中心,让学校的生命——教学质量——得到人民群众的充分信任。校长要按教育规律办学,任何时候教学这个中心都不能动摇,这个中心动了,就动了和谐的基础,就动了孩子全面发展的中心。校长要用和谐向上的办学理念规划学校的发展思路,才能使学校的发展既紧跟形势的发展,又不受或少受其他因素影响,还能不断丰富充实和发展创新自己的思想内涵。

在学校里,教师教育着一班学生,校长领导着一帮教师,能团结起全体教师的就是学校中的决定人物——校长,而能真正凝聚教职员工的心的则是校长的思想理念。这思想不仅指校长对客观事物的思想认识和个人优良的思想品质,更包含校长在学校教育教学工作中所贯彻的先进稳定的教育思想和办学理念。校长的教育思想不是零散和东凑西拼的,那样老师们会无所适从,也不能很好地凝聚人心、形成共同的思想意识与共同的价值观。

校长的教育思想直接影响师生们学习、工作的方式和思想行为意识,因为校长的办学理念和教育思想需要在各种教师会议上进行阐述,同时要把握各种时机向学生及学生家长进行宣讲,更需要制订学校的发展规划来组织实施,还要通过各项具体工作贯彻和落实。因此,校长的教育思想和办学理念直接影响着学校中的每位老师、学生以及学生家长的思想认识,直接影响着学校的

谱和谐之韵　逐向上之梦
——构建和谐向上的学校文化

发展和孩子的成长。

我们到一所学校，如果看到一个班级管理混乱，班风差，学生学习不努力，我们不能只是骂学生不听话、调皮捣蛋，而应考虑教师的敬业精神和学生思想教育工作有没有做到位；如果看到学校教师自由散漫，工作不努力，教育教学效果不好，也不能只怪老师素质差，而应想到学校班子成员的管理思想和行为是否协调统一；学校各部门工作管理无序，行政班子工作效率不高，作风拖沓，也不能只怨班子成员素质低和能力差，工作不尽心，而应看到校长是否用先进的教育思想与办学理念团结引领班子成员，科学有序地落实学校的各项工作。

所以，班级的工作、教师的工作、班子的工作是否真正落实到位，学校教职员工是否精神焕发、团结一致地建设和谐向上的学校，归根结底都是校长的教育思想和办学理念的引领和贯彻。

校长有先进的教育学思想和科学正确的办学理念，并根据学校的实际情况求真务实地进行宣传、贯彻和制订学校的发展规划，学校班子成员的思想就能够协调统一地按照学校发展的规划组织和管理好学校的各项教育教学工作。班子的思想认识统一了，就能凝聚起学校全体教职员工的心，并依据校长的办学理念和学校的工作要求组织好学校的各项工作，全体教师也能同心同德地按照教育思想引导的方向，为学校的发展、学生的健康成长而勤奋工作，学校文化建设就能按照办学理念和谐向上有序丰富地发展。

校长有了先进的教育思想和办学理念，就会在教育思想指导下以优秀的学校文化发展为主线，用学校文化凝聚人心，形成学校的核心价值观，团结广大教师科学规范地管理学校的各项工作，从而使学校这艘大船乘风破浪并长期稳定地向前行驶。

祖国的花朵，社会的期盼，家长的希望，孩子的未来，需要一所家长满意和政府放心的好学校。校长拥有好的教育思想就能团结教师，聚心、聚情、聚力地完成办人民满意学校的神圣使命。

4."管学校"与"办学校"

作为校长，组织和领导着学校的全面工作，要管好学校，更要办好学校，从"管学校"到"办学校"是校长学习、探索、实践和成长的一个和谐向上的发展过程。

没有规矩不成方圆。学校各项工作要正常运转，校长必须抓好学校的各项管理工作，不懂得管理学校的校长不可能当好校长。

学校里有职责任务各异的教职员工，有一大批活泼可爱但无拘无束的少年儿童，班子成员的岗位职责要规范落实，教育教学秩序要正常进行，教学质量的提升要科学有效，孩子们全面健康成长要落实到位，安全稳定更是学校的头等大事，学校每一项具体工作都需要规范高效的管理。

校长要重视学校的管理工作,细节决定成败,要抓好并落实好每一项具体工作。没有管理就没有学校的正常秩序,就没有和谐稳定的校园,就没有老师和孩子们的和谐向上发展,管好学校是学校稳定发展的基础。然而,校长需要管好学校,但却不能停留在"管"字上,要用规章制度管学校,要用学校文化管学校,要用教育思想管学校,要用先进的办学理念管学校,这样才能真正管好学校,这就提升到"办学校"的理念上。

校长"管学校"与"办学校"在工作实效上有本质内涵的不同,"管学校"是工作岗位的责任要求,"办学校"是事业发展的愿景需求。

校长尽职尽责地在岗位上辛勤工作,注重学校各项工作的管理,但没有形成明晰的办学理念和教育思想,总是应付性地忙些具体的事务工作,这只能说校长是在自己的岗位上"管学校",谈不上在校长的岗位上"办学校"。都是在校长的岗位上工作,"管"和"办"不仅是字面上的差异,其实际作用和意义层次也是不同的。

"管"是校长因工作岗位的职责要求,认真主动并积极负责地管理好学校的各项事务性工作,努力维持好学校正常的教育教学秩序,督导学校班子和教职员工完成好本职工作。当然,校长辛勤努力地工作也会有一定成绩,也会形成一些好的管理经验,当然只是经验性的。"管学校"的校长侧重亲身抓学校的各项具体管理工作。

"办"则是校长把主要的精力放到思考学校发展规划的大政方针上,探寻用办学理念全面科学地设计和落实学校的发展思路,用教育思想统一教职工的思想意识,用办学理念科学地发挥和调动班子成员与全校员工的积极性,形成有特色和凝聚力的学校文化,使学校按照教育规律和谐向上地向前发展。

学校的各项工作非常具体细致,需要科学管理,没有管理就没有学校规范与高效地运转,就没有孩子的健康成长和教师、学校的和谐向上发展。细节决定成败,管理决定效率。但应各负其责,校长用教育思想和理念"管学校",就是"办学校"。当然校长需要深入教学和管理的第一线,这是发现问题掌握准确和实际资料的必备方法,是为了校长能更准确地抓重点、谋大局,更务实地设计学校的发展思路,要不然大事抓不准、全局谋不清,"办学校"也落不到实处。但校长不应当纠缠于具体的繁杂工作,这样抓了众多的点却顾不了广泛的面,也就办不好学校。

校长要花更多的时间思考学校的整体发展,学校细节工作应由负责的行政具体落实,应由学校的发展规划来统筹,要有健全的管理体制来规范,要建立完善的工作机制来发挥大家的作用与力量。因此,"管学校"是具体和基础性的,"办学校"则是统领和方向性的。当然,"管"和"办"也是相互融合与促进

谱和谐之韵　逐向上之梦
——构建和谐向上的学校文化

提升的,是我们校长不断学习、实践,由量变到质变的逐渐历练过程。校长只懂"管学校",不懂"办学校",讲话做事容易浮于表面,抓不到本质与重点,也就"办"不好学校;校长更要学会"办学校","办学校"是高层次的"管学校",很多具体事可以让学校其他人去做。"办学校"是校长努力追求的目标。

校长重要的是"会做事",而不是"能做事"。"会做事"是用脑子做事,不一定要亲自动手,而是动员和调动大家来高效做事;而"能做事"只是自己面面俱到地辛勤劳作。校长的领导水平,不是看他自己能做多少事,而是要看他属下能不能做事、做成多少事。

下面是笔者给厦门徒弟完成一项作业后的回复摘要。

洪校长:

您好!

您的学习体会文章《女校长的六项修炼》非常好,我感觉这才叫读书学习。

我认为刘彭芝校长不仅是女校长中的佼佼者,也是所有校长学习的楷模。她是智慧型的全能校长,有思想、有规划,有理论、有实践,我们都要向她好好学习。当然我们不可能都学到,但思想理念应尽力理解到位。

看了您的体会文章,我也有点启发,说一点我个人学习的一些感想与您交流一下。

刘校长说:"我当校长最大的体会就是:做什么比怎么做更重要,干正确的事比正确地干事更重要。"——这是刘校长书中的话。我觉得这句话很重要,我们要深刻理解。

"做什么"是方向和道路问题,指校长要抓住工作的关键环节和主要矛盾,是由教育理念决定的重要决策;"做什么"如果错了是思路出现问题,会劳民伤财的,是重要的战略性错误,校长一定要认真思考做出正确的决策,才能使学校沿着正确的方向不断前行,因此"做什么"最重要。"怎么做"是具体操作的战术问题,校长可以自己亲自做,也可以提指导性意见充分放手让大家做,调动全体教师的积极性,发挥大家的智慧。"怎么做"不够好,没关系,方向没有错、重点抓住了,有些事后面补还来得及;"做什么"错了,"怎么做"再高明也是徒劳的。因此"做什么比怎么做更重要"。

"干正确的事比正确地干事更重要",也是这个意思。"干正确的事"就是校长干你该干(正确)的事。校长要出思想、出理念,谋划学校大局发展,做出正确科学的决策和判断,计划方案很重要,把握形势更重要;"干正确的事"还包括校长要在正确的时间和节点上做事,不要不分青红皂白想做什么就做什么。"正确地干事"意思是学校所有的事校长都可以亲自干,都是"正确地干事",但这是永远也做不完的,而且校长做多了会压制别人,也会影响别人的积极性和创造性。"正确地干事"的校长就是眉毛胡子一把抓,忙得不亦乐乎,我们要精明地"干正确的事",这是智慧型的校长。我在努力学习做"干正确的事"的校长,希望您也如此。

校长是学校的一把手,要在一些关乎全局的大事上做决策,要科学论断,要团结和激发大家一起干事,要设计和规划学校文化的整体发展。刘校长的经典经验就是"谋事在众,决断在己,成事在众"。——您在文中也说到了这一点。这12个字讲得多么好,重视群众的智慧和力量,也把校长敢于负责、敢于担当的精神含在其中。

谋事在众:是指校长在决策之前一定要走群众路线,一定要广泛征求大家的意见,集中大家的智慧,不能闭门造车,这是校长能够正确决策的前提和关键。当然,我认为这个"众"也不是死的,有丰富实践经验和善于学习国内外先进经验并有创新意识的校长,有些事可以用已有的经验和深厚的理论功底做出正确的推理判断,这也是"谋事在众",并不是什么事都要群众先议一下才行。关键是对学校的实情摸得透,心要想着群众,理要实事求是。

决断在己:重大事情敲定要靠校长,校长要敢于负责,犹豫不决不行,敢于决断,勇于决策,勇于担当。"决断在己"还在于校长要有丰富的理论知识和实践经验,去粗取精,去伪存真,看到事物的本质规律,要充分依靠集体领导和组织决策,英明决断。机遇要把握,特色靠创新。校长的差异可能就在这里:果断,睿智!"决断在己"的果敢在于有"谋事在众"的扎实基础。

成事在众:这句话讲得更好,事情能否干好其实关键还要靠教师队伍,凡事不必亲躬,要放手让大家去干;再好的思想、再好的规划,只有靠大家齐心协力、努力去做,才能把事情做好,事业才能成功。"成事在众"更重要的就是实践是检验真理的唯一标准,决策是否正确,能否得到大家的支持和拥护,实践中才知道。其实就是我们校长要调动每一位教师的积极性,发挥每一位教师的长处,也就是您前篇文章所说的教师队伍建设。

我认为这12个字其实也是解释了"做什么比怎么做更重要,干正确的事比正确地干事更重要"。

您与我谈过,有些女校长自己全身心工作,自己很累,手下人也非常辛苦,事业虽然尚好,但还不被别人理解。我觉得这就是工作与身心和谐

谱和谐之韵　逐向上之梦
——构建和谐向上的学校文化

问题,把刘彭芝校长这些话理解并实践好可能会好些。

我个人觉得事业有成的"女强人"不要把自己当成强人,更应当把自己当成女人,这样自己就不会那么强势和辛苦了,别人也可能更好理解你,也可以说是一种和谐向上吧。

以上是我个人见解。

祝:安好!

校长要有所为,有所不为,什么都"为"必定什么都做不好,还影响其他人的积极性。用思想引领,用文化凝聚,用制度管理,用规划统筹,就能使"不为"的事也做好。

因此,从"管学校"到"办学校"是校长工作历程的一个必然发展过程,校长的办学思想和科学的管理经验是要经过一段时间的学习归纳、探索实践和总结提高的过程才能形成的,要在"管"中学习,在"办"中提升,并在实践检验中不断充实和完善。

"管学校"需要制度,重在执行;"办学校"需要思想,重在超越。我们校长不能只在"管学校"上打转转,而应努力在"办学校"上积极探索。站得高才能看得远,想得深才能谋得全,努力形成自己的教育思想,促使学生、教师和学校在教育思想的指导下、在办学理念的推动下健康发展,为教育事业做出更大贡献。

所以"办学校"的最高境界其实是"无为而治","无为"不是无所事事,"无为"是更深层次的"为","无为"是用校长一贯的思想和理念形成学校团队的自发自觉的"治"。校长的理念深入教职员工的内心深处,给予他们充分的信任和展示的舞台,学校的各项工作井然有序,干部教师各司其职,内化为一种文化自觉,形成一种工作习惯,凝聚干部和教师的心,汇集成巨大的工作热情,最大限度地集中教职员工的智慧和力量,心往一处想,劲往一处使,形成团队合力,教育思想起到"凝心、凝情、凝气、凝力"的作用,办学思想形成"规划、制度、规范、理念"的文化自觉。

教育是长期的育人工程,学校的发展也是一个和谐向上的持续过程,不可能一蹴而就。心有多大,舞台就有多大,思维的高度决定发展的境界。校长"办学校"重要的就是有思想、有远见。没有高瞻远瞩,就谈不上规划;没有教育思想,就是只见树木不见森林。

教育改革在不断深入,新的教育理念层出不穷,社会和教育界也时常会出现一些影响学校教育和发展的要求、政策和事件,校长鲜明的"办学校"理念所形成的学校文化,以及学校和谐向上的工作基础和氛围,就会理解和吸收教育改革和社会上各种对学校发展有益的信息,就会把各种信息结合学校的实际进行贯彻和执行,减少负面影响,扩大正面效益,从而对学校稳定发展起重要作用,引领学校和谐向上地向前发展。

5. 努力当专家型的校长

教师是人们尊敬的职业,校长是社会寄予厚望的岗位。政府、社会和家长给予教育的美好期望,其实很大程度上是寄托校长有能力、有水平带领老师们不仅"管"好学校,更要"办"好学校。在办人民群众满意的学校、办社会政府放心的教育过程中成就校长自身的和谐发展,努力当有教育思想的专家型优秀校长。

我们校长要有爱教育、爱学校、爱老师、爱同学的敬业精神来完成岗位职责,还要有科学正确的教育思想和办学理念来实现爱教育、爱学校、爱老师、爱同学的心愿,而这些需要校长认真学习、努力实践和不断提升。只有努力学习国内外各种先进的教育思想和办学理念,认真思考,积极探索,总结归纳,提炼升华,才会逐步形成自己鲜明的教育思想。努力探寻适合自己学校教育发展规律的办学理念,在由"管学校"向"办学校"华丽转身的同时,达到自身的"和谐向上"发展,引领教师专业发展,培养学生全面发展,促进学校"和谐向上"地向前发展。

我们很多校长辛勤奉献,爱岗敬业,学校业绩也很出色,但不善于总结提升,只停留在实践的经验上,就是因为缺少自己的教育思想,只是在"管学校"上勤奋耕耘,没有在教育思想引领下的"办学校"理念。要成为教育行业的专家,在校长的岗位上做出更大贡献,就要在多学、多思、多看、多想、多谋全局上下功夫,并持之以恒地探究和实践,认真归纳提升教育思想的理论化和办学理念的系统化,我们校长就能实现从"管学校"向"办学校"的实质转变。

校长在"办学校"的基础上,再学习、探索和提升,并提炼出独到的有指导意义的理论见解,把自己本学校成功的办学理论体系升华到对普遍学校有影响的教育理念,从"办学校"再逐步向"办教育"的教育家校长的更高教育理念跨越。因此,"办教育"是"办学校"的扩展和提升,在校长教育思想的理论体系和办学理念指导下的学校文化影响力,已不止停留在本学校的层面,校长的教育思想和办学成效已跳出自己的学校,站在教育和社会的角度思考教育,其教育思想和成功办学经验对其他学校,乃至广泛的教育领域都有不同程度的促进和借鉴作用,具有普遍的影响和指导意义。

能管好学校的校长只能说是合格的校长,有教育思想并把学校办出成效的校长可称之为专家型的优秀校长,形成一定教育影响力并有理论造诣的校长则可称之为教育家的卓越校长。校长的事业发展应是这样稳步地和谐向上,这样才能对教育事业做出更大贡献。

古今中外的教育家,在全心热爱和亲身办学的教育实践中,教育思想和理念都具有创造性特点,在自己独到教育思想指导下取得实际的办学成效,为民众教育和社会发展做出贡献,也为人类文明发展留下宝贵的教育遗产。从孔子到朱熹再到陶行知,从亚里士多德到夸美纽斯再到苏霍姆林斯基,都是如此。

在嘈杂的社会生活之中,在被各种事物纷扰的背后,曾经有那么一群先生,他们不仅学问渊博,人品更令人难忘,他们潜心办学,并探索和呐喊自己的教育思想,为中国的教育积淀铺石。马相伯先生一生致力于兴学,其"读书不忘救国,救国不忘读书"理念永远教导着中华学子,他临终前沉痛地说:"我是一只狗,只会叫,叫了一百年,还没有把中国叫醒",呼唤着中华觉醒;晏阳初先生不愿做官、不想发财,只想壮大平民教育,做出令人敬佩的成绩;人民教育家陶行知一生践行生活教育,提出了"生活即教育""社会即学校""教学做合一"三大主张,奉献着"捧着一颗心来,不带半根草去"的大爱。他们都是有教育思想的优秀的楷模,他们为了理想的教育、教育的理想,矢志不渝、百折不回,为我们校长树立了光辉的榜样!

如今,北京第二实验小学李烈校长的"以爱育爱"为主旋律的办学理念,以及刘彭芝、魏书生等校长的办学理念,他们不仅有教育思想并取得了非常好的实际办学效果,也已探究出一些教育的本真规律,就是用好的教育思想"办学校"的成功例证,其影响已达"办教育"的高度,成为当今教育界的卓越校长。

第四节 和谐向上的教育思想与理念

我们办学校,从事教育与培养孩子的神圣使命,应当对教育本源进行一些了解和探究,这样才能使我们的教育思想有深厚的理论铺垫,才能理性自觉地实施和谐向上的教育思想。

教育是什么?教育是启迪学生对自己、对社会的未来充满希望与自信的和谐向上过程。

一、教育是自觉主动的传承

教育的功能其实就是承上启下,并且是主动地传承以前、服务当下和开创美好的未来。有了真正意义上的教育,才说得上人类社会文明史的开启。

1. 动物的自然教育属性

任何一种动物都有很多本身特有的自然生存本能,这是这个物种世代进化与遗传下来而成为其与生俱来的自然属性,也是物种和谐自然环境而被动逐渐向上演化产生的生存能力。它顺应优胜劣汰的自然生态规律,是由外部环境促使物种内部基因和谐向上逐步演变而形成的。这种动物不断适应、不断发展,形成了特有的生存本领。

例如动物中,有的会飞翔,有的善游泳,有的能飞奔,有的愿钻洞,很多哺乳动物刚生下来就能认出自己的母亲,并主动找奶吃,等等。动物们还会把很多生存的本领适时本能地传授给下一代,如狮虎捕猎的本领,老鼠打洞的能力,猴子群居的生活方式等,这也是它们自身为生存而适应环境产生的本能传递。这对物种延续来讲,是一种和谐自身生存能力并向上发展的自然教育属性。

物种的这些自然教育属性,目的是和谐环境,传承延续,作用是被动进化,促进向上。伴随着生态环境的改变和自身生存与发展的需求,物种的这些自然属性也在随着客观环境的变化而不断发展进化,这些进化与自然教育属性结合极大地促进了本物种的基因演变和生存能力。每个物种能够生存下来都有其适应与和谐环境的特殊本领,并且把这些本领本能地遗传和教给下一代,有些特殊本领传承进化得还相当尖端,如蝙蝠的听力、狗的嗅觉等。

大自然中各物种不仅属性独特,而且形成了连接循环的生物链,构成了相互依赖与需求的复杂而和谐向上的丰富世界。一种动物如果没有进化出这些适应环境的特殊本领,并成为生物链中相互补充依存的链条,就不能在自然界中立足与生存。每个物种能存在都有其道理和意义,即使是老鼠和苍蝇这些令人讨厌的东西也在生物链中有重要的作用。

动物的这种传承接递的属性只是因自然环境的逼迫和生存的需要而被动产生的和谐需求,是动物为适应环境和自身的发展需要而产生的本能向上进化,不是通过自觉能动的思维而主动有意识地传递与进化,因此动物是自然教育属性,并不包含有意识的"教育"本质,但对物种和谐向上发展意义重大。

各物种与自然环境不和谐就不能生存,不向上进化也会被大自然淘汰,只有和谐向上,这个物种才能延续发展。因此,动物的这种自然教育属性就是一种和谐向上抗争自然与渐进发展的生存本能。只有与自然界和谐相处并不断适应自然的变化,才能生存,才能向上发展,要不然就被淘汰,走向灭亡。

2. 人类的社会教育属性

人之所以称为高级动物,就是因为我们人类不仅有动物本身的自然教育属性,就是被动地传承接递以前自身的经验与适时的进化,还有大脑主动思维创新传递并结合社会知识文化进行的社会教育属性,这是人向高级动物发展演化得来的人类教育属性。因此,动物的和谐向上是被动的适应,人类的和谐向上是被动与主动的结合,具有自然和社会两重教育属性。

谱和谐之韵　逐向上之梦
——构建和谐向上的学校文化

因此，人与其他动物的最大区别就是在延续进化的过程中，方式方法不是被动适应的传承接递，而是通过大脑的记忆、思维的推理判断等，把被动的传承逐步变成了主动有意识地教育传递，成为自主地向上能动意识。这就是人类教育传递的本质属性，其实就是我们人类教育的基本含义。

人们为了更好地生存、繁衍和延续，在长期的生活、生产和社会实践活动中，就从这种教育传递属性逐渐创造和发展起我们人类社会的语言、文字、经济、政治、宗教等，也创造、形成和发展了人类本身的教育，从而延续和推动了人类自身的进化和人类社会前进的步伐。这种承上启下的主动传承——教育，不仅汇总了前人的精神财富，推动了社会政治经济的发展，更重要的是推进了人类语言和创新思维的发展，极大地促进了人际交流的空间和社会生产力的发展，推进了人类向高级动物发展的进程，更好地开启人类智慧的大脑。

人类的社会教育属性，和谐融洽了自然社会和人际交往，互动促进了政治和文化等繁荣发展，汇集激发了人类本身智慧和社会文明的向上进步，使我们人类成为地球上最优秀和影响最大的物种。

古语云："玉不琢，不成器；人不学，不知道。是故古之王者建国君民，教学为先。"

人类失去记忆，世界将一片荒芜；人类没有教育，世界将没有未来。

3. 教育开启和谐向上文明史

人类社会就是这样经历了崎岖且壮丽的发展历程：繁殖和交流，生产和生活，发明和创造，侵略和占有，灾难和战争，工作和交际，奉献和进取；生生不息，延绵不断，产生了语言，开发了思维，发明了文字，推动了生产，形成了民族，诞生了国家，促进了政治、经济、科学、文化、宗教等快速发展。

人类社会不断在从必然王国到自由王国的发展过程中，经历了无数的波折动荡，开拓了广泛的探究领域，创造了世间奇迹，不断矫正前进的方向，努力探寻着人类社会科学发展的道路。在这波澜壮阔的人类历史发展进程中，在这曲折的探求发展的过程中，教育起到了独特而巨大的和谐向上的作用。人类由动物的被动传承向主动智慧传承的转变过程，就是人类自主和谐向上的开始，就是人类文明史的开启。

世界万物都在生存中发展和进化，唯有人类独领风骚，就是因为人类的传承是主动的传承，人类传承的主要媒体是教育。有了教育才会总结、传承、开创未来，才有我们人类社会的文明进步，才有现代科技发展的今天，才有人们智慧的头脑，才有人类社会不断和谐向上的持续发展。

人类的教育传递不是简单地、被动地传承接递，而是自觉主动地吸收和融合前人和现人的精神财富，并设计与创想未来，不断运用所有先进成果创新和发展我们的教育方法、途径和内容,通过创设场景、综合梳理、讲读练习、启发诱导、假设推理、试验归纳、合作学习等方式方法,把知识和能力能动创造性地传授给我们的下一代。人类的教育还有很强的实验性、综合性、推理性、前瞻性和设想性。学习先进的,批判落后的;吸纳正确的,摒弃错误的;创造崭新的,开辟未来的,并充分运用各种已有的科学技术、文学艺术、科幻想象等,使我们的教育引领人类社会向前发展。

当然,教育有其积极推进社会进步的重要作用,其功能也可为不良政治目的和偏激思想的人和组织等利用,成为奴化、愚昧和煽动民众的工具。人们通过实践、探索、碰壁会不断辨析和正确运用教育,并很好地发挥教育的作用,促进文明社会的和谐向上。

大自然创造了丰富多彩的物种,人类的这种一代代主动传承的教育,推动了社会,包括人类自身的进步和文明发展,使我们人类成为最为智慧的物种,地球的文明发展史就是我们人类传承教育的发展史。教育开启了人类的文明史,推动着人类社会不断向前发展。

进步讲科学,发展要和谐。人类社会要和谐向上,唯有教育有综合各种因素的至关重要的意义与功能。我们的教育一定会使人类更好地矫正发展的方向,顺应自然规律,使蓝天更蓝,让雾霾不在,促心灵更美,成和谐向上。

人类在教育的作用下和谐向上发展,未来的社会一定更加美丽幸福,因为教育使我们对自己、对社会的未来充满希望。

二、教育是播撒向上的希望

动物的生存本性是在无意识当中承接以前和发展未来,而我们人类的生存本性则是有意识地承接以前,自觉地和谐现在,主动地向上发展。教育是播撒向上发展的希望。因此,人类美好的向上希望,因教育而传承,因教育而播撒,因教育才能把向上的希望变成美丽的现实。

1. 希望是力量的源泉

人类社会就是这样,为了生存,为了继承,为了未来,为了希望,为了梦想,为了和谐向上发展,承接着前人的物质和精神财富,在教育的积极总结和引领下开拓创新地推动社会向前发展。有了梦想就会产生希望,有了希望就需要学习,学会了本领会增强信心,有了信心就能努力创造美好的未来,而这一切需要教育来助推实现。

所以,教育是向上的希望,教育使向上的梦想实现,没有教育就失去了向上的希望。

我们希望孩子比我们强,我们希望未来比现在好,希望的美好会产生无穷

谱和谐之韵 逐向上之梦
—— 构建和谐向上的学校文化

的力量,希望是我们人类探索和创造的力量源泉。为了希望人类踽踽前行,为了希望人类披荆斩棘,为了希望人类发展教育,为了希望我们开创了辉煌灿烂的人类文明发展史。

当然,我们人类由野蛮向文明发展的过程经历了很多的艰难险阻,在这漫长的峥嵘岁月中,在各种思想文化的探寻发展与融合碰撞中,记载了多少辉煌,也铭刻了多少血泪,走入过误区,遭受过惨痛的教训,生灵的涂炭、生态的破坏、资源的匮乏等,但所有的一切都是为向上的希望探索前行。因此,向上不能破坏和谐,向上影响了和谐就走入了误区,必定受到惩罚。当然,这些都是我们人类历史发展的脚印,都是我们教育下一代活生生的历史之鉴和生动教材。

希望是生存的力量,希望是生活的信心,希望是创造的源泉,希望是教育的不懈动力。有了孩子就有了希望,有了希望就有了未来,有了未来我们的生活就更有希望。

我们的教育就是使我们的希望能够一代代承接下去。教育就是为了传递和延续这种希望才不断设想,不断创新,不断发展,不断向上,而这一切的希望就寄托在我们的教育对象——孩子身上。为了传承产生了教育,为了希望促进了教育,有了希望就有了未来一切,希望是人类和谐向上发展的源泉,没有希望就失去了我们前进的动力。

从人类自身生存和发展的意义上讲:人是为希望而生存,为希望而生育,为希望而承接,为希望而工作,为希望而创造,为希望而教育我们的下一代的。为了希望我们人类探索前行,创造了很多奇迹,也走过很多弯路,得到过很多的教训。前途是光明的,道路是曲折的。为了希望我们将来一定还会有很多的曲折,但最终人类一定是向着光明前行,一定会和谐向上的,因为我们的希望是明天更美好,我们的希望是孩子要过得比我们好,我们的希望是孩子一定比我们强。我们的教育一定会引领我们不断和谐向上。

希望是生存,希望是信心,希望是未来。我们看到一些人对生活失去了信心,对未来失去了希望,认为自己与社会和自然融合不下了,甚至走上人生绝路,就是因为失去了对自己和对社会的希望。

因此,希望是我们生存、学习、生活、工作、创新、教育等的一切力量源泉。我们对待生活、对待孩子、对待工作、对待未来,永远不能失去希望。

2. 教育是希望的明灯

人类为了自己未来的美好希望不屈不挠地踽踽前行,在探索中寻找和谐自身和环境的道路,在实践中明确向上发展的方向。教育会使探索找到道路,为人们的社会和生产活动指明方向,教育是个人与社会美好希望的指路明灯。

有了希望,我们才努力创造物质财富;有了希望,我们才用心营造和睦的家庭;有了希望,我们才建设和谐向上的学校;有了希望,我们才构建民主文明的社会;有了希望,我们才全力维护世界的和平。这一切就是因为:未来是我们的希望,孩子是我们的希望。而这一切要靠我们的教育,有了教育我们的孩子就有希望,我们的未来才能更加美好。

因此,教育是启迪孩子对自己和社会的未来增加希望的过程,从而努力探寻自己与社会未来的幸福。通过知识技能的掌握,聪明智慧的增长,品德交际的完善,树立科学和谐的人生观、价值观,从而达到自主发展与愉悦幸福的境界,在提高少年儿童素养的基础上,培养社会需要的人才,促进整个社会和谐向上发展。

教育需要死记硬背吗?当然需要,没有记忆就无所谓教育。婴幼儿成长都是从认人、认物、认字开始,认就是记忆,因此学习是从记忆开始的,记忆是学习最基本的能力。我们要大胆教育与训练孩子的记忆力,只有对以前知识文化的记忆,才能承接以前并开创未来。任何学科的发展都是前人研究的继续,只有记忆才能传承与再创造。人类失去记忆,世界将是一片荒芜,没有文字记载也无所谓文明世界。忘记了过去就意味着背叛,忘记了过去也不可能有未来。

但是,人是能动的高级动物,只靠模仿与记忆是动物的自然教育属性,希望是一种求新,希望是一种求异,希望是一种向上,希望是一种进步,教育就是要点燃少年儿童心灵上希望的明灯,只靠记忆不仅远远不够,而且曲解了教育属性的根本内涵。只停留在记忆上,社会不能向上,人类不能发展,个人也不能进步。记忆是为了更深刻的理解,要在理解的基础上加深记忆,要在记忆的基础上深化理解。

所以,教育绝不能停留在死记硬背上,只靠死记硬背,只追求表面的数据和分数,必定把人教死,对个人的发展是一种约束,对社会的发展是一种妨碍,这会使教育走入死胡同。教育的真正意义并不只是记忆,更在于唤醒人的觉悟,启迪人的智慧,点燃人们更美好的希望,去发现和创造更新更美的未来。

教育是点燃孩子心灵希望的火花,使孩子的未来开放出更加艳丽的花朵。

3. 希望因教育变成现实

人们把物质和精神财富传授给下一代,就是对下一代寄托并充满着更加美好的希望。我们常听一些家长说:"我的希望都在孩子身上了",就是这个意思。

我们的孩子更是对未来充满无限遐想和美好的希望,虽然他们的遐想现在可能还很幼稚,希望还不是很清晰。正鉴于此,他们的未来才更有奥妙与玄

谱和谐之韵　逐向上之梦
——构建和谐向上的学校文化

机,我们的教育才更有意义,他们的智慧才需要我们点燃。因此,孩子的希望需要我们用教育来点燃,孩子的希望需要用教育搭起实现的阶梯,孩子的希望需要用教育鼓起信心的风帆,孩子的希望因教育而有实现的可能。

我们教育孩子就是为了播撒对未来的希望,就是为了点燃人类新的更美好的未知遐想,促使我们的孩子对希望的理解更清晰、更深刻、更踏实、更有信心。孩子有了希望,我们的家庭就有了希望,我们的生活就有了希望,我们的社会就有了希望,我们的未来就有了向上的希望。

我们教育孩子是为了播撒希望,我们在教育的过程中就要给孩子以希望,不要让孩子没有希望,更不能因我们的教育框住孩子的思维与想象,使孩子失去对美好希望的追求。这就要求我们在教育孩子时以赏识和正面鼓励为主,让孩子知道生活的美甜、自然的美丽、社会的美妙、未来的美好,欣赏与追求美的东西和向上的希望,珍惜我们自己的人生,更加有信心和有希望地学习和生活。

当然,我们也要让孩子知道社会中有不美好和不和谐的事物,这是现实社会中的正常现象,这些不好的事物以前有,现在有,将来也一定会有。正是因为有这些不和谐与不美的东西,我们的希望才显得有意义,才需要我们努力学习、努力奋斗,去创造我们希望的美好未来。社会就是因为我们不断追求更加美好的希望而不断向上发展,没有最好只有更好,没有美好希望的追求社会将停止进步。

美好的希望,既是我们遥远未来的理想,也是我们现实当中的美丽需求,经过我们的努力是能实现和争取到的,因此希望是我们内心需求与未来现实和谐统一的重要表现。希望有大,有小,有近,有远,有学习方面的,有生活方面的,有工作方面的,有能力方面的;而且希望也有层次性和阶段性。希望是物质的回报获得,希望是精神的满足支柱,希望是现实的体验经历,希望是不断地追求奋斗。因此,希望是远大的未来理想,也是目前分阶段可以追求到的实际目标,需要我们实事求是地评价、梳理,并不断矫正远大理想的科学性与现实性。理想与现实的不断协调统一,是我们个人与社会、天地和顺的重要体现。

随着我们生活、学习、教育的深入,我们对希望的理解将是更加丰富多彩的精神与物质追求的和谐综合体,人们对生活和幸福的理解也更加充实、美好和有意义。希望应成为人的理想、信念和终身追求的向上目标,并在不断和谐处理并实现近期目标的基础上,成为人们和谐向上永远前行的不懈动力。

教育就是播撒孩子对自己和未来充满希望的种子,播撒了希望他们就会为之而奋斗,我们的社会就一定会收获美好向上的未来。

三、教育是和谐愉悦的心智培养

教育是教育者有意识、有目的的传授过程,不仅传授文化知识,还要传授生存的本领,传授生活的信心,传授人间的温暖,传授未来的希望,传授理想信念等。要使这些教育内容在受教育者的思想认识和思维理解中被自觉主动地记忆、理解和接受,只能在孩子身心和谐愉快的基础上才行。

1. 智慧是启发出来的

各种动物都有与生俱来的智慧,动物的智慧是遗传基因进化演变而来,因此每种动物的聪明智慧和能力经过训练后基本内涵差不多,因为它们一般只靠重复记忆与模仿。我们每个人不仅智商有差别,更重要的是思维的方式与方向差别也很大,就是因为人不仅遗传基因起重要作用,更重要的是后天教育、学习与运用的结果。

我们是有目标地培养合格的建设者和接班人,培养能装载并完成我们教育者希望的人,因此,我们教育的目标要求只有与教育方式方法和谐统一,才能达到我们教育要求。人是能动的主体,不是输进数字的机器人和复印机。强扭的瓜不甜,如果孩子只会模仿和跟从就没有创新的未来,也就不能增长智慧。填鸭式和拔苗助长的方法,目标和意图可能是好的,但违反孩子成长的规律,违反了教育教学规律,违反了增长心智的教育哲理,方式方法与孩子身心发展不和谐统一了,就不能很好向上并增加孩子的智慧。师与生不容,教与学不和,学生没有学习的积极性,教育者苦口婆心强塞硬灌,孩子只是被动地接受和模仿,只能培养出生硬呆板的一代人,影响孩子智慧的发展。这不是我们需要的人才,也不是人类教育的本质,这是把人当成了其他动物和机器!

我们人类的教育不同于其他物种的传承就在于它是能动的创新和发展,不是被动的给予和接受;是和谐互动的统一,不是复制不变的同一。教育者是能动地传播,被教育者是能动地接受,教育者是心智地讲解,受教育者是智慧地理解,并能进行新的想象与创造,而这一切需要教育者与受教育者双方和谐互动才能产生,才能启迪孩子的智慧,才能激发孩子心灵的创造欲望,孩子才能向上发展,这才是教育的本质内涵。

因此,教育不能让孩子被动地装载知识和训练各方面的能力,和谐地互动,愉快地参与,自觉地思维,主动地接受,情愿地吃苦,无畏地钻研,才能启发孩子的智慧,这是我们教育者所追求的最高境界。

教育是启发,教育是启迪;启发孩子的心智,启迪孩子的智慧。这应当是一个和谐愉快的过程,而不是令人生厌的经历,才能使孩子真正理解和掌握知

谱和谐之韵　逐向上之梦
——构建和谐向上的学校文化

识,并主动积极追求更多的知识和真理,使孩子身心和谐健康地发展,促使孩子自觉并创造性地追求美好的未来。

根据报刊和网上报道,我们看到有的高中学校的毕业生,高考后把课本等撕得粉碎然后将其从高楼上扔下,纷纷扬扬的情景令我们教育者心碎。他们撕碎的是被动学习的压抑心理,扔下的是自己为了未来努力学习的拼搏精神。

当然,愉快的教育并不是孩子不努力、不刻苦学习,整天轻轻松松就是愉快教育?错了!愉快是因向往与爱好而努力钻研,而不是无拘无束的自由懒惰。

启迪智慧重要的是教育者和受教育者情感的和谐互动。教育者通过研究学生积极主动的智慧和潜能的发展,促使教育者不断反思教学并向学生学习,改进教学,提高效果。所以孔子曰:教学相长。

学生的学习对我们教育者来说是被动的,因此我们教育者引导孩子积极主动配合十分重要。加强情感的互动,培养学习的兴趣,增强愉悦的心理,使之成为学习和活动的主人,这样才能激发孩子的兴致,挖掘孩子的潜能,启迪孩子的智慧,培养孩子各方面的能力,使孩子愉快地、真正地和主动地学到知识,将来他们才能主动和愉快地去创造更加美好的未来。

2. 兴趣是鼓励出来的

少年儿童天真好动与对事物的好奇心是我们启发引导他们的好钥匙。好动是因好奇,好奇就会有兴趣,有兴趣就想努力,努力必有收获,收获需要鼓励,鼓励就会增加信心,我们的孩子就会更有兴趣地去学习。我们要利用孩子的好奇心,以赏识和鼓励为主,增加孩子学习的信心,激发孩子的学习欲望,启迪孩子深层次的智慧潜能。

孩子奋发努力地学习应当建立在他们爱学习、愿学习的基础上,引导和激发孩子浓厚的学习兴趣,形成良好的学习习惯;建立在学习成功的愉悦体验上,而不是建立在被动的、不情愿的高压之下。压力是要有的,没有压力就没动力,没有吃苦精神绝不可能有好成绩,舒舒服服不可能创造幸福美好的社会。但压力要建立在浓厚的学习兴趣和高度自觉的责任感上,只靠压力不顾孩子的心理承受能力会使孩子失去学习的兴趣,厌倦学习生活。这是身心发展与学习内容目标的不和谐,会产生恨不得把书撕碎扔掉或烧掉的心理,这就与我们的教育目标背道而驰了。

少教才能多学,减轻负担孩子才能有精力思考和参与更广泛的学习活动,但这些必须建立在愉快学习、向往学习的基础上。愉快是过程,兴趣是根本,有了兴趣就会刻苦学习,就能智慧广通;向往是责任,习惯是根本,有了良好的习惯就会自觉地学习,就会有勇攀高峰的品质。

压力为的是产生学习的动力,动力的根本是为激发学习的兴趣,因此压力不能摧残兴趣,有兴趣才会甘愿努力学习,从而排解压力。兴趣有内心情感和外在驱使两方面,和谐统一就有利于孩子智慧的启迪。孩子的奋发努力靠的是启发,靠的是启迪,靠的是鼓励,靠的是学习的兴趣,而不仅仅是高压的驱使。当然,应有的压力也必须有,有时压力更会激发出孩子学习的激情与智慧的迸发。

人有兴趣了,再大的压力都会感到丰富和宽松;没有兴趣,再轻松的学习内容也会觉得压抑和沉重。

孩子好奇、好动,但注意力却容易分散,要依据孩子的身心发展规律,耐心教育和启发。他们是孩子,知识的掌握和智慧的启迪是一个过程。不要因孩子一时的不理解就急于求成,或打击泄气,更不要侮辱孩子的人格,这会僵化孩子的智慧,磨灭孩子的自尊心和对自己未来的希望。智慧要启迪,希望要点燃,兴趣要激发,成绩要赞赏,心智才能发展。

孩子学习是一个进步的过程,有不足,才需要我们来教育;有不懂,才需要我们来引导。鼓励与欣赏才能使孩子更有信心,促使孩子克服自身缺点和不断学习进步,才能使孩子进一步理解学习的意义。当批评要批评,使孩子知道不足,但批评不是损人;当惩戒则惩戒,使孩子记住教训,但惩戒不是体罚。

愉快兴趣而又严谨充实的学习生活,自觉努力而又督导规范的学习过程,才能启迪孩子的智慧,才能使孩子努力奋发地学习,才能使孩子更有信心地迎接未来的挑战。

3. 心智是心育出来的

社会要和谐向上发展,需要按社会自然的规律科学发展;小树要健壮成长,需要和顺自然的阳光雨露;少年儿童要和谐向上进步,需要我们教育工作者用心培养他们各方面的能力与素养。智慧是启迪出来的,兴趣是鼓励出来的,社会是美好心灵建设出来的。立德才能树人,身心全面发展才是我们需要的人才。

孩子像是一张白纸,孩子像是一团泥巴;白纸好画最美的画卷,泥巴可以塑成最佳的造型。但学生并不是无感情与个性的白纸和泥巴,不是我们想怎么画就怎么画、想怎么捏就怎么捏的物质,一定要配合孩子的身心发展规律,要根据孩子本身素质的不同因材施教,要激发孩子的兴趣,启发孩子的智慧,不能用成人的思维要求和设计孩子,要根据孩子的实际情况因势利导教育启迪孩子的心灵,愉快地接受才能努力地创造。每个孩子都是能教育好的,优秀的孩子应是内心与外在的和谐统一,应是德智体美劳以及心理等方面全面健康地发展。这些需要我们鼓励,需要我们启迪,需要我们用心用情地教育与训练。

　　教育是循循善诱,教育是因势利导,教育是言传身教,教育是启迪与鼓励。教育就是按孩子自身发展规律,激发起孩子内在的心智发展潜能,增长智慧,学习做人,使孩子自觉、主动、愉快、奋发地展开智慧的翅膀,翱翔在知识的海洋中。成人才能成才,立德才能立人,身、心、智都和谐发展是教育的真谛。因此教育是为了孩子现在的勤奋学习和快乐成长,更是为了孩子永久地努力学习和奋发进取,是为了孩子终身自主地学习与和谐向上地成长。

　　孩子要学习知识、学习做人、学会生活、学会生存,要建立正确的人生观、世界观和价值观。教育者(包括教师和家长)的思想素养很重要,教育者要教书,更要育人。只会教育别人自身不洁的教育者不能教育好人,育人重要的是言传身教,言传与身教和谐统一,并且身教胜于言教,这样孩子才能从内心去主动模仿与学习。教育者的思想和品格、为人处世方式,以及在传授过程中思维运转的逻辑判断过程等,都在直接影响孩子的学习动力和学习效果,都在启迪孩子未来努力的发展方向,都在激励孩子为美好未来而奋斗的精神。

　　智慧需要启迪,兴趣需要激发,生存需要训练,美德需要熏陶,心智更需心育。教育应是快乐的,美好愉悦的智慧启迪必定使孩子努力并智慧地去创造更加美好与愉悦的人生。

四、教育是和谐向上的成长过程

　　教育是孩子和谐向上成长的一个过程。少年儿童的学习生活是学习实践的过程,当下远没有定性与定型,我们的家长和教育工作者不应过于重视现在的学习结果——只重向上发展,还应重和谐融洽的过程,要使孩子愉快并充实地度过现在学习成长的美好时光,孩子向上的未来才能更加美丽多彩。

　　1. 发展的眼光看孩子

　　"物有本末,事有始终,之所先后,则近道矣。"——《大学》。因此孩子的成长是一个曲折漫长的发展过程,既有外部的环境因素,还有内因,即智商和本身努力的情况,更有其持续和谐向上的自身发展轨迹,我们要顺其自然,助其发展,启迪智慧激发成长,更要用发展的眼光看待孩子以前和现在的成绩,教育引导孩子发挥优势走正道,不要扭曲孩子的心智发展,在自主勤苦的奋进中让孩子享受成长的快乐和充实,未来长久和谐持续地向上发展才是我们教育的目标。

　　小学教育是传授、交流、实践和启蒙的学习过程,是丰富心智、强壮身体和提高能力的训练过程,是增强信心、启迪智慧和树立希望的美好过程。奋斗的目标应当有,未来的希望要存在,要在实事求是的基础上放眼未来,不要刻意与强求现在一时的成绩,要在孩子学习实践的过程中不断提高学习兴趣、矫正和明确前进方向。学习与实践的过程是互动、合作、充实与和谐的,而不是孤立、排他、压抑与烦恼的。

孩子现在还未定型,更未定性。聪明的孩子往往比较调皮,有时显得不太"听话",有大作为的孩子经常会做出格的事;现在的成绩往往是当下努力的结果,更受当下评判的制约,未来的辉煌需更丰富的智慧与奋进的精神。我们评定孩子绝不能局限于现在,要放眼孩子未来长远发展才是教育者的胸怀与眼界。

教育孩子是一个漫长的成长过程,我们不能急功近利图眼前一时的成绩,不能用画好的框框与结果强迫孩子往里钻,无须强压硬拔堆积出现在的荣耀,不要用成人的想法要求孩子,不要过早地给孩子确定目标,太大的成绩与压力我们的孩子有时是承受不了的。我们为了孩子和谐向上发展一定要遵循孩子生活、学习和认知的规律,和谐人生,和谐进步,和谐心态,和谐孩子与周围关系,孩子才能和谐向上地成长。

孩子有自己的本性,孩子有自身发展的道路,每个人的发展阶段是有一定规律与定数的,不要强制,否则孩子失去了自然的天性,进而失去未来。不要捧杀孩子,也不要压杀孩子,孩子现在的发展与未来的定位都需要不断的矫正与开拓,我们现在不能也无法论定,况且小学教育又是基础的基础,无论是知识的掌握、智慧的启迪,还是能力提高、身心的发展,孩子远没有成型,都是一个成长与发展的过程。

用发展的眼光看待孩子,用和谐的方式对待孩子,美好的未来就会等待孩子。不要把孩子的时间与空间占得满满的,要给孩子一些学习与生活的自由天地。自主的时间越多,实践与创新的能力发展越高;想象与梦幻的空间越大,成长与发展的未来就一定越广阔。

2. 精彩的过程看成长

教育是培养孩子的过程,就是要求我们要看重和谐的过程教育,看淡向上的具体结果,过程精彩了,向上就是必然的了。这就要求我们要重过程轻结果,要重视过程的丰富内涵,启迪孩子的心智;要重视孩子在过程中的参与情况、合作情况、动手情况、实践情况,轻视一时的数据结果,在丰富精彩的过程中促进孩子的健康成长。

教育是过程,就应体现教育过程的科学性和艺术性。教育不是简单的重复,不像企业生产那样通过同样的程序就能制造出完全一样的产品,也不是增加时间和压力就能有好的成绩。数据成果只是现在的表象,并不能完全反映教育的实质,所以教育不能完全用分数和数量来简单衡量。

谱和谐之韵　逐向上之梦
——构建和谐向上的学校文化

教育的过程体现的是教育与学习的交融结果,是极其复杂的化学反应,不仅是记忆与模仿,更是智慧的互动与碰撞,是心灵的感悟与呼唤。表现在受教育者身上,其效果是丰富多彩和变幻莫测的,同样的方法和程序可能产生不同的实际效果。受教育者是能动的人,因此要因材施教,要因人而异。在教育的过程中还要根据对象的发展变化有针对性地及时调整并转化我们教育的方式方法,不断充实、丰富和创新我们的教育方法。

教育是一个过程,我们要在过程上下功夫,我们要很好地研究和改进教育教学的思想与方法,使教育的过程丰富精彩和引人入胜,使教育的方式方法和思维过程适合孩子年龄特征与心智发展,使教与学和谐共处、形成一体、互相呼应、共同向上。不要急于想着教育的结果多么灿烂,不要为教育的成绩压得喘不过气来,让孩子被要求和结果的目标框住,导致我们教育者急于求成,从而违背教育过程的科学性和艺术性。只有随着教育过程的不断深化和发展,孩子的潜能被不断挖掘和启迪,教育的效果才会逐渐显现出来。

教育既然是一个过程,就有很强的连贯性,总体是一环扣一环地螺旋上升,不可能空挡跳跃的。路要一步一步地走,楼要一阶一阶地上,基础扎实了才可能向高一层迈进。加班加点地加重负担,只图现在的美好数据,很可能牺牲了孩子持续和谐发展的惯性。

况且,每个孩子个性心智发展各不相同,孩子的成长进步有缓慢期和快速期,在茅塞未开时经常会显得心不在焉和无所适从,在情感思维的碰撞和创新教育的点燃下,孩子的进步和变化有时又会是突飞猛进的。当然有时还会有反复性,在记忆、遗忘和联想的交织中有时会犯糊涂,这糊涂可能是更清醒前的一个准备过程。

教育过程的精彩与丰富,就是孩子智慧的启迪、兴趣的激发、心智的跃进、未来的发展,即孩子和谐向上的金钥匙。

3. 不同的差异看过程

每个孩子由于基础知识和兴趣爱好的差异、先天素质和后天生活环境的不同,以及生理和心理素养等状况的差别,其成长和发展的轨迹肯定不相同,其效果的显现也一定是多姿多彩的。

有的人智商比较高,天资聪明,一点就通,甚至于不点也自通;有的人天生悟性比较差,怎么教育引导训练都比别人慢半拍;有些人智慧要点燃,顿悟需等待,耐心地教育与引导说不定什么时候就茅塞顿开,后来者居上是大有人在的,古语有"大器晚成";有的人有的方面比较灵,有的方面却比较呆,只有某方面聪明的人也可能成为社会少有的天才。教育是一个过程,我们要关注到每一个孩子教育成长的过程,不要因其个性的不同而影响其自身的发展。和谐社会需要各种人才,丰富精彩的自然社会不能都一样。一个都不能少,一个都不能放弃,每一个孩子都是可爱并能教育好的,我们都要很好地教育和引导他们,他们都将成为社会发展建设中有益于社会、有益于自然界的一分子。

教育有法,教无定法。教育是有规律的,然而每个人的发展过程却是无定律的。教育要顺其自然引导启迪,不应固定模式、拔高要求、强扭硬拉。教育成效不明显,不是孩子不能进步,而是教育者还没有找到恰当的启迪方法。

因材施教,因人而异,因势利导,教育要按孩子自身的发展规律,孩子就会得到充分发展。不要拿一个孩子的短处与有些孩子的长处比,要根据孩子自身的智慧和能力与他们自己的成长与发展相比,要看到孩子自身的闪光点和长处。客观宽容地对待每一个孩子,表扬和期待孩子的成长与进步,信任和赏识是激励孩子成长的良药,每个人都能找到自己的人生坐标,相信孩子必能成为社会的有用之材。

我们培养的是德智体美全面发展的建设者和接班人,这是我们培养的目标。目标是全面发展,因此我们的教育是打基础阶段,是为未来做准备,是一个全面发展的阶段过程。因此,孩子现阶段的情况都是发展的过程,不能过早地下定论,不能用一把尺子来评价现在的情况,每个人以前不同,现在不同,未来也一定是不同的。

少年儿童的教育是一个艰辛和复杂的过程教育,他们能否成才,或成为什么样的才,在教育的过程中是很难完全确定下来的。指明一个大的方向,树立一个美好理想,留下广阔的希望空间,锻造好智慧的头脑和坚强的体魄,培养广泛的兴趣爱好与坚忍不拔的精神,让他们满怀希望地、自由地去展翅飞翔吧!

五、教育的根本是培养人的自信

一个人能自立于社会当中,首先要对自己有信心,自信是一个人生活与工作的精神核心,自信是向上发展的根本,培养自信是育人的本质要求。

1. 尊重能培养自信

自信就是相信自己——我能行,是一个人自内而外和谐统一坚定自强的重要表现形式,是人格独立奋发进取的情感自觉。

一位哲人说过:"谁拥有自信谁就成功了一半。"因此教育的根本要求不是传授了多少知识和训练了多少能力,而是在"传道、授业和解惑"的过程中,使孩子树立对自己和社会充满自信的心理过程,从而更有信心地继续自觉努力学习成才,并相信自己能用知识和能力去创造美好的人生和社会。

"天行健,君子以自强不息。"人要生活于家庭、交往于社会、生存于自然

谱和谐之韵　逐向上之梦
——构建和谐向上的学校文化

界,自信是基本的要素。自信才能生存,自信才敢交际,自信才想努力学习,自信才会自立于社会。自信心是一个人内心和谐向上的原动力,自信才能使人的本能得到充分发挥,就能不惧怕其他任何干扰,执着地追求,并不断地向前发展。因此,育人的根本内涵是培养人的自信心。有了自信心,人们才会乐观地面对人生道路上的各种艰难险阻,就会执着地坚持学习各方面的知识,刻苦锻炼各方面的能力,勇敢地迎接各种挑战。

孩子内心的自信需要外在的认可、尊重与鼓励,才能很好建立起来。孩子学习与生活在社会集体和各种活动中,本身就在小心翼翼地摸索前行,虽然经常天马行空、没头没脑,但其实很在乎别人的看法和评价,以此来定位自己的行为取向。他们对外部充满未知与不确定,需要外部的赏识和鼓励,需要尊重与扶持,以此提高自信心。

因此,孩子在学习、生活、处事、活动的感知与体验中,正面的赏识和鼓励就是对孩子行为的肯定,就能增强孩子的信心。我们教育工作者在教育孩子的过程中要多鼓励和表扬孩子,多看孩子身上的闪光点,激发孩子相信自己,使孩子在自信中学习实践,在自信中迎接学习生活中的各种顺境与逆境。当然,孩子在学习和生活中不可能都是正确与成功的,对孩子的不足与错误,也应明确指出,克服困难和改正错误所建立起来的体验与信心将更加珍贵和有价值。

团结出力量,合作有自信。一个人的自信心也是集体意志的体现,是相互合作、相互信任与责任担当的心理感觉,朝气蓬勃和团结融洽的集体作为坚强后盾,个人的力量融合在集体中就会更有自信。班集体团结一心、祖国的强盛和民族的自豪感都是自信心强有力的来源。因此,自信是团结互助与感恩集体的责任感和荣誉感,是成竹在胸的深厚知识与能力的感召力量,是和谐自身与集体环境的向上表现。

对学生不要过多地求全责备,有不懂才要学习,有不足才想进步,也才需要我们去教育和培养。孩子的学习是成长的过程,更是增强信心的过程。要让孩子知道自己的不足,更要让孩子体验成功的喜悦;既要批评孩子的缺点和错误,更要赏识孩子真实的想法和进步。培养孩子的自信心,树立自立的人格品质,孩子才能和谐向上、成人成才。

2. 自信是成功之始

知识是从业之长,身体是立业之基,能力是就业之技,道德是做业之本,自信是成业之始。

从个人的角度看,人是为自己而生存、为未来而生活、为希望而努力的,而这一切需要的是满满的自信心。对生活充满自信,对工作充满自信,对未来充满自信,就是对自己和社会的未来充满信心。没有信心的人必定一事无成。爱因斯坦说过,"自信是向成功迈出的第一步"。

人类社会的知识是广袤无际的,对任何一个人来讲都有很多未知的领域,永远也学不完,所谓"学海无涯"。学校教育是按部就班和有针对性的,教学的内容是有限的。有了自信就有了自强不息的无畏精神,就会努力探索社会需要和自己感兴趣的难题,就会按着自己的奋斗目标勇往直前去刻苦攻关。因此,培养孩子的自信心是我们教育者必须关注的。知识掌握多少因个人的基础和能力而受到了制约,有了自信就有了无穷的力量去追求,将来努力去学习和掌握更多的东西,从而创造无限的人生价值。

社会总是有很多的不足,很多奥秘是未知的;因为不足我们期望美好,因为未知我们更加向往探究,而这一切需要有不怕任何险阻的勇气去面对,需要有坚忍不拔的坚强毅力去攻克,这就需要自信心。因此,教育孩子的过程就是逐渐培养孩子自信心的过程,对自己越来越有信心,对学习越来越有信心,对社会越来越有信心,对未来越来越有信心。无论是知识的获得,还是能力的提高,其实都是为了自信心的树立与积淀、创造和提高解决问题的条件和方法打下雄厚的知识基础,有充分的信心解决面前和以后的问题。有些难题现在一时解决不了也不怕,去学习、去探究,自己或后人一定会解决。

自信是一种心理素养,自信是一种能力满足,这种素养和满足能化为对生活的热爱与期盼,从而创造美好向上的未来。

自信心是开启智慧和事业成功的法宝,一个人对自己、对社会、对生活、对工作、对未来的热情与执着,从自信开始。

3. 攻坚会增强自信

自信需要良好的自我底气与勇气,要在攻坚克难中增强自信。相信自己,不怕困难,勇于面对,争取胜利。

自信心是自我素质和涵养的综合体现。知识广博,经验丰富,应变能力强,心理素养高才能胸有成竹,自然信心满满。因此孩子要努力学习文化知识,参加丰富多彩的活动,动手实践亲近自然,要敢于探索攻关,要勇于实践并不怕碰壁,不断充实和完善自我,提高各种应变能力,勇于战胜各种困难,就能培养自信心。

一个人的自信心不是与生俱来的,自信是在生活实践中努力学习与刻苦锻炼得来的。学习、生活与人生的道路不可能一帆风顺,必定会有来自各方面的阻力,顺顺利利当中不可能得到真正的自信,未来未知的艰难险阻不可胜数,只有不断战胜各种艰难险阻的人才能不断增强自信心,不惧怕各种困难。

当然,自信不是狂妄自大、目空一切,这是蛮干与虚伪的自信。自信应当

谱和谐之韵　逐向上之梦
——构建和谐向上的学校文化

谦虚谨慎并实事求是面对眼前的一切,科学地肯定和评价自己,这样的自信心才有底气,才能勇往直前地努力奋发与攻坚。有了雄厚的积淀做基础,在做事的过程中就会在心里自我暗示:我能行！就会用以往的经验与知识,充满自信地面对挑战并调整相应的策略。

信心的获得是一个循序渐进的过程,是一个战胜挫折和体验成功的感悟过程。因为渐进才厚实,因为兴趣才坚持,因为挫折才深刻,因为美好才追求,因为和谐才豁达,因为成功才愉悦,因为谦虚才受人尊重。

培养兴趣,发展特长,尽情地享受学习和探索成功的精彩过程,感受人生的充实和美好,这样才能不断地增强学生的自信心。压力和宽松是相对的,合作与竞争是互补的。谦虚谨慎,努力学习,夯实基础,提高素养,努力攻坚,这些都是自信心的重要来源。

自信心会让人笑对生活和工作中的任何艰难险阻,并勇敢地战而胜之。

4. 自信是人生财富

金钱是财富,知识是财富,能力是财富,身体是财富,思想是财富,而自信心是这些财富的始拥者和创造者。因为有了自信心就能创造财富,就能努力学习文化知识,就能刻苦锻炼强壮的体魄,就能丰富思想认识。

人总是要有点精神的,人有了精神就会有无穷的力量去学习探索实践,去提高各方面的能力,勇敢地去干一番事业；而没有了精神,对眼前的一切则没有了兴致,再多的财富都会散尽,再有意义的工作都不愿意干,这精神就是自信心。毛泽东讲过:"一个人能力有大小,但只要有这点精神,就是一个高尚的人,一个纯粹的人,一个有道德的人,一个脱离了低级趣味的人,一个有益于人民的人。"充满自信的人一定是精神饱满的人,一定是对学习、生活和工作和谐向上的人,一定是幸福充实的人。自信能释放出人本能的各种力量,自信的人勇敢,自信的人聪明,自信的人乐观,自信的人友爱,自信的人幸福。

自信心来源于和睦的家庭生活与和谐的校园学习,来源于对学习内容的理解和掌握的愉悦过程,来源于用学到的知识认识社会和解决生活实际问题的切身体验,来源于人际合作交流和对美好未来的向往与追求,来源于用充足的信心建设将来更美好的生活和社会。

个性的发展与人格的健全是自信的基础,我们要重视孩子本质内涵的信心塑造。培养孩子广泛的兴趣爱好与深厚的文化知识基础,树立孩子博爱的胸怀与自主自强的精神,训练孩子强壮的体魄与不畏艰苦的品质,促进孩子充满自信地生活与工作。

不是孩子没有信心与勇气,而是我们怎样评价和鼓励孩子培养自信与勇气。把孩子都按一个模子塑造是不可能的,这是对人性的摧残,更是对自信心的打击,也是对社会未来发展的阻碍。适时恰当地磨砺孩子有助于孩子的自信心培养,社会生活和大自然的变化莫测是自信心培养的真正来源,面向社会、勤于动手、勇于实践都能培养孩子的自信心。

没有教育不好的孩子,只有不称职的家长和不合格的教师。只要孩子在自身的基础上有所进步,就是成功的教育,就能增强孩子的自信。只要孩子对自己有信心,这个孩子将来就有希望。

千金万金难买自信心,一个能创造财富的财富就是——自信心!

第二章　和谐向上学校文化的人本与主体建设

古代先哲老子说:"九层之台,起于累土;千里之行,始于足下。"我们看到一座座雄伟壮观、神采各异的高楼大厦拔地而起,那是建设者们按照工程师科学缜密的设计并辛勤施工建设起来的;高楼建得越高设计就应越科学,地基就必须打得越深越牢,建设者们就应更加严谨认真地按设计施工。我们建设和谐向上这座美丽壮观的学校文化大厦,必须深入了解其内在的主体架构及其基础建设内涵,这样全校教师才能思想明确并步调一致地认真做好学校各方面的基础工作,全面系统地建设和谐向上的学校文化。

学校文化的"人本"指的是学校所有的人,但出发点和落脚点都必须是"以学生为本",一切主体建设都要归宗到孩子的和谐向上发展上。

第一节　领导班子是和谐向上学校文化建设的关键

校长是学校的组织者和领导者,校长的教育思想和办学理念决定着学校的工作思路和发展方向。方向决定道路,道路决定未来。和谐向上的学校文化根基是学校主体的理念与思想,学校的主体是广大师生,他们有什么样的理念与思想就会有什么样的学校文化。而校长的办学理念只有通过全体领导班子成员形成统一的思想意志,并积极主动创造性地开展工作,才能落实到学校的各个部门和各项具体的工作环节中,才能团结和带领广大教职员工共同建设和谐向上的学校。因此,和谐向上的学校文化形成首先是班子队伍的建设,这个关键抓得准,理得顺,做得实,学校各项工作就容易全面扎实顺利地开展起来。

一、提高学校领导班子集体思想素质

学校领导班子成员都是各个学科的优秀教师,他们各方面的素质都很高,但我们不能因此就放松对他们思想素质的教育与培养。因为人的思想素质,一方面会随着时代发展和社会各种影响而发生变化,另一方面学校行政工作

和本身环境地位的变化对班子成员各方面的素质,特别是思想素质有更高和更新的要求。因此,学校要和谐向上发展,首先要重视提高班子成员的思想素质,而且这也是行政班长——校长的重要职责。

校长要根据学校班子成员的思想状况和岗位职责要求,对他们:时刻提醒,防微杜渐,加强引领,不断提升。作为行政班子成员,也应自觉加强思想觉悟的修炼:努力学习,严于律己,提高素质,取信群众。

1. 思想认识站高一点

学校行政班子成员,虽然算不上什么大官,但作为教书育人的学校,既然领导信任你,老师拥护你,上级任命你为校级或学校中层部门的领导,你就是学校的管理者,担负着一定的学校领导责任,讲话做事就代表着学校的意图,老师们都在关注着你的言行,你的一言一行都具有一定的影响力,应当注意自己的素养和身份,政治觉悟和思想认识就应当站得高一点。

站得高就是要讲政治,讲团结,讲大局,做表率。

(1)讲政治,就是行政领导要有较高的政治思想素质。作为学校行政领导班子成员,必须有政治素养上的要求,这不是讲大话、空话和故弄玄虚,而是作为学校管理者自身政治素养和工作职责应有的要求,也是社会主义学校对行政班子的政治要求。讲政治才能保证党的各项方针政策在学校全面贯彻执行,才能引领和促使广大教师完成培养全面发展的社会主义建设者和接班人的重任。因此,行政班子必须加强对党和国家方针政策的学习,时刻关心国内外政治形势和社会发展动向,同党中央和上级的精神保持政治上、思想上和组织上的一致,自觉维护党中央和上级党委、政府的政治权威。不断加强政治理论修养,有较强的政治敏锐性和洞察力。国家的稳定、社会的安宁、学校的安定时刻考验着我们班子成员的政治素养,讲话要注意场合和地点,普通百姓和一般老师可议论和评价的话,我们行政有的不是可以随便说的,当说的话则说,不该讲的话不讲,因为你代表着学校行政;有想法和建议通过正常的渠道反映,而不是到处乱说。维护政治稳定,保障学校安宁;保持政治素养,注意自身形象。班子成员政治觉悟高了,既树立自己良好政治素质的形象,也直接影响教师的政治思想觉悟和学校各项工作的稳定开展。

(2)讲团结,就是行政领导应自觉维护班子的和谐统一。班子团结是学校教职员工和谐向上的前提,是学校各项工作扎实推进的有力保证。堡垒最容易从内部攻破,班子成员团结一心才有战斗力,学校的各项工作才能统一步调,不断向前迈进,学校工作才会提高效率,事半功倍;班子不团结,各项工作必然分力、分神,学校工作必然事倍功半,甚至还可能事倍无功。讲团结很重要的是思想与行动的统一,校长提出的教育思想和办学理念要统一并全面贯

谱和谐之韵　逐向上之梦
——构建和谐向上的学校文化

彻，而不是各唱各的调、各走各的路，甚至于唱反调、出斜力。要发扬批评与自我批评的优良传统，严于律己，宽以待人，以达到思想意志的高度团结统一。注意会议纪律，保持良好风气，有话会上讲，有意见当面提，会后不说不利于团结的话，自觉维护学校班子集体意志的统一和校长的权威，自觉维护班子的和谐融洽。个人服从组织，少数服从多数，下级服从上级，相互协调，相互理解，包容互助，整体推进。团结有力量，团结出智慧，团结体现的是班子整体的和谐向上和每一个班子成员统一的意志和决心。

（3）讲大局，就是行政领导必须主动维护学校工作的整体局面。学校是一盘棋，校长要学会"排兵布阵"，行政班子更要自觉维护学校工作的发展大局，个人服从部门安排，部门服从学校布局，学校听从上级指示。各部门工作计划和各项工作的具体实施，都要同党的教育方针和学校发展规划的大局保持一致。班子成员不能只是埋头工作，还要主动有意识地抬头看准工作的方向和道路。班子成员对学校文化建设和教育教学的总体要求，特别是对校长的教育理念和办学思路应有比较清楚的理性认识，自觉维护和服从校长的统一指挥，主动支持和充实学校的发展规划，使自己的工作成为学校整体工作的一个有机组成部分。一项具体工作，分管领导指导负责部门直接抓落实，其他部门积极配合。因此，讲大局就是要求行政部门和谐与合力，学校各部门的工作要相互支持，合作推进，各项工作在时间安排和人力、物力等方面都要科学合理搭配，张弛有度，重点突出，以达到学校发展大局的和谐向上并全面推进。

（4）做表率，就是行政领导必须在学校各项工作中率先垂范。学校要扎实高效地和谐向上发展，必须让教职员工学有榜样、做有示范。我们既然做了学校行政，就应当高标准、严要求，起到学校各项工作的示范和引领作用。我们行政成员在完成上级和学校的各项工作任务时，在组织和遵守学校各项规章制度的具体环节中，在师德师风和待人接物等方面的精神风貌表现上，都应当体现我是学校的行政领导，吃苦在前，享受在后，不搞特殊，以身作则，处处为教师们起到表率和示范作用。我们各个行政还担负着班级的教育教学工作，以及教育科研等教师本岗的工作职责，要努力做教学的排头兵、工作的示范岗、师德规范的形象代言人。

学校行政领导在政治思想素质上一定要站得高，站得高，才能看得远；站得高，头脑才能保持清醒；站得高，才能引领学校工作和谐向上。

2. 思考问题想深一点

科学知识日新月异，教育改革不断推进，学校工作复杂细致。只有努力学习，深入思考探究，才能跟上形势发展的需要，才能跟上教育改革的步伐，才能扎实推进学校工作。因此，思考的深度决定学校实际工作的科学推进与务实高效。

我们行政领导经常要在各种场合组织布置和贯彻落实各项工作,制订工作计划,分析工作内涵,讲解工作要求,点评工作进展,推进工作深入,总结工作成绩。老师们尊重和佩服有文化素养和务实创新的领导,不要"假、大、空",不要形式主义的教条说教,说一句话,办一件事,就能判断你的能力、水平和思考的深度。作为班子成员,一定要努力学习各方面的知识信息,掌握领导艺术,提高科学高效的管理水平;还要深入了解当前教育改革和发展趋势,推进学校教育教学工作的深入发展;还要调研和探究学校师生的实际情况,掌握教育教学和孩子身心的发展规律,求真务实搞好学校工作;还要提高引人入胜的讲话艺术感染力,使老师们有兴趣听你的讲解布置。总之,只有不断地学习实践,才能有思考的深度,才能科学组织和全面落实好本职工作,更好地推进学校教育教学的各项工作。

知识与勤奋成就事业。作为学校的行政领导,多思多想才能提高思想素质,不断探究实践才能做好工作。要多读书,学习国内外先进的教育和管理经验,虚心向班子其他成员和老师们学习,提升自己的内涵素养;要勇创新,紧跟教育改革步伐,积极探索教育教学改革的新思路、新方法,用出色的实际工作业绩,赢得学校对你的信任和教师对你的尊重;要善总结,应当善于在工作中不断归纳和反思,做过的事情都是经验,认真总结思考才能把经验提升到理论,同时提高自己的综合素质和工作能力,才能把以后的工作做得更好。

因此,只有多思多想,才能把工作中的想法转化为深刻的思想认识,才能把认识升华为自身的综合素养。

3. 管理工作做实一点

求真务实是我们党一贯倡导的工作作风,联系群众是我们各项工作成功的法宝。行政是学校各项工作组织实施的具体管理者,不要急功近利图虚名,不要心浮气躁摆架子,只有专下心来查实情、沉下心来研师意、静下心来搞教研、横下心来抓落实,才能根据学校的实际情况,探索学生成长和教育管理的规律,使工作取得实效。思想路线确定了,方向目标明白了,细节就决定成败了,抓好具体的管理工作是行政求真务实的重要表现。

(1)管理是服务。我们老师工作在教育教学的第一线,他们热爱教育事业,有很强的事业心和责任感,行政领导要积极为他们服务,为他们排忧解难。老师们平常的备课、上课、批改作业、辅导学生等工作繁重,上级的检查、家长的要求、孩子的顽皮、社会的期待等也都会构成老师们沉重的心理压力,同时他们还有教育自己的子女、赡养长辈等家庭的事物与经济负担。因此学校行政要多倾听教师们的心声,多从教师生活和工作的实际着想,不做既增加老师

谱和谐之韵　逐向上之梦
——构建和谐向上的学校文化

工作负担又无用的面子工作,科学务实地布置和开展各项工作,方便有效地促进教师的教育教学。学生要减轻过重的课业负担,我们老师也要减轻过重的精神和工作压力。行政的周到服务能促使老师们集中精力、安心愉悦地投入教育教学工作。

(2)管理是科学。学校是教书育人的场所,教育工作千头万绪,学校必须实行科学高效管理。学校设置各个行政领导岗位,也制定了相应的岗位职责,就是为了使学校的各项管理工作更科学高效和规范务实,更有利于学校的和谐向上发展,更有利于教师的专业发展,更有利于孩子的全面健康成长。学校应实施精细化管理,推进现代化系统,明确工作程序,明晰工作要求,增加科技含量,形成和谐团队。当今教育改革日新月异,学校管理推陈出新,行政领导要多学习成功经验,探索高效的科学方法,激发教师的工作热情,促进教师专业科学成长,增强教育教学实际效果,当人民满意的教师,办人民满意的教育。工作的务实在于简捷,简捷的管理在于科学,因此科学的管理就是一种和谐,就是一种艺术,这样才能很好地促进学校和谐严谨地向上发展。

(3)管理是教育。学校是育人的场所,学校各项管理工作本身就是对教师岗位职责的一种规范要求,就是对教师行为准则的一种常规教育。行政要告知教师在教育教学的工作中应当怎样做,更应当让老师们理解为什么要这样做,促使教师自觉主动地工作,不是被动服从地参加。学校明确清晰的管理体系和高效具体的工作要求就是对教师思想与业务的教育与引领,就是在训练和培养老师们的工作态度和敬业精神,并在此基础上促进教师专业和事业的发展。学校以人为本的管理,务实高效的管理,同时也在教育与熏陶少年儿童的学习与工作态度,感染孩子们的人生观和世界观。不要摆花架子,不要图虚名,要求真务实,要和谐人文,要科学规范,要积极向上。管理的教育意义在于,老师和学生都在时刻学习、遵守与仿效着管理者的言行与方式。

因此,学校管理的点点滴滴都在教育和影响着校园中的每位师生,都有管理的实际效果和教育功能。行政领导只有求真务实并坚持科学的发展观做好各项工作,才能成为令群众信服的学校管理者,学校才能和谐向上发展。

4. 为人处事宽怀一点

作为学校的行政领导,在组织与协调学校各项管理工作的过程中,作风要严谨务实,态度要心平气和,胸怀要宽广坦荡,要听得进不同的意见,要经得起逆境与波折。胸怀宽广才能坦荡面对复杂的工作局面,才能认真听取各方面的意见,才能和谐处理各种繁杂矛盾,才能持续地开展好学校各方面工作,也更能体现我们行政的涵养和素质。

学校行政领导在组织老师开展许多具体的管理和教科研等工作中,必须做到有计划、有布置、有检查、有点评、有交流、有总结。在这些具体的管理工作中,会有许多思想观点和工作方法与教师直接交流和碰撞,也肯定会听到各种表扬和建议,我们要坦然面对,不能小心眼。听到赞扬声,不要翘尾巴,说明我们工作思路正确、方法科学,老师们支持,应更有信心地勤奋工作;听到批评声,也不要灰心丧气,说明老师们对我们工作认真要求、严格对待,关注关心学校的发展,我们的工作需要完善,这是改进和提高我们工作的绝佳时机,我们要坦诚面对并感谢老师们的真心帮助。发扬优点,总结经验,推进我们的工作;吸收建议,了解不足,改进我们的工作。

对于来自各方的各种意见,既要有则改之无则加勉,又要善于阐明自己的观点,不要因此缩手缩脚不敢组织开展工作,当然,也要讲究工作的艺术技巧,妥善处理与老师之间的关系,千万不要记恨并给人穿小鞋。和谐的人际关系是自己工作和谐向上的保证。要理解和宽容地对待别人的不足,也要赏识和学习别人的长处。大事讲原则,小事讲灵活;坦诚来相待,平等去沟通;宽宏大量得人心,小肚鸡肠招人嫌。

行政领导要善于请教和倾听老师们,无论是老教师还是青年教师的各种意见和建议,多观察和分析工作布置和开展的情况,顺利时感激大家的配合与支持,遇挫时反思自己计划和落实中的缺陷。多看别人的优点,鼓励不虚伪;多容别人的缺点,谅解不包庇。为人要真,与人坦诚相处;心态要和,胸怀宽广;心术要正,不要手腕;宽以待人,包容礼让。

行政班子成员都是来自学校基层的优秀教师,思想素质高,业务能力强,文化功底好,是教师中的佼佼者,但不要骄傲自满,要坦荡为人。

海纳百川,有容乃大。地球上最广阔的是海洋,比海洋更广阔的是天空,比天空更广阔的是人的心胸。胸怀展现的是一个人的品行,体现的是一个人的风采,搭起的是通向和谐向上的阶梯。

5. 名利地位看淡一点

我们能进入行政班子,应当说是自己努力学习和勤奋工作的结果,但也是人生事业发展的巧合契机,有时间和人员环境等主客观多方面因素才使得上级和大家对自己有了认可的可能与时机。我们已经有了一定的位置和平台,然而我们一定要清醒明白:我们还有很多不足,很多教师比我们强,要尊重老师,虚心向老师们学习,以平等、平凡和平和的"三平"心态对待自己和同事。

应当知足,我们得到的已经比付出的多很多;应当知不足,我们本身还有很多的缺点不足需要不断地学习充实与改正提高;更应当不知足,我们要更加努力地奋发进取,感恩领导和学校对我们的信任,感谢老师们的支持和帮助。这样我们才能摆正位置,更好地改进我们的工作。人贵有自知之明,知足常乐,名利看淡一点,心态就会更舒畅一点,工作和生活也会更顺利一些。

作为行政班子成员,要谦虚谨慎,戒骄戒躁,时刻注意谦卑做人,我们的职位来自于组织的信任和群众的支持,我们要常怀感激之心回报知遇之恩,倍加努力地勤奋工作。我们是站在群众的肩膀上而获得荣誉与地位的,不要太高估自己,更不要看不起普通教师。名和利都是身外之物,我们得到的与普通教师相比已经是多多了,要感恩学校的信任、老师们的支持,才有我们施展才能的平台。

廉洁从政,廉洁施教,廉洁修身养性。名利看得越淡,工作与事业可能干得越顺心;名利看得太重,想得就可能更多更复杂,就可能添加许多额外的麻烦事,甚至导致自己走上歪门邪路。困难面前敢于上,名利面前懂得让。不要计较名与利,做得不偿失的事。历史经典话:"得民心者得天下",也适用于我们行政平常工作:"得民心者得事业",倘若为了得名利而失去人心,才是最大的损失。

世界上的事物,上和天意,下顺地气,中同人心,是你的就是你的,不是你的不要强求,强求会受到惩罚。每个人名与利应当和谐拥有,不择手段地强夺窃取名利,就可能享受不起,会遭遇来自各方的非议与矛盾,做得实在太过分了,也有可能终止你自己的仕途和教师生涯。

看淡名利,享受人生。以积极进取和奉献的精神对待生活与工作,以乐观豁达和宽广的心胸对待名与利,你的工作和生活会更加踏实。

二、校长要用心团结班子成员

校长是学校领导班子中的班长,居于行政成员的核心和主导地位。校长不仅要以身作则、率先垂范,而且要用心团结班子成员,用情凝聚班子成员。"用心"体现在诚心和精心上,"用情"体现在有情与真情上,这样才能使班子成员诚心真情地团结在校长周围,形成坚强和谐的战斗团队。

1. 用真情聚人,真情换真心

大家能相处在一起是一种缘分,能在一个班子中共事更是难得的。校长要努力把这种难得的缘分结为深厚的情意,使班子成员成为情投意合的团队。真情就是诚心,诚心换来情投,情投形成意合,意合才能心往一起想、力往一块使。因此,班子成员为了共同的教育事业走到一起,校长一定要相信和依靠班子中每一个成员,只有用自己的真情才能换来班子成员真心跟着你工作,用真情汇集人气,用真情凝聚人心,用真情换取班子成员对校长的真心。校长只有真情,班子成员才会真心跟着校长满腔热情地干好学校工作,大家团结一心、同舟共济地把学校这艘和谐向上的船驶向美好的远方。

第二章 和谐向上学校文化的人本与主体建设

"谋事在人,成事在天","精诚所至,金石为开"。校长要"谋事"(谋划)学校和谐向上文化发展的大"事",必须"精诚"(真情真心)对待班子成员;这"成事"的"天",就是学校班子成员和学校和谐奋发的氛围,大家团结一心就一定能找到"开"启学校和谐向上发展这个"金石"的钥匙。

人心都是肉长的,只有真情才能换来大家的真心。校长是真情还是假意,班子成员心里是清楚的。你真心真意,班子成员就会全心全意;你虚情假意,班子成员就可能跟你三心二意。俗话说"用人不疑,疑人不用",你防他三心,他戒你五意;你敬他一尺,他还你一丈。校长不是"用"班子成员做事,而应全心全意地"靠"班子成员做事,"用"和"靠"其用心与用情的程度是不一样的,"用"是驱使的,行政们是被动地只好跟着你做;"靠"是诚心的,行政们是主动地配合情愿跟着你做。我们只有"靠"班子成员做事,校长才能有所作为,才能成就学校和谐向上发展的大事。

真情是诚心的,真情是无疑的,真心是对等的,真诚是互动的。校长真情坦诚,班子成员才能真心诚意地跟你干。

2. 用品格感人,品格照人心

品格是思想素质和道德修养的外在沉稳表现,有高尚品德的人拥有一种强大的精神凝聚力。

"桃李不言,下自成蹊。"上梁正,下梁才能端直,房子才能盖好建牢。校长是引领学校发展的精神旗帜,更是班子成员和全校师生仿效的榜样。校长要自觉加强思想修养,时刻注意塑造自己的形象,在一言一行中体现品格,在一举一动中展示风格。校长在日常学习工作中的精神风貌、对社会各种现象的评论标准、与行政班子和教师的谈话态度、对临时或突发事情的表情判断、乃至于在学校各种场合的衣着打扮,都在表现校长的品格修养,都在展示校长的思想品位,家长和全校师生其实都在时刻注视和仿效着校长的这些言行举止及品格风范。

前人说:富贵不能淫,贫贱不能移,威武不能屈。我们校长要安得了清贫,耐得住寂寞;俯下身学习修身,静下心思考提升。为人正派,大公无私;勤奋学习,工作第一;为人师表,严于律己;意志坚定,充满生气;襟怀开阔,不存芥蒂;埋头苦干,谦虚谨慎;心地热诚,急人所急;品味高雅,知识渊博,待人诚恳,高风亮节;清正廉洁,勤政务实;谦虚谨慎,不骄不躁;虚心请教,知错就改;一视同仁,光明磊落等,都是校长重要的品格,教师会以校长为榜样,学生会为校长而自豪。

校长的感召力不能靠岗位的权威来维持,需要用品格的高尚来树立,这样才能让每一位班子成员和全体教师感到:跟着校长干,有学头;跟着校长干,有劲头；跟着校长干，有奔头。

3. 用作风带人，作风鼓人心

作风是一个人思想、工作、生活等方面表现出来的态度或风格。有什么样的家长就有什么样的孩子，有什么样的老师就有什么样的学生，有什么样的校长就会有什么样的班子，这是引导者的作风影响和塑造的。

和谐向上的学校文化起航，源于和谐向上的思想引领；和谐向上理念变成师生的追求，源于班子优良作风的影响与保证。班子作风问题意义重大，影响着班子的形象和公信力，而校长的作风则直接影响班子的作风，影响整个学校的精神风貌。

校长坚持原则、雷厉风行，班子成员就会廉政勤政、工作规范；校长实事求是、勤奋严谨，班子成员也会形成脚踏实地和忠于职守的风格；校长注重形式、官僚主义严重，行政班子也必然会养成追求表面数据和好高骛远的工作习惯。因此，校长坚持一贯的优良工作作风，行政班子就会形成稳固的良好工作习惯，并带动全体教师形成优良的工作作风。

堂堂正正为人，实实在在做事；清清白白行政，全心全意育人。校长要以严谨务实和人文和谐的工作作风，带领班子建设和谐向上的学校。不要拉山头搞帮派，不要手腕玩聪明，而要勇于开展批评与自我批评，对行政成员的优点和成绩要及时鼓励和肯定，并引导其感谢其他行政和老师们的关心与支持；对他们的缺点和不足要耐心地予以帮助和引导，有时需要直截了当地指出，有时也需要旁敲侧击。宽以待人，真诚待人，使班子成员开心、热心、耐心和全心地工作。

校长要平等对待班子成员，主持公道，不能厚此薄彼，让班子成员都能充分展示自己的才华，给他们创造平等竞争和提高能力的舞台。讲原则，树正气，正作风，鼓人心。

形式主义、官僚主义、享乐主义和奢靡之风是当前群众深恶痛绝的风气，是与和谐校园的理念格格不入的，我们校长一定要清风正源，以好的风尚建设和谐向上的学校。

4. 用能力服人，能力得人心

学校班子成员乃至全体教师能否从心里真正信服校长，校长在学校中是否真正有威信和凝聚力，要看校长的人品素养和为人做事风格，还要看校长的思想素养和实际的工作能力。

没有主见和平庸无能的校长得不到老师们的佩服，校长只说大话或表面一套背后一套，行政成员也会阳奉阴违。当然，校长并不是十项全能的完人，学校不需要校长事必躬亲，学校各项工作也不需要校长都能干、会干、懂干，校长的能力体现在科学高效地做好自己该做的事,用思想领导学校,发动全体行政和全体教师积极做好本职的工作。

当然,校长要深入实际并真正懂得具体的工作门道,要指导大家按办学规律科学务实地做好学校各项教育教学工作。要做好规划,就要对各个部门的工作进行调查和研究,就要指导和引领学校各项工作高效务实开展。站得要高,有前瞻性;想得要细,有科学性;落得要实,有成效性。这就在考量校长实际工作的水平和能力。校长要谋全局、想长远,用科学的办学理念引领学校和谐向上发展;但也要指导行政成员精细化管理,制定和执行各项规章制度,提高工作的实效。

因此,校长虽然无须事必躬亲,但在深入各部门了解和检查工作时,却要心中有数,能说出个子午卯酉来,而且要能抓到重点,不能眉毛胡子一把抓。一般来讲,行政和老师们都会把校长的话作为重要的指示来执行,校长不能瞎指挥、乱放炮,要能提出切合实际的目标和要求,这样才能在"管学校"的基础上办好学校。各部门的计划拿到校长的面前,校长要能提出方向性的要求和具体建议;各学科教师的观摩课或研讨课,校长听后要能根据教师和学科的特点,针对性地进行点评分析;校长需要经常在学校各种场合讲话,层面要关照,语言要规范,情感要到位,分析要科学,理念要先进,这些都在体现校长的思想素养和管理能力。

校长应当在各方面成为行政成员和老师们的楷模,但学校行政部门和全体教师也一定要清楚地明白:校长是学校的法人,是学校的第一责任人,学校只能有一个核心,学校所有成员必须自觉维护校长在学校的核心地位,这样才能保持学校的和谐稳定。校长是人不是神,再优秀的人也会有这样那样的不足,行政班子应自觉团结在校长周围,积极建议、主动作为,这样学校才能和谐向上发展。

三、分工明确与通力合作

建设和谐向上的校园一定要建设和谐的班子队伍,和谐的班子不是一团和气,不是无原则的"哥俩好"。行政班子既要分工明确,按职责要求认真踏实地工作,更要相互合作包容,这样才能形成团队,才能和谐高效地做好学校的各项工作。

1. 分工明确,避免班子无序矛盾

班子成员要组织和管理学校条条块块的各方面工作,要科学合理高效,避免扯皮现象和减少不必要的矛盾,就必须根据每个人的岗位职责和能力所长,明确自己岗位的职责分工。

谱和谐之韵　逐向上之梦
——构建和谐向上的学校文化

什么是分工明确？就是校长做什么工作、分管什么部门，副校长分管什么部门、具体做什么工作，主任职责是什么、具体做什么事，副主任具体干什么工作，都事先根据学校管理岗位的职责要求和每个人的特长与能力，由校长总体主持，协调各部门的工作职责，各分管副校长平衡本处室人员的工作分解，而且要反复推敲、科学磨合论证，再经行政会议集体商讨并决议通过，然后白纸黑字印出来公示让本人明确、让全体教师都知道，这样便于行政清醒履职和布置工作，便于老师请示汇报和具体开展工作。

分工就是条理，分工就是职责，分工就是管理，分工就是和谐；分工就能各尽其职有条不紊地开展各项工作。有了分工，学校就形成了全方位的各负其责的立体管理系统，每位行政都知道我该做什么，明确自己的职、责、权；每位老师也清楚各项工作该找谁请示汇报，不要什么事都找校长，要求具体容易，长期一贯的坚持。当然，分工也不是死板一块，经过一段时间的实践与磨合，以及学校工作情况的发展和变化，行政分工也可以适时进行调整，以达到更加科学合理地高效运转。

分工职责中，各位副主任先对主任负责，各处室对分管领导负责，最终对校长负责。正职是主持本部门工作，负责组织和协调本部门之中的工作，有临时或属于本部门但分工表没有列到的工作，由正主任负责安排。分管领导则直接领导部门工作，并协调部门之间的组织和调控。

条块清楚，职责明确，行政班子就能从源头上避免因无序产生的矛盾。

2. 摆正位子，提高班子角色意识

有了分工，就能使行政成员明白自己该做什么；有了分工，所有的行政们还要摆正位子，按分工要求去实施。职位不是定高低，而是定职责范围。职责清不越位，分工明不推诿，保持清醒头脑，摆正自己位子，这样才能发挥每一位行政成员的积极性，主动并创造性地履职工作。

摆正位子，首先是校长要摆正位子。校长不是什么事都要过问或插手管理，而是正确做好本职的事，正确运用好自己的职权，在正确的时间、恰当的场合高效地做好自己的工作。不要认为自己的职位高、责任大，大家都应当对我负责，就不分时间场合地点什么话都说，什么事都管，统揽一切包打天下。因此最容易越权、越位的是校长。校长如果经常越权、越位地布置、检查和落实各项工作，将直接影响班子成员的履职和工作方法，班子成员也容易越权、越位地汇报工作，被越过的主任或分管领导的积极性将受到影响，缺少了沟通与信任，增加了不和谐的矛盾。同时会形成忙者更忙，闲者看热闹，责任不清，效率不高。

校长要有战略思想，要集中精力做自己该做的事，这样才能充分调动行政们和老师们的积极性。要谋大局，做决策；要多放手，做后盾。做到果断不武断,统揽不包揽,放手不甩手,信任不放任。校长位子摆对了,校长管理的路数对了,行政们的位子就容易准确就位。

要加强学校分层次管理,减少越级指挥;要关心手下的工作,但要减少干涉手下的做法;要多提指导性的目标要求,少些指令性的具体措施。学校具体的工作,要让具体负责的人放手大胆去做,做事情的人对自己、对分管领导、对校长、对学校负责,无须每一件事都要校长亲自点头同意,要调动每一位班子成员的主动性和创造性。班子成员有职有权有责,自己职责内的事,应积极主动地制订计划,大胆认真地检查督导;本部门有需要其他部门协调的工作,应及时向分管领导和校长请示汇报,在行政会上协调沟通,以便更好地得到学校和相关部门的大力支持,协调一致地推进工作。

需要特别强调的是:校长或分管领导,不要认为自己下属的行政不够得力,就撇开和越过下属直接指导具体工作,这就是越权越位,会打击和影响分管或部门负责行政成员的积极性,这就是不信任和不和谐的因素。不仅要相信下属,而且对下属行政成员在工作中存在的不足,校长或分管领导不仅要指导帮助,更要敢于承担责任,要谅解下属的不足并为下属排忧解难和撑腰打气,要让下属敢于挺直腰杆子工作。自己的下属行政做得不够好,也正是他们学习和提高的机会,任何一个人都是从不会到会的实践过程中不断进步的。我们的信任和放手,会促使行政加倍认真负责地工作,不辜负并感激上级的信任。

我们下属行政成员也应当摆正位子,不要事事都找校长汇报工作,尊重主任或分管领导就是尊重校长和为校长负责,提高工作效率,理清职责,服从领导分配,执行集体决议,做好本职工作,敢于担当责任,自觉维护团结。

补台,形成班子领导合力

学校像一部大的机器,需要每一个人像机器的零部件一样各就各位干好本职工作,但只知道机械地去做好自己分内的事,那只是机械的零部件,然而行政人员是能动和有情感的人,需要合作与互动。因此,行政班子具体的分工很重要,更需要自觉主动地合作补台,这样才能形成合力,成为一个和谐向上并特别能战斗的领导集体。

学校是一个庞大的机械,学校的各项工作是一个相互关联的系统工程,相互影响,相互作用,只有和谐统一和相互支持才能顺利运转、健康发展。分内的事自觉做,分外的事帮着做,大家的事合作做。德育是首位,教学是中心,后勤是保障,行政是服务,每个部门都有其独特的功能与作用,但又是你中有我、我中有你的不可分离的一个整体,都是为了学校整体工作的和谐高效运转,目标都是为了孩子的全面健康成长。因此,学校中的任何一件工

谱和谐之韵　逐向上之梦
——构建和谐向上的学校文化

作,都是学校整体工作的一部分,不可能孤立进行和独善其身。行政人员要明白,学校的每一项具体工作,单独一个人或一个部门都是不可能完成好的,都需要其他部门行政人员和全体老师的关心支持。同时,学校的每一位教师也都肩负着德育工作、教学研讨等多项工作,每个人和每一项工作都是相互联系和相互推动的,在时间和空间上都有交叉互补和相互配合与协调。行政只有加强沟通、相互合作补台,才能做好自己的工作,才能促成别人的工作,最终完成好学校的整体工作,促使自己专业素养和能力水平的提高,促进学校和谐向上发展。

合作补台才能达到团结融洽,合作补台才能组成最佳搭档,合作补台才能形成凝聚力。合作补台就是要相互配合,相互支持,相互帮助,取长补短,组成一个团结战斗的集体,形成一个和谐向上的团队。行政班子成员都应当明白,只有合作补台才能更好地得到别人的支持,才能完成好自己的工作,成就个人专业的发展,才能使学校全方位的工作健康和谐地向上发展。

4. 包容帮扶,建设和谐向上团队

学校班子成员,每个人各有所长,也各有所短。再聪明的人也有不懂的事情,再严谨的计划也有不周全的地方,世界上没有十全十美的事,因为不完美才需要大家相互包容与帮扶。

班子当中每个人都有其兴趣爱好与个人的见解想法,处室之中也会有不同的意见,部门之间因工作也会有合作与摩擦,和而不同,求同存异,相互之中要包容理解,相互之间也需要协调帮扶。因此,班子成员既要容人所短,也要容人所长;既要借鉴不足,也要欣赏特长。虚心学习,以诚相待,宽以待人,同心同德,就能达到更深层次的理解与和谐,就能心情愉悦地推进学校各方面的工作。

学校是一个整体,学校的成绩是所有成员共同努力奋斗取得的,在行政班子或一个处室工作本身就是一种难得的缘分,共事需包容,同事要帮扶,珍惜缘分,快乐工作。行政班子之间应坦诚相待、真诚相助、自觉包容、主动提醒,相互支持不争权,相互信任不猜疑,相互配合不推诿,相互理解讲奉献。这才是人与人之间的真诚关怀,才是同事之间的深深情意。

合作当中见英雄,困难当中建友谊,帮扶当中出真情,包容当中显睿智。有困难的时候帮助一下,不周全的计划建议一下,没做好的工作宽容一下,忘记的事情提醒一下;而不是事不关己高高挂起,推诿搪塞看人笑话,成绩面前独揽其功,失败问题推脱干净。和谐的氛围是在理解包容中产生的,真正的友谊只能在共克艰难中加深。包容帮扶才能建成和谐与高效的班子队伍,才能形成和谐向上的团队,才能凝聚最强的战斗力。

学校各方面的工作,班子和谐了,事半功倍;班子不和谐,事倍功半。因此,学校要实施高效的科学管理,要构建和谐向上的学校文化,首先要建设和谐融洽的行政班子队伍。

第二节　教师是和谐向上学校文化建设的主力

教育是立国之本,教师是立教之本,思想是教师之本。教师具备"和谐向上"的思想是和谐向上学校文化的本质要求,也是教师主体思想的重要内容。

一、"爱"是教师的思想核心

爱就是把自己的美好情感融和到所施的对象之中,在付出真挚情感的过程中达到和谐互动的愿望。因此,"爱"就是一种"和谐"相互关系与期望对方接受并"向上"的过程,"爱"是一位人民教师必备的思想素养。

1. 奉献爱心

习近平说:"爱是教育的灵魂,没有爱就没有教育。"

爱孩子,爱学校,爱同事,爱事业,爱家乡,爱环境,爱祖国,爱人民。教师要完成教书育人的神圣使命就必须有爱心,而首先要爱的就是教育的对象——孩子。孩子是明天的太阳,教师的职责就是"托起明天的太阳",这需要人民教师奉献自己的爱心。

有人说"爱自己的孩子是本能,爱别人的孩子是神圣的"。教师对孩子的爱,就是教师职业所应有的"神圣"爱心的体现。爱是给予,有了教师的给予才能有孩子的向上进步。冰心说:"有了爱就有了一切。"当你全身心地爱孩子时,你就开始拥有爱好孩子和从事好教师这个神圣事业的能力和素养。

我校有一位班主任老师,为了更好地增强孩子们的身体素质,就在假期为孩子们专门布置了一项特殊的体育作业,由家长负责督导孩子每天至少锻炼一小时,并检查落实。这就是教师对孩子的爱,是细致周到地关怀学生全面健康发展的表现。

我们的少年儿童天真活泼、千姿百态,他们是那么的可爱,当然有时顽皮起来又令人心烦;他们是渴望学习各方面知识的幼稚孩童,但他们有的很聪明、有的却需要教师在辛勤工作中耐心教育与等待。教师既要欣赏鼓励学生的优点和成绩,又要循循善诱、不厌其烦地热心教育和引导他们改正缺点和不足。只有对孩子全身心的爱,才能真正地教育好我们的孩子,才能使他们健康成长。

谱和谐之韵　逐向上之梦
——构建和谐向上的学校文化

爱是教育的灵魂,爱孩子是教师爱事业的思想中心。教师有爱孩子这个中心,还要有更为广大的博爱——爱祖国,爱社会,爱自然,爱他人,爱未来,等等,有了博爱,教师才能更好地、全方位地爱好我们的孩子。

因此,当一名优秀的人民教师首先要有——爱心。

爱心需要耐心,有了耐心,就会润物细无声地教育各种各样的孩子;爱心需要恒心,有了恒心,就会永不放弃地钻研教育教学的方式方法;爱心需要真心,有了真心,就会不畏艰苦地全身心奉献在三尺讲台上;爱心需要热心,有了热心,就会战胜各种艰难险阻,在教育事业的康庄大道上奋勇向前。

2. 自尊自爱

教师要自尊自爱,只有真正懂得自尊与自爱内涵的人才能深刻理解爱的含义。

懂得自尊才会自觉地尊重别人,懂得自爱才会主动地爱别人。因为你尊重和爱别人,别人才会尊重和爱你。因此,爱心不仅是无私地给予,还是一种愉快地接纳。帮助别人快乐自己,教育学生塑造自己,爱护孩子提升自己。

自爱不是要图别人回报,不是自私自利的思想意图,而是自律与提升境界的思想意识。教师的自爱就是要严于律己,就是要钻研业务,就是要严谨笃学,就是要努力进取,就是要甘为人梯。教师在教育孩子的过程中就是在引导孩子学习与仿效自己的一个示范过程,一个自尊自爱的教师就会从内心勃发出用自己的爱心塑造孩子美好心灵的情怀,就会全身心地奉献教育事业。

从古至今老百姓和社会都非常尊师重教,这不仅因为教师培养了一代又一代新人,为社会历史的发展做出重要贡献;还因为广大教师在教书育人的过程中,在与社会人们交往的活动中,自尊自爱、师德高尚、严谨规范、以身作则、无私奉献,得到人民群众广泛和真诚的赞誉。伟大的教育家、思想家孔子的"其身正,不令而行;其身不正,虽令不从"就是两千多年前对教师职业道德的要求。"学为人师,行为世范"也是当今对人民教师崇高职业的要求。千百年来广大教师群体受到社会民众广泛尊重,就是因为教师——自尊自爱。

我们看到很多当过几年教师的人自然会形成一种教师特有的人品气质,言谈举止中就可看出像一位人民教师,关心别人、语言规范、注重自身形象等,这就是教师真心自爱并在工作中不断熏陶与练就的。当然,教师也不能由"自爱"而膨胀为"自高自大",自大一点就是"臭"字了,就不能得到人们的爱护与尊重。

因此,自尊自爱是教师内在与外表完美和谐统一的基本思想素养,也促使教师事业不断向上进步。老师——这个沉甸甸与高尚的称呼,要求我们必须自尊自爱。

3. 爱岗敬业

每个行业要很好的发展不仅要有职业发展的"道",更要有职业发展的"德",有了从事职业上的"德",才能走好职业发展的"正道"。因此"道"必须要有"德"来支撑,事业才能和谐向上,这就叫"职业道德"。职业道德就是从事本行业基本的思想道德,教师的职业道德就是对从事教师工作的思想品行的基本要求。

两千多年前,在颠沛流离中,孔子用自己的智慧与坚毅启发和激励弟子们的心灵。几乎与此同时,在雅典的闹市街头,苏格拉底用对生命的勇敢追问点燃了青年的思想之火。他们用自己的生命书写了作为教师爱岗敬业的不朽传奇,用平凡而又伟大的行动诠释了教师事业道德的深刻含义。

教师的思想素养和言行举止必须受教师的职业道德所规范,我们国家的《教育法》《教师法》都对教师的思想道德要求有了法律的规定。《中小学教师职业道德规范》,从"爱国守法、爱岗敬业、关爱学生、教书育人、为人师表、终身学习"6个方面对从事教师行业进行全面规范的要求,各级各类学校都在不断教育教师们认真遵守职业道德规范,广大教师必须认真学习和履行教师职业道德规范,当人民满意的教师,办人民满意的教育,在社会上树立优良的教师形象。

作为人民教师,必须严格遵守职业道德规范,这是行规,这是孩子健康成长的需要,这是教育事业发展的需要,这是社会和国家对教师的基本要求,也就是教师和谐自身、孩子、学校和国家利益关系的本质要求;遵守不了教师职业道德规范就与教师要求格格不入和不和谐了,就不能从事人民教师的职业。各级各类师范教育和学校招聘教师都把教师职业道德作为重要内容,进行专业的考核并认真进行教育与训练。

当然,教师职业道德全面规范地养成也是教师学习、修炼和提升的过程,学习和修炼不好的将被淘汰出教师队伍,学习和提升得快则进步就会比较快。因为,有了良好的职业道德,我们教师的心中就会明晰教师职业的基本准则,就会严格遵守教师品行的要求,就会明确教育教学工作的方向,就会有一颗爱祖国、爱教育的事业心和爱学生、爱学校的育人情,就会讲奉献积极进取,就会淡泊名利严谨笃学,就会在事业上取得向上进步,也会得到广泛的认可和尊重。我们教师一定要重视职业道德的修养,这是教师职业的需要,这是教书育人的需要,这是教师事业发展的需要,这样才能成为人民信任的好老师。

因此,好老师必须有爱。习近平说:"一个人遇到好老师是人生的幸运,一个学校拥有好老师是学校的光荣,一个民族源源不断涌现出一批又一批好老师则是民族的希望。"

谱和谐之韵　逐向上之梦
——构建和谐向上的学校文化

二、思想是教师育人的灵魂

没有教师的思想，哪来学生的思想；没有学生的思想，哪有未来社会的思想。孔子弟子三千，其儒家的思想才得以发扬光大；有了广大教师的高尚思想道德，才有一代代新人优良的思想品质。因此，教师的思想对学生的思想影响是巨大的，并对整个社会的和谐向上思想文化建设有着广泛而深远的意义。

1. 思想育人

教师作为人类灵魂的工程师，教育和培养国家和社会需要的一代新人，就一定要有先进正确的思想，有好的思想才能对学生进行思想教育，才能培养有道德、有理想、有文化、有纪律的合格建设者和接班人。

立德树人，成人才能成才，一个学识不好的人可能成为次品，一个思想不好的人则可能成为社会的危险品。学校一定要重视学生的思想教育，把德育放在学校各项工作的首位，而要做到这一点，首先要重视和加强教师的思想政治教育；政治思想领先，教学业务精通才有意义。教师应努力提高思想素养，这样才能利用各种时机自觉地加强孩子的思想教育。

教研无止境，课堂有禁区。我们是中国共产党领导下的社会主义学校，培养的是社会主义事业的合格建设者和接班人，必须旗帜鲜明地对孩子进行符合党和国家方针政策的思想教育，坚决拥护中国共产党的领导，爱祖国、爱人民、爱劳动、爱科学、爱社会主义，宣传辩证唯物主义和实事求是等思想观点，坚决反对封建迷信、邪教和反动的各种文化思想对孩子的侵蚀，更不能传播这些坏的思想。

我们教师在传道、授业和解惑的同时，其实都在自觉或不自觉地宣传自己的思想意识和政治观点，也就是说，教师随时都在用自己的思想理念教育和影响着每一位学生。一句评论，一个眼神，一种动作，都会表明教师对社会、对国家、对人民的鲜明态度与思想。苏霍姆林斯基告诫我们教师："请你记住，你不仅是自己学科的教员，而且是学生的教育者、生活的导师和道德的引路人。"

立德树人，学习做人，教师必须用先进的思想对孩子进行有效的思想教育。

2. 教书育人

教书育人是教师的天职，教师教书的目的其实就是育人。教师在传授文化知识的同时，在与孩子交往的过程中，以自身的思想意识和道德行为准则言传身教，教育和引导学生寻找自己的生命意义，实现他们人生应有的价值追求，塑造他们自身完美人格，从而完成育人的神圣使命。

我们平常在与教师的交往接触过程中，自然会用"教书育人，为人师表"的道德标准来衡量教师的言行举止,希望教师在平常授课和教育孩子的过程中都要有一位人民教师的风范,都能用好的思想素养教育引导学生。知识是载体,育人是根本。"教书育人"其真正的意义就在于:教师不仅要教书,更在于育人,文以载道,教师传授知识自然很重要,但培养孩子学会做人更重要,培养全面发展的人是我们教书的真正目的——此乃育人。"为人师表"其真正意义也在于:教师不能只是会教育他人,孩子们要听你怎么说,孩子们还要看你怎样做,教师要以身作则,率先垂范,"其身正,不令而行",这样才能令人信服——此乃师表。

教师的思想观点所表现的言行举止对学生的影响既是潜移默化的,也是直接示范的,作用是非常巨大和深远的。人民教育家陶行知说过:"千教万教教人求真",此"求真"就是道德品质的"育人"根本。因此,教师的思想素养不仅是职业的需要,更是育人的本质。

我们常说,有什么样的父母就有什么样的孩子;也可以这样说,有什么样的老师就有什么样的学生。一位学生如果跟随老师进行一段时间的学习和活动,认真观察可以发现,在这个学生的言谈举止中就会有这位教师的影子在里面。教师言行所表现的思想理念不仅会影响学生现在的言行和思想认识,还会或深或浅地影响学生终生的思想认识。我们经常会遇到一些讲起童年学习生活的成年人,他们记起好老师的印象,都是品德端、思想优的点滴小事。教师日常教育教学工作中的一件小事、一种工作态度、一句不经意的话,都可能改变孩子的人生道路。而教师做的这些"小事",其实是教师长期思想素养的自然体现,必定成为影响学生一生成长的"大事"。知识的传授是有限的,思想的影响是无际的。

我们经常用"为人师表"来形容教师在孩子和社会中的职业意义,就是因为学生喜欢仿效教师的语言和仪表,更愿意学习教师的思想意识和为人理念,从而达到"教书育人"的神圣目标。

教书育人就是在融洽师生情感的教育教学过程中,触动孩子心灵,进行有效的思想品行教育,以达到和谐向上的育人效果。

3. 神圣职责

教师的神圣职责就是为国家、为社会培养合格的建设者和接班人。社会的期待,家长的期望,孩子的渴望,教师必须以大爱与真爱来完成培养全面发展人才的使命。

我们经常听孩子们讲:"这是我们老师说的。"家长也常说:"孩子最听老师的话。"这说明老师的话对孩子来讲是很神圣的,孩子们非常愿意听老师的话,老师的话对孩子的思想和行为有巨大的影响力。而这里所说"老师的话",并不只是指老师对文化知识讲授的内容,还有透过文化知识内容的传递看出教师对事物的分析、判断,以及鲜明的思想观点。因此,我们教师要树立全面育人的思想理念,在知情意行上关心爱护全体孩子的全面发展,自觉加强思想道德修养,才能用先进的思想促使孩子逐步树立正确的人生观、世界观和价值观,形成和谐向上的思想品质。

教师自觉真情地爱学生、爱同事、爱工作、爱家庭、爱环境、爱社会主义、爱中国共产党的"爱"的言行和思想意识,必将直接和间接影响所教学生爱同学、爱学习、爱班级、爱老师、爱公物、爱长辈、爱人民、爱社会主义中国的"爱"的行为习惯和思想认识,直至发展到爱家乡、爱祖国、爱世界、爱人类、爱和平、爱自然的思想境界。这不只是说出来的思想教育,而是思想意识影响下的思想教育,是立德树人的思想理念的教育。这种教育,潜移默化;这种教育,深入人心;这种教育,效果明显;这种教育,影响终生。因此,教师"和谐向上"思想理念所表达的言行举止,必定影响学生一生"和谐向上"的生活和工作。教师必须有相对规范的、适合教师职业思想的教师形象,因为你要教育学生,因为你是孩子们的楷模,学生随时都在学习和仿效你的言行。

人生有涯而传道无涯,教师要在有限的时间内把最有价值的知识、方法和思想理念传递给学生,从而培养他们的美好品质和启迪他们巨大的智慧潜能。同时教师更要用无限的示范引领和教育学生思想,帮助孩子们树立人生追求的希望,实现自我价值,获得和谐向上的幸福人生。因此,教师的思想道德素养不只是教师在职业生活中所应遵循的行为规范和准则,也是教师对规范和准则理解内化而成的观念意识、行为品质和文化自觉。

有鉴于此,教师要重视专业素质的提高,更要重视思想素质的提升,用言、用行、用情、用形来传播先进正确的思想观点,完成自己神圣的教师职责。

三、思想是事业发展的基石

教师的思想素质必将表现在与学生、同事和家长的交往之中,必将展示在教育教学各项工作活动的过程之中,必将蕴含在自己家庭生活和社会交流的细微之处。思想是人内在的涵养、外在的形象,保障事业和谐向上发展。

1. 思想立人

德育为首,思想领先,思想是立人的根本。

教育事业之所以神圣就是因为她是服务社会、服务民众的公益事业,其公益性不仅体现在为国家和社会培养合格的公民与人才,还表现在为社会大众播撒未来的希望与幸福。每个人都必须接受教育,所有家庭与孩子的美好未来都寄托在教育上。教师的责任重大,教师思想素养关系到孩子的成长,关系到家庭的幸福,关系到社会的未来。因此,教师是人类灵魂的工程师,从事教书育人的神圣职业,教师必须要有先进的思想素养,这不仅是师德的规定,也是教师职业道德的需要,更是人类社会思想文化健康发展的要求。

好的思想认识要靠广泛认真的学习与培训,好的思想理念要靠全面深刻的感悟与提升,好的思想品质要靠强烈的教书育人使命感来实践与修炼。

在人们对教育的期望与要求外,各种利害关系也影响和侵蚀着教育工作者。教师是生活和工作在蓝天白云下的普通人,他们需要生活,他们也有自身的利益需求,但既然选择做教师这个伟大而平凡的职业,就要耐得住清贫,就要忍得了寂寞,就要经得起各种诱惑,就应默默无闻地奉献在教书育人的平凡岗位上。教育如果只追求经济效益,教师如果只讲经济利益,极易走入违背教育宗旨的迷途,会产生很多与社会和民众不和谐的利益矛盾。因此,对教师的师德师风教育不能放松,教师要努力刻苦地加强思想修炼,保持清醒的头脑和高尚的思想品质,这样才能夯实思想根基,顺利地在教育事业的航程上前进。

当然,金无足赤,人无完人,教师也不是圣人。教师与平常百姓一样要食人间烟火,他们也有自己的利益诉求。在教育的生涯中,在人生的道路上,教师在生活工作中有这样那样不足也是正常的,既要严格要求,全面培训,民众也要理解与包容教师的不足,不要求全责备;当然,教师不能违反师德的核心和底线,加强学习与培训,"他山之石,可以攻玉",他人的经验教训应引以为戒。

社会要宣传先进模范,学校要树立身边典型,使教师看有方向、学有榜样,和谐向上地不断进步;应形成良好的舆论环境,营造和谐向上的校园氛围,鞭策教师学习进步,促使老师更好地修炼思想素养。学校要加强骨干队伍和党员教师的思想引领,使他们成为师德师风的标杆,在思想和工作上都起到先锋带头作用。加强党性修养,提升思想素质,树立良好风气,促进教师和学校和谐向上。

百年大计,教育为本;教育大计,教师为本;教师大计,思想为本。增师智、练师能、树师德、铸师魂,这样才能成为优秀的教师。教师的思想素质是师智的广泛源泉,是师能的前进动力,是师德的基础方向,是师魂的精神坐标。

2. 以德修身

"以德修身"是我国传统文化"修身、齐家、治国、平天下"的古训,也是我们教师德行应有的基本要求。德是立业之本,人民教师必须重视修身,并且以优良的思想品德修身养性,不修身,从事教师工作就会情不真、身不道、心不洁、行不美,就不能做好教书育人的工作。

社会和人民群众赋予人民教师神圣的使命和责任,就是把孩子与社会的

谱和谐之韵　逐向上之梦
——构建和谐向上的学校文化

未来寄希望在教师身上,这种使命与责任不仅是对教师业务素养的需求,更是对教师思想境界和精神风貌的要求,即是对教师师德的要求。因此,以德修身的核心就是树立优良师德。师德是教师思想状况在教育教学时的重要表现形式,树立良好师德是我们教师做好一切工作的前提,没有优良的师德就不可能成为一名优秀的人民教师。师德为魂,行为世范,师德是教师良好思想的精髓。

社会众生百态,利益各取所需。人们生活在社会中,工作在各自的岗位上,各有各的道,各有各的规,各有各的利,但必须讲一个"德"字。作为一位人民教师,要忠于党和人民的教育事业、爱岗敬业、为人师表,要有爱孩子和爱教育的使命感,对待工作要有一丝不苟和恪尽职守的责任感,要有"春蚕到死丝方尽,蜡炬成灰泪始干"的崇高思想境界。

十年树木,百年树人。要把我们的孩子培养成德智体全面发展的建设者和接班人,教师不仅要有丰富的文化学识、娴熟的教学技能,而且要有良好的道德品质、坦荡的为人胸襟、高尚的思想情操。教师要在课堂上传授文化知识,还要从社会、自然、历史和人文,甚至于每个孩子的实际情况出发,认真教育好每位孩子,让他们掌握科学文化知识,养成健全心理人格,塑造优良的思想品质,为国家和社会培养负责任、敢担当的全面发展人才,这就要求教师要有良好的师德作为支撑。教师只有在这些高尚师德表现的感召下,才能在孩子心目中树立良好威信,才能培养优良思想品质的学生。

因此,教师师德修养十分重要,立德树人,以德修身;教师只有有良好的师德,才能让孩子"亲其师,听其言,信其道,从其德",才能完成培育一代新人的神圣使命,才能不愧人民教师这一崇高的职业,才能实现教师自身的人生价值。

3. 幸福成长

教师工作很平凡,教师工作很辛苦,只有爱孩子、爱教育事业并树立和谐向上思想的教师,才会在平凡的工作中感到充实,在辛苦的教学生涯中体验甘甜、幸福成长。

舒服未必幸福,辛苦蕴含甜蜜,这是辩证的思想,更是和谐向上的理念。我们看到很多教师在平凡的教师岗位上辛勤工作,得到学校、家长和社会的广泛认可,工作事业和家庭生活蒸蒸日上,心里踏实充满幸福感,其实就是因为教师在重视业务水平能力提高的同时,时刻注重思想素养的修炼与提升。"学高为师,身正为范;学为人师,行为世范。"努力学习实践创新,甘为人梯无私奉献,个人得失不计较,桃李芬芳满天下,得到孩子家长和同事领导的充分肯定,用辛勤汗水搭起幸福美满之路。

因此教师应当自觉加强思想修养,在学习生活和教育教学的工作实践中不断总结、反思和历练。教师有了良好的思想素养,就能自觉地爱岗敬业、教书育人,努力学习和探索先进的教育教学理念和方法,为国家和社会培养德智体全面发展的一代新人;教师有了和谐向上的思想意识,就能以平和的心态和乐观的行为,坦然面对工作和人生中出现的各种逆境与挫折,正确对待成绩与指责,不被困难吓倒,不为成绩熏晕,和谐工作,和谐生活,和谐向上地面对生活和工作中的各种压力和名利。

做一名有高尚思想修养的教师,学生会更加敬重你,家长会更加尊重你,同行会更加佩服你,领导会更加器重你,你的家人也会更加爱戴你,你的工作和生活就必定会更加自信和充实,你的教师生涯的航程就会行驶得更加宽广和顺利。

思想修养高尚的教师本身就是和谐向上学校文化的形象代表,他的人生道路一定会充满生机,他的教师生涯必定幸福美满。

四、牢固树立"和谐向上"思想

教师要教书育人、为人师表,在教师职业的要求上已经有和谐育人的思想内涵,但学校还应根据教师的思想实际与学校教育改革的要求等,因势利导和有意识地教育和引导教师树立和谐向上的思想,使教师在工作、学习和生活的细节上自觉营造和谐向上校园的氛围,成为教师文化自觉和学校发展的软实力,从而促进学校和自己的和谐向上。

1. 理解"和谐向上"的意义

作为教师应当清楚,我们是在学校集体中学习、生活和工作的,学校是我们的家,和谐的集体是我们开展教育教学工作的良好环境与根基,自己的成长与进步离不开学校集体,离不开大家的关心与帮助。只有与同事们和谐相处,自己的成长和进步才能持续稳定地不断向前;只有辛勤工作促进学校和谐向上,自己的成长进步才踏实有意义。

有了"和谐"的集体,我们才能"向上"发展,学校工作的基本条件和要求就是建设和谐的校园。学校没有"和谐",一切都不能顺利进行,也就不可能很好"向上",因此我们学校工作的落脚点就是建设和谐向上的校园。当然"和谐"是基础,"和谐"是韵律,建设和谐校园是为了师生的"向上"发展;"向上"是追求,"向上"是梦想,"和谐"为了"向上","向上"必须"和谐","和谐"并且"向上"发展才是和谐的本质;"向上"影响了"和谐"就失去了"向上"的意义,也失去"向上"的根基,也就不能持续"向上"发展;不能为了"向上"发展,而影响学校的"和谐"氛围,也不能为了"和谐"而不努力"向上"发展。

谱和谐之韵　逐向上之梦
——构建和谐向上的学校文化

青年教师是学校的未来,他们是教师主力军中的"尖刀连",青年骨干则是"尖刀连"中的"排头兵"。学校一定要重视青年教师和谐思想的建设,因为牢固的和谐思想将为他们终身持续发展打下坚实的思想基础。新教师刚开始工作,学校就应当引导他们把专业成长与和谐思想相联系,教育他们既要刻苦学习、积极工作、努力进取,为学生的全面发展和自己的专业成长奋勇拼搏,还应当树立"和谐向上"的思想,深刻地理解和妥善处理好自己的成长进步与老师之间、与学校之间的关系,才能保证持续稳定发展。青年教师要清楚明白:没有老教师们的关心帮助,没有学校领导的关怀指导,没有和谐融洽的集体氛围,就没有我们学习实践和展示才华的平台,也就没有我们发展进步的可能和空间。

有了学校的和谐发展和教师之间的和睦相处,再加上个人的努力进取,才有我们进步发展的基础氛围和可能前提。要为学校的发展积极奉献,感激老师们的帮助,感恩学校的平台。每位教师都是从年轻开始逐渐走向成熟的,只有融入集体,虚心向其他教师学习,主动协调好与其他教师之间的关系,学校和老师们才能更加关心和帮助我们,自己才能不断向上进步。因此,青年教师和谐的思想对自己的成长和学校长期稳定地和谐向上发展有重要意义。

教师在教育教学工作中取得了一定的成绩与进步,并为学校集体的发展和荣誉做出了一些贡献,得到学校和老师们的认可,这是我们和谐关系努力进取的结果,但不能因此就翘尾巴、摆架子,自以为了不起地唯我独尊,看不起其他老师,就会脱离集体并被学校集体疏远,从而失去继续再向上进步的基础。我们是学校集体中的一员,要感谢集体的关怀支持,要为集体的利益和荣誉努力进取。个人的力量是有限的,集体的力量是强大的,个人的成长与进步一定要依靠集体,一定要在集体当中,因为和谐的集体是我们进步的保障。有了和谐的校园、融洽的氛围,我们才能幸福舒心地工作,那是我们向上进步的源泉。我们的"向上"发展是因为有了"和谐"集体的支持,不要认为学校的事情非我莫属,只有谦虚谨慎、戒骄戒躁,才能继续进步。因此,有了"和谐"的集体,才有我们"向上"进步的可能,我们每一位教师"向上"发展,一定要有和谐集体的强有力支持。

我们教师一定要常怀感恩之心,因为自己的成长与进步,离不开学校和老教师们给我们提供的帮助和平台,离不开领导的重视,离不开很多老教师们的关心与帮助,包括已经退休的老教师。有了集体的荣誉才有我们自己的荣誉,有了集体的利益才有我们自己的利益,离开了学校这个集体,我们将一事无成。我们不能为了自己的成长与进步弄虚作假、排挤或打击他人,从而损害集体或其他老师的利益,这就破坏和谐了,也必定影响自己稳定持续的发展。

学校的发展是一代又一代教师的辛勤耕耘,教师队伍在一茬又一茬地接力延续,要做好传、帮、带,学校才能和谐向上发展。

2. 践行"和谐向上"的理念

和谐校园对孩子的培养和社会的文明进步有重要意义,也会使我们校园中的人学习更舒心、生活更幸福、工作更顺畅。因此建设和谐校园关系到每一个人,需要我们学校中每一个人的努力。

学校这颗参天大树是一代代教师辛勤耕耘和一届届学生学习进步才逐渐长成的,我们后来人在这里乘凉,享受其荣耀,要有感激和感恩之心,努力为她增加光彩,使之更加繁荣昌盛。因此,我们不能只是享受集体和谐与荣誉带给我们的红利,更应当积极努力为集体的和谐发展添砖加瓦,身体力行建设和谐向上学校,使之成为融洽互动和持续和谐发展的团队,为学校所有成员和未来发展带来更大的红利,为学校未来持续稳定地和谐向上发展做出我们的努力。

我们教师工作在教育教学的第一线,在学生教育、家长沟通、老师交流、教育教学等具体事务中经常会遇到各种各样情况,有的平和融洽,有的暗流涌动,有的蓄势待发,有的矛盾可能已经表面公开并比较激烈。这是校园生活与工作过程中的正常反应,就跟天气有风雨阴晴一样,是大自然发展的客观规律,都是同样的一种气候是不可能的,不仅缺少了丰富与多彩,自然界也不能相互作用与发展了。我们教师树立了和谐向上的思想,就会有意识地理性稳健地分析和处理学习工作中遇到的各种情况,把和谐的理念渗透在平常的生活、工作和活动的具体细节中,做调和的促进者,做和谐的建设者,尽量使学校成为风和雨顺、光彩绚丽的和谐集体,而不是暴风骤雨、激烈争斗的敌对战场,促使学校和谐向上平稳发展。

热心地教育学生,耐心地开导家长,诚心地处理和疏导老师之间的关系;还要平和地处理家庭生活与学校工作、学生教育与教学工作、学校要求与班级管理等各方面的协调工作。教师和谐的思想意识和管理方式会直接影响学校的和谐,也会教育和潜移默化地影响孩子们的和谐思想,促进校园和谐向上。

因此,学校应当全面营造和谐的校园氛围,教师应当有意识地践行和谐的教育思想,落实到每一件具体工作和活动当中,一草一木营造和谐向上的氛围,一言一行建设和谐向上的校园。

细节决定成败,和谐决定发展。我们教师一定要在细微之处和谐处理学校中的各种事情,和谐身心,和谐育人,和谐发展,和谐校园。

3. 平和面对各种压力

我们教师平时上课、批改作业、组织学生活动等,责任大、压力大,经常处在高度的紧张中,其实就是处在和谐与不和谐的漩涡之中。

谱和谐之韵　逐向上之梦
——构建和谐向上的学校文化

我们学校要教育和引导教师树立和谐的思想，保持平和的心态，正确对待工作的压力和各方面的关注，和谐对待生活和工作中所发生的一切，既要刻苦学习、爱岗敬业，积极进取，努力工作，无私奉献，出色完成党和国家交给我们的培养合格的建设者和接班人的重任，使自己专业素质尽快成长，又能以平和的心态正确面对工作和生活中的压力，乐观、坦诚、包容、豁达地对待工作生活中的成功与失败、顺利与挫折、成绩与不足、表扬与指责等，在体验丰富充实的育人过程和享受苦尽甘来的成功喜悦中，平衡心态，感受愉快，享受幸福，和谐向上。

当然，我们教师也要克服因和谐思想观念走向不愿向上发展的另一个方面，"和谐"不是做不思进取的"好好先生"，对工作成绩无所谓，得过且过，马马虎虎，对各方面的批评和压力都无动于衷，没有上进心和责任感，缺少奋进精神。这不是和谐校园的真实含义，这是对和谐思想的一种曲解。

这种只讲所谓"和谐"，不思"向上"的做法，好像自己心态很平和，与世无争，但这与学校工作要求和身处的教育环境就不和谐了，与教书育人的岗位要求不一致了，学校工作和孩子的发展受到影响，家长、学校有了意见，自己和学校整体利益的矛盾就会不断增加，不及时解决这样的状况，就会出现更大的问题和不和谐。因此，有的教师认为，工作和生活轻松自在，学校没检查，上级没要求，社会没压力，我想怎么干就怎么干，只要自己的自由散漫就是和谐，这种想法不仅不全面而且是完全错误的。我们从事任何一项工作都要与这项工作的目标要求、自己的奋斗方向和社会环境对我们的要求和谐一致，自己的意愿必须顺从民意和社会环境发展的需要，教师的工作必须服从教师职责要求和家长的期待愿望，自行其是必定与大势不和，必定受挫或失败。

轻松自在并不是和谐幸福的全译，充其量只能说是一种舒服；以自己为中心的随心所欲也不是和谐，只是一种个人的自由主义思想，最终会造成与外界的不和谐，各种矛盾会集中在自己身上。一个人劳作累了，工作压力大了，需要调整休息一下，放松一下未尝不可，这也是幸福与和谐的一个方式和一种调试。但因此想完全逃避生活和工作的压力，只想轻松舒服、自在自由，则会产生与社会生活的抵触和一种惰性，况且一个人舒服惯了会产生烦躁和厌倦感，生命与生活缺少了活力，也会滋生很多身体、心理以及与社会环境不适应等综合问题。

繁重的经济和工作压力，幸福舒适的身体和生活环境，人的一生就是在这矛盾与调整中度过的。矛盾是一种不和谐，调整好了就是一种向上。平和对待各种压力，用压力助推生活和工作的动力，满怀信心地用勤奋与智慧调和各种关系，才能创造美满和幸福的明天。

人有惦念是一种幸福,人有工作是一种责任,人有压力是一种动力,无所事事的自由自在只能是空虚心灵的一种回避,也根本不能理解生活和人生的真正意义。

学生要健康成长,学校要和谐发展,我们教师必须依职责并按上级政府和社会、家长等方面的要求努力学习、勤奋工作,在努力的工作中完成教师职责,培养合格的学生,同时也成就自己的专业成长,创造美好人生。虽然我们努力的方式和效果与得到的认可与回报不尽相同,这些过程的细节和方式效果的些许差异,正是教育生活的绚丽彩虹,也正是我们大家要和谐融洽不断完善的发展过程,在这个过程中也才能更好地促进教育的发展和教师素质的提升,无须责难和不满,教师以平和的心态和谐处置,一切都是美丽与美满的过程。因为我们的方向是一致的,都为了培养合格的建设者和接班人,同时也成就自己的幸福人生。

生命在于运动,快乐在于感悟,充实在于内涵,和谐在于协调。和谐的心态应当是对复杂事情的平和应对,是对繁重工作的无畏与豁达,是对不满指责的诚恳与沉着,是对赞扬肯定的感恩与知足。因此,我们努力做好自己的工作,在酸甜苦辣、克服困难、相互合作的过程中得到的满足,才是幸福和谐的真谛。

4."向上"是"和谐"的目标与动力

我们构建和谐校园是为了老师们在学校愉快地学习、生活和工作,更好地用爱心、热心和恒心培养全面发展的一代新人,同时也促进教师自己专业"向上"发展。"向上"是大家共同努力的目标,"向上"是我们共同的追求与梦想,但不能为了"向上"的追求而影响学校的美好"和谐"。我们要理性对待个人和集体在"向上"发展过程中的各种情况,尽量使"向上"不破坏"和谐"氛围,使"向上"持续保持良好的发展势头。

其实,个人与学校集体是在"和谐"(平衡)与"向上"(不平衡)的矛盾统一中协调发展的。老师们在评先、晋级、提拔等"向上"发展的过程中,肯定会因教师个人优势的差异和各种环境因素等而产生先后,不可能绝对平均地齐步走,这是学校向上发展活力的内在动因和精彩校园的外在表现,但这毕竟关系到教师的切身利益,必定会打破原本的平衡从而产生一些不和谐的因素。我们既要激励教师进步,又需要引导教师理性平和地对待自己和别人的进步,保持校园和谐融洽的良好氛围。

我们建设和谐的校园是为了大家都能够向上发展,因此和谐校园不是沉静的一潭死水,一潭死水就失去了建设和谐向上校园的意义和目的,学校就不能发展,社会就不能进步。和谐的校园是一个团结友爱并激情四射、充满活力的团队,学生的学业要进步,教师的专业要成长,在学生和教师成长进步的基础上,学校才能和谐向上的发展。

和谐要向上,和谐要进步;国家要繁荣,人民要安康;社会要发展,世界要和平。向上发展与寻求幸福生活是师生、学校和社会构建更美好和谐的目标,也是社会历史前进发展的必然趋势。

学校要向前发展,教师是主力和中坚,青年教师是活力无限的"尖刀连"。学校一定要采取各种方式来鼓励和激发教师的积极进取精神,这是教育事业发展的要求,也是孩子健康成长的需要,同时也是成就教师个人专业成长的必然措施。因此,学校要领导课程改革与发展,要促进学生全面发展,其各项教育教学工作就必须要有质和量的要求,在教学质量的监控管理和学生品德、身体、心理等发展上,以及教师的专业发展等方面都要有具体明确的方法、措施和目标,建立科学规范和公开透明的竞争机制。只有在竞争中才能促使教师们得到专业发展,只有在比较中才能激发教师积极进取的精神,也只有孩子们各方面出色地成长进步才能体现教师完成教书育人的岗位职责,这正是学校和谐向上发展的一个重要的本质要求和动因。

学校要采取各种方法和措施、制定各种科学规范的规章制度、建立公平公正公开的奖励竞争机制,激励老师们奋发为教育事业做出贡献,使努力学习、勤奋工作并在教育教学工作中做出贡献的教师得到表扬、肯定和重用,促使他们发挥更大的作用。学先进,赶先进,做先进,使广大教师都有努力学习和发展进步的方向与目标。

鞭策后进,鼓励先进,营造蓬勃向上的校园氛围,形成努力进取的发展趋势。因此,我们建设和谐校园是为了校园中的人相互激励,都得到和谐健康的发展,促进学校的和谐向上发展,促进整个社会的文明进步。

5. "和谐"是"向上"的前提与基础

学校各项教育教学工作的检查、评比、展示和竞赛,以及评先晋级、职称评定、提拔任用或一些工作岗位的安排与调配等,教师们都非常关注,这是他们向上的希望,这是他们进步的肯定,这些都关乎教师切身利益和名声,都是教师工作得到肯定和老师事业继续发展的一个阶梯,也是教师从事教育工作营造幸福生活的内在动力。

同样年龄的教师,有的人一步领先,可能步步领先;有的人一次落伍,可能次次差一步,还可能永远都没有机会了。因此,这些必然成为老师当中或老师与学校之间产生不和谐的敏感诱因,如果协调处理不当,就会影响学校的和谐稳定。

学校不能为竞争而竞争,不能为评比而评比,使教师之间成为相互排挤打压和你胜我败的竞技场,其本质还是为了促进教师和学校的发展与和谐,激励教师专业成长。我们是有缘相会的好伙伴,是相互学习欣赏的好同行,合作才能进步,但进步需要合作。竞争和评比只是一个相互促进和学习借鉴的机会,不能破坏学校和谐氛围的基础,要有和谐思想并处理好各种评先晋级关系,形成良性竞争与共赢发展的和谐环境。

学校组织各项工作检查、评比、竞赛,乃至于评先晋级,一定要以和谐稳定为方向和前提。和谐是我们一切工作的基础,我们学校一定要科学合理、公平公正,并能很好掌控评比和评先晋级等工作的发展进程,既鼓励教师们积极进步、奖勤罚懒、鼓励优秀,又使这种奖励得到大家的认可,维护学校和谐稳定,促使学校在和谐氛围中充满活力地向上发展。

因此,"向上"与"和谐"是完整的辩证统一体,不能为了"向上"影响"和谐",也不能为了"和谐"不"向上"发展。学校和校园中的人就是在"和谐"与"向上"的相互作用中共同成长进步的,"和谐"是向上的基础与前提。

6. 建立公开公平的竞争机制

教师评先、晋级和提拔等向上发展的认定,是关系教师实际工作评价和切身名利的敏感工作,学校和谐平静的氛围有时会因为这些事情带来一些新的不平衡,这是正常的。这些工作是要做的,并且必须尽力做好,这是和谐校园的重要工作,这是对教师平时爱岗敬业、努力学习、勤奋工作、向上发展的肯定。这些工作一定要讲原则、按规程、走民主,要公开透明、公平公正进行,使之成为学校和谐的保证和向上发展的催化剂。

学校一定要把握好工作的程序和细致的工作环节,既激发教师积极上进,使工作业绩突出的教师得到肯定,又不能造成教师之间的不团结,影响教师的工作积极性。正确处理好这方面的关系是构建和谐校园的重要内容,也反映校长的领导水平和管理艺术。

评先晋级等,程序和评定要公平、公正、公开。公平,依规制约,合情合理;公正,量化可比,没有私念;公开,透明清晰,利于监督。相关的具体内容有政策法规文件依据的,一定要按上级精神去做。学校相关的规定要求要有法可依、有理有据,并广泛征求各方意见,按程序合法产生,慎重稳健执行。这些具体的工作必须要充分发挥职能部门的作用,按组织程序规范、民主、严谨地执行,这是依法治校、民主办学的要求。因此,校长和行政集体要总揽全局、把握工作的进程、指导工作进展,促使这些工作按政策公平、公开、公正规范进行。

党管干部:学校各级干部的后备推荐、选拔任用等工作应由学校党组织牵头,按党的组织原则民主集中制严格进行。职称评选:这是学校评审组的职责,职称评审组是来自学校各学科和各个层面的优秀教师,要民主产生,并依

谱和谐之韵　逐向上之梦
——构建和谐向上的学校文化

据上级文件和学校相关规定，公开、透明、规范地进行操作。各种评先：这是党、工、团等相关组织的工作，就必须让这些组织出面按程序、民主规范实施。

发挥职能作用，发挥集体智慧，分清职责组织到位，就能充分调动大家的积极性和提高大家的责任意识，结果出来时理解和支持的人也能更多，老师如果有意见，矛头就不会都指向学校或校长。教师一时想不通，也还要做耐心的思想教育工作，并用时间的推移来证明与缓解。

公平公正是基本的原则。不公平是产生矛盾的根源，对待这些敏感的工作，我们学校和各职能部门一定要吃透上级相关的文件精神，本着全心全意为教师服务的精神来秉公办事、依规做事，不能有私心杂念，公平对待每一个人，公正对待每一件事，并有相互监督和制约的机制。各部门评审成员都是按程序并得到认定选出来的，秉公评议，规范评审，要把评比的具体内容和要求事前讲解清楚，能量化的尽量量化，用事实来衡量教师之间的差距。在公平公正的前提下，老师们就能平和平静地对待。

公开透明是基本的方法。评先晋级等工作程序公开规范，具体要求清晰透明，能公开的都要让老师知道，能透明的不要遮遮掩掩，更不要暗箱进行。要按时间段及时公示相关内容，让老师们知道评选的时间、过程和具体方式，每位老师都有建议权和知情权，每位教师都在关心评选的过程和结果，因为每位教师都必定会遇到这些事。在公开透明、民主规范的竞争过程中，老师就能心服口服。

同时我们要教育老师理性对待评先晋级。我们教师要明白，学校这些工作总体一定要公平公正，但世界上没有绝对公平的事，只有相对的公平，教师的工作水平与实际效果很多是不能用尺子量和用天平来称的，但因为要评出档次也只好把各个条件进行量化，不可能绝对准确，也不要斤斤计较，要以平和的心态对待。吃亏是福，奉献是一种精神，也是一种充实与完善，我们要对其他老师的成绩和进步表示祝贺。

大家平常共同愉快地建设和谐向上的学校，一般都会相安无事，都可以做到互相关心、互相帮助、相互礼让。但在遇到评先、晋级和提拔干部等关系教师自己切身名誉与利益时，很容易产生相互猜疑、找短处、不服气等心理和摩擦，从而做出不和谐的言行，这是我们学校要特别谨慎和注意的。"和谐"是为了大家都能共同"向上"进步，"向上"进步不能破坏学校的"和谐"氛围，老师和学校都要认真处理好"和谐"与"向上"的关系。

学校一定要教育教师们以公平公正的态度积极参加这些晋级，互相监督，防止弄虚作假等违反公平公正的事情发生，有违反规定要求的可以直接举报，并严肃处理。这些工作基本都要进行民主投票测评，老师们也要公正投票，防止拉票贿选等影响公正性的事情发生。评先晋级等关系到教师的切身利益，教师要积极参与,公平竞争,平和心态,正确对待。也有可能有的教师为了个人的名与利,采用不当的行为和措施来投机取巧,我们学校要把握工作的大局,规范工作进行,注意各种不良倾向和苗头,防微杜渐,使学校正气得以上升,歪风邪气没有存在的市场。这个方面没有协调处理好,也会影响学校的和谐氛围。

教育老师们以平和的心态对待自己和别人的进步,要容人所长,也要容人所短;要看到自己的进步,更要看到别人的进步,并要为别人的进步感到高兴。我们的教师既要竞争,更要互助和谦让,对待名和利要看淡一些,避免为评先和晋级成为冤家对头,互不服气。

校长要把握好放权与集权,要发挥各职能部门作用,但校长事先心中也一定要有数,要领导、组织和督导工作规范进行。校长还要对相关的教师做细的思想教育工作,注意细微苗头,分析利害得失,放眼长远发展,教育教师为学校的发展,为同事的进步而高兴。

学校应特别注意结帮拉伙和拉选票等不健康的小动作。教师们要知道,拉选票是不自信和不够格的表现,自己非常优秀并且自信,就无须拉票。教育和引导教师到正确的方向上来,使正气得到弘扬,不正之风没有传播的市场。

五、和谐向上是学校发展的动态过程

社会总是向着光明的未来在曲折的道路上艰难前行的,在开拓与挫折中不断探寻着向前发展的路径。学校和谐向上的发展之路没有绝对平坦的大道,是在一个不断协调各方面因素的辩证统一的发展过程,我们要树立科学的发展观,用和谐的思想来构建和谐向上的学校。

1. 和谐是一种持续发展状态

胡锦涛同志指出:"实现社会和谐,建设美好社会,始终是人类孜孜以求的一个社会理想,也是包括中国共产党在内的马克思主义政党不懈追求的一个社会理想。"因此,构建和谐社会是历史发展的一个长期过程,是我们全人类共同追求的社会理想,需要我们这个星球上的人一代代地长期坚持,不懈努力,探寻斗争,不断推进。和谐的路径和美好境界不仅不能一蹴而就,而且是一个又一个不断推进的发展阶段,随着社会经济和物质环境的发展会发生内涵和外延变化升级,会出现很多新的发展空间和前进目标。

原始社会,奴隶社会,资本主义社会,社会主义社会,以及未来的共产主义社会,都是人类社会探寻向上发展的各个阶段。从历史进程的发展来看,有的方式很人文,有的做法很残酷;有的规定很科学,有的法规不可思议,但都是在

谱和谐之韵　逐向上之梦
——构建和谐向上的学校文化

矛盾与不和谐中寻找路径,都是追求和谐向上的一个发展过程,都为当今的发展留下了宝贵的精神和物质财富,都有其重要的历史价值和正反方面的意义,总体会促进社会政治经济和谐向上发展。

构建和谐向上校园亦如此,不仅受到内部、外部和历史发展认知的很多因素影响,而且是一项长期的系统工作,不是一件工作、几项工程就能完成的,也不是一年或几年就能做好的,它是一个长期螺旋向上发展、不断推进的阶段过程。我们需要不断充实和完善思想认识并努力提高实践效果,积极向更高的境界和标准迈进。随着教育改革的不断推进,随着社会环境的日益变化,以及学校和谐建设的发展和校园人员变化等因素,会产生很多内部和外部的因素影响着学校的和谐与发展。因此,我们学校既要规划学校的长久发展,更要落实每个时段发展的新要求和新变化,在计划的细节和实际工作的落实上,随时协调和处理好来自各方面因素的影响,努力坚持不懈地建设和谐向上校园,这样才能使学校和谐稳定持续向上地发展。

和谐向上校园是一个和谐发展的阶段,要持续地坚持、持续地建设、持续地探索,在持续地坚持、建设和探索中不断向上发展。

教师向上发展的职业生涯和对幸福生活的追求由丰富多彩的一个个发展阶段组成,虽然各阶段由于教师年龄和个体的需求不同其主题和具体的要求各不一样,但方向是一致的,在矛盾与和谐当中求得向上发展。

人的生活之路和事业发展有关键的节点,这些只是形成新的发展空间和不同的挑战平台。其实追求永远没有止境,不仅在物质和名利上,更在于精神发展的升华上,有发展的阶段性,都有新的发展、新的追求、新的空间,不应当有终点,到了终点,生命也就终止了。

新到教师岗位的年轻教师,虽然经历单纯、教育教学经验不足,但精力充沛、朝气蓬勃、勇于创新,是学习向上发展和铸造自身发展雏形的关键时段,学校要十分注意培养锻炼,教师更要自觉严格要求自己,这时的精神状态和发展状况基本可以看出未来的发展前景。结婚生子是人生事业和生活追求的一个里程碑,对人生观、世界观和价值观都有很大的影响,这种影响不仅来自配偶和家庭、孩子,也来自新的生活圈中人员环境和经济生活环境开始的巨大变化,很容易成为人生和事业追求的一个巨大转型期。当然这个过程快慢不一、因人而异,但应努力成为事业发展和人生追求的加油站,增加新的更大的正能量。中年教师经验丰富,为人处世逐渐成熟,家庭生活负担和考虑的因素也更加复杂,只有坚持不懈的韧劲和勇于攀登的精神才能更上一层楼,更好发挥中流砥柱的重大作用。将要退休的老教师,积累的传统和经验比较丰富,一般会按其长期形成的习惯安分守己、扎实认真地做好每一件工作,不要吃老本,要立新功,学校要关心其身体状况,减轻工作压力,充分发挥和挖掘其丰富的经验财富,并做好"传帮带"工作。退休生活是人生必经的一个过程,并不是向上的终点,而是新的和谐平衡开始,要寻找新生活的平衡点与丰富内容,使人生永远有充实向上的内涵。

教师各种荣誉的获得和各级职称的评定,是工作经历与经验成熟发展的各项阶段证明,因个人的努力程度、智慧水平、工作能力、评审指数、时间契机等因素的不同,可能造成了一些差异,这是人生舞台丰富多彩的正常事情,它贯穿教师生涯的整个和谐向上发展过程。

教师的事业发展生涯由和谐向上的各个不同的发展阶段组成,不仅各个阶段要求不尽相同,就是每位老师也不能强求一致,这正是教师与学校生活丰富多彩,人生经历绚丽精彩,不断协调融洽并促进发展的和谐向上过程。

"生命不息,战斗不止","学到老,活到老"。我们教师一定要平和理性地对待人生事业发展中遇到的一切,重视追求奋斗的过程,享受细节内涵的精彩,体验阶段收获的幸福,并不是最终一定要追求多么大的成功与荣耀。成功在于感觉,成功在于体验,成功在于知足。看到孩子们的成长,得到领导和家长的赞许就是一种满足,寻找生活的乐趣和工作的充实就是生命的价值,就是一种向上。

人生路漫漫,生命很短暂;向上要攀登,和谐更重要。

我们要在繁杂的工作中努力追求各项工作的合理推进,全力构建和谐融洽的生活状态,积极探寻和谐向上的发展之路。

2. 和谐的相对与绝对

和谐与向上是相对与绝对的辩证统一的发展过程。

世界上的事物静止不动是相对的,运动变化是绝对的;社会生活向上发展是持久和永恒的,和谐融洽是相对与暂时的。在不和谐的状态下追求和谐融洽,在和谐的氛围中寻求向上的路径方式;和谐是发展的基础和规律,不和谐是发展的动因和方向,和谐向上就是相对与绝对的历史发展过程。

因此,无论是学校还是教师个人,追求和谐是永恒的主题,但不可能有绝对的和谐,激情、奋进、探索、冒险会激发人最深层的智慧与能力,展示、观摩、评先、晋级能促进自身的完善与发展,这样才能引领学校和教师个人向更高一层的平台攀登。当然每个人成长过程的年龄与经验的发展阶段不同,其内涵的实质与发展也应不尽相同。

教师专业发展的不和谐并向上进步是绝对的,不可能保持一贯的和谐不变,和谐的是规律与自身的心态,向上的是充实与发展的路径。青年教师激情焕发,勇于创新,是向上发展的关键期,要充分引导和激发;中年教师是经验成

谱和谐之韵　逐向上之梦
——构建和谐向上的学校文化

熟与成才的重要期,要发挥作用持续发展;即使是已经基本成型,精力和体力已弱的老教师,也要学习充实,努力保持能动与激情的活力,爱学生、爱事业,努力到达更高境界,这样才能完成好教书育人的职责。因此辩证地看待和谐与向上的关系,在相对的和谐中探寻人生的美好,在绝对的追求中完善人生的探寻,在不和谐与和谐的对立统一中,构建和谐向上的美丽校园和美好人生。

我们树立了和谐向上的思想,积极做了一些和谐校园的工作,克服了一些不和谐的因素,学校的和谐建设就向前发展了。但随着社会生活的发展变化,学校各项新的工作不断推进和深入,又会出现新的问题和矛盾,会产生新的不和谐。因此,我们又要根据新的情况有新的追求,努力达到新的和谐。学校和社会就是这样,由不和谐达到一定程度的和谐,在工作的发展中又会产生新的不和谐,我们再努力达到新的和谐阶段,在"和谐——不和谐——更高层次的和谐"的追求过程中师生进步了,学校发展了,社会前进了。

学校中的师生员工都是能动的主体,每个人也都有其不同的思想境界和个性差别,因此学校不均衡和不和谐的因素其实随时随处都存在,这些不和谐因素的存在,也提醒我们做任何工作都不能掉以轻心,都要认真衡量各方面的因素,都要以和谐稳定发展来考虑我们的工作措施,从而激发我们努力探讨实现和谐的科学方法,这正是学校能不断向前发展的活力所在。

学校的管理工作就是组织和协调学校的各方因素,调动各方面力量,平衡各种关系,融合集体智慧,发挥最高效率,努力追求学校和谐健康发展。因此,再和谐的校园也有不和谐的因素,这提醒我们:建设和谐校园不是一劳永逸的,每一项工作都要小心谨慎,以和谐稳定为重要要求和目标做好我们的工作。再不和谐的学校也有和谐的因素,这告诉我们:师生都希望学校和谐稳定,都期望我们是和谐向上的集体,每所学校必有其和谐发展的规律可循,我们都可以在原有的基础上努力建设和谐的校园,促进师生向上发展。

所有人的健康向上发展是我们和谐校园追求的目标,追求平等与均衡教育是社会的共识,学校和教师也要理性对待公平、公正。人人平等是一种观念,是追求的一种理想,是处理各项事务团结和睦的总体要求。但世上没有绝对的平等,平等也不是平均主义,平均主义会阻碍学校正常发展,是不符合学校科学管理和教育规律的。

公平与不公平、平等与不平等是辩证的统一。教师年龄不同、职称不同、性别不同、能力不同、分工不同,发挥的作用也不尽相同,报酬也就有差异。学生的天性素质不同,加上情感因素等原因,会使我们教师自然产生疏密感。这是学校内部活力和发展的动因。学校需要竞争和激励机制,绝对的平等就会使学校像一潭死水。学校的平等是人格上的和谐平等。学校是个机器,虽然零件有不同,作用有差异,但都很重要;学校是个大家庭,虽然人们能力有大小,但谁都很可爱,谁也不能少。我们要在不和谐当中求和谐、求发展,在追求和谐校园的过程中促进学校、老师和学生的和谐向上发展。

3. 和谐是一个动态过程

和谐的校园是辩证的统一,不和谐是绝对的,和谐是相对的,我们一直在建设和谐和追求向上的过程中。但我们不能因为建设和谐校园是个追求和谐向上的发展过程,永远也营造不了最佳的和谐氛围,永远也达不到最高的和谐境界,就失去建设和谐校园的信心,这样的理解就太肤浅了。没有最好,只有更好,追求永无止境,向上没有终点,过程的精彩才是最重要的。

我们每个人的工作、学习和生活,其实永远都是追求向上发展的过程,都在向更高的水平和境界发展,永远也达不到最终的圆满,达到圆满生命就终结了。因此,我们不能停止追求,即使取得一定成绩也不能满足,也不能停止追求。停止追求,就停止进步了,停止发展了,生活或生命的意义就终结了。我们的学习、生活、工作,以及建设和谐校园都是一个循序渐进、和谐发展、永无止境的追求过程。重过程,重细节,在追求的过程中品味乐趣,在追求的过程中体验收获,在追求的过程中不断得到升华。

虽然我们追求和谐校园是一个努力发展的过程,永远没有终点,但我们和谐校园工作做得有成效,在平时学校的生活、工作和活动中,还是能充分感受和体会到建设和谐校园的实际效果和好处的。学校和谐了,学校的人际关系就比较融洽,学校的环境氛围和风气就好了,师生的心情也好了,学校的工作就顺畅多了。老师们树立了和谐的思想,就能以和谐的思想认识并对待学校工作和工作中存在的问题,就会对各种不和谐的因素自发产生限制和调剂作用,学校新产生的不和谐因素就缺少滋生和扩大的土壤和市场,新的不和谐的因素也比较容易被化解和消化,学校的各项新的工作措施也比较容易推进。如果建设和谐校园工作平时不到位,效果不够好,学校的人际关系就比较紧张,不和谐的因素和现象就暴露或隐含在学校的生活和工作中。学校遇到任何一种不和谐的因素出现,都会出现较大的波动或矛盾,随时都可能爆发不和谐的事件,学校各项工作的发展就不那么顺畅了,我们的校园幸福指数就会降低。

因此,构建和谐校园虽然是一个和谐渐进的追求过程,但我们努力做好每一件和谐校园的工作,对我们每一位生活在校园中的人都是有益的,对学校的持续稳定发展都有重要意义。努力建设和谐校园,会促使我们学校长期和谐平稳地向前发展,会使我们每一个人更加快乐、和谐与幸福,同时促进整个社会的和谐发展。

谱和谐之韵　逐向上之梦
——构建和谐向上的学校文化

第三节　平等是和谐校园人际关系的思想基础

平等与和谐是相对的,但我们一定要努力追求平等与和谐。因为学校是育人的场所,管理者、生产者和产品都是人,工作的中心、过程与目标都是为了人的健康发展。构建和谐向上的学校文化,就是为了形成学校成员共同的价值观和文化自觉,凝聚教师的心,规范学校的管理,从而促进孩子全面健康地向上发展。因此,树立人人平等的思想是建设和谐向上校园的重要思想基础。

一、管理者与教师

学校的管理者或者说领导者,都来自普通的教师,成为学校的管理者后,要自觉理性平等地处理好与教师们的关系。

1. 管理与被管理

随着社会政治经济的发展和民主法制意识的增强,以人文本、相互尊重、人人平等的观念已成为重要的管理思想和人际交往的基本原则。

学校中的校长、副校长,可称为学校管理者;各室主任、副主任等,可以称为学校中层管理者;学校的年段长、教研组长、备课组长等,又可以称为学校基层的管理者;班主任老师和各任课教师,也可以称为班级或学生的管理者。我们教育的对象是学生,我们面对的是渴望学习各方面知识的天真可爱的儿童,因此,学校中的每一位教职员工其实都从不同职责范围参与和行使管理学校的权力,都是学校的主人,都是学校的管理者。全员育人,全程育人,全园育人,学校中每一位教师都有教育学生和管理学校的职责。

不要认为我是校长、我是主任、我是领导、我是管理者,你们是被管理者,就高高在上、自以为是,认为你们必须要听我的,这种唯我独尊的封建等级思想绝对要不得。我们来自教师,我们也是教师,我们更需要教师,校园中的每一个员工都应当是平等的,都应当受到学校和社会的广泛尊重。

况且管理和被管理其实是双向和互动的,学校各级管理者在行使管理的权力时,不仅时刻在接受上级领导的指导与管理,也随时在接受更广泛的监督与管理,也就是时刻在接受广大教师、学生以及学生家长和社会各界的检查与监督,因此本身也被管理和领导。从另一个侧面讲,职务越高责任就越大,其接受检查与被管理的要求应当越高。因为职务越高,如果工作上有差错,所造成的损失可能越大,所以对越高的领导进行检查和督导的力度应当越大、越严。

学校的各级管理者必须尊重广大教师、学生和家长,只有这样才能更好地接受他们的检查和管理,听到他们的真心呼声,了解学校的真实情况,改进我们的工作作风,学校工作就容易和谐向上地健康发展。

2. 领导是服务

毛泽东同志说过,我们的工作"只有分工不同,没有高低贵贱之分,我们的同志不论职务高低,都是人民的勤务员"。学校还只是基层的教育单位,更应当如此。

作为学校的校长或主任等所谓的学校各级领导,思想一定要清晰、观念一定要明确,定位一定要清楚,不要太看重自己的职务,更不要看重自己手中的所谓权力。职务是一种职责,职务是一种要求,职务只是一种分工,职务更是一种到位的服务。要讲奉献,不要高高在上、目空一切,要沉下心来虚心学习、踏实工作。要尊重老师,要依靠教师,要相信老师。我们都是师生的勤务员,这不是讲在嘴上,而应真心实意想在心里,落在具体的行动上。位子摆对了,心态放平了,感情就融洽了,这样你思考问题就会站在师生的角度上,老师们才能真正相信和拥护你,各项工作就容易顺利平稳开展。

我们是为学生服务的,我们的职责就是教育和培养好每一位学生,一切的出发点和落脚点都是为了孩子德智体美劳全面健康的成长;我们是为教师服务的,教师是学校各项工作的主力,学校任何一项工作都需要每一位教师的积极创新工作,没有教师的努力和支持我们的管理工作将一事无成,学校也谈不上和谐向上发展;我们是为学校服务的,社会和家长把孩子送到学校就是信任我们,要虚心听取各方面的意见和建议,集中大家的智慧,学校和谐向上是与师生的和谐向上分不开的,学校中的每一位教职员工,都是不可或缺的,学校要发展,需要学校中每一个人的热心、耐心和全心的工作。

因此,学校管理者一定要放下心态,平等对待校园中的每一个人。你越是把自己当成个人物,别人就越不把你当成个人物;你越是尊重别人,别人就会越尊重你;你越是真心为师生服务,师生就越信服你,你的工作就越好开展。

3. 教师是英雄

人民群众是社会实践的主体,是社会历史发展的创造者。毛泽东说:"群众才是真正的英雄。"

同样,教师是学校各项教育教学工作的主体,在学校和谐向上的发展过程中,我们学校的管理者不仅需要教师,而且应依靠教师,更要相信教师。学校不是用教师做事,而是依赖教师做事,教师是学校工作和活动的主人,教师是推动学校发展的主力军,教师是校园中真正的英雄。

谱和谐之韵　逐向上之梦
——构建和谐向上的学校文化

广大教师工作在教育教学的第一线,辛勤工作在各学科和各班级具体的教育教学工作中,为学校发展做出全方位的巨大贡献。每一位学生的发展都有教师无微不至的关怀,每一件学校的工作都有教师辛勤奉献的汗水,每一步学校的和谐向上都离不开教师们的集体智慧。只有凝聚校园中每一位教师的爱校心,激发教师教书育人的敬业情,充分调动学校中每一位教师的积极性,我们学校的各项工作才能做得下去,我们各项工作才能科学、高效地深入开展,学生才能全面和谐发展。

教师是学校工作的实践者,也是教育教学的研究者和开创者,他们对学校的工作和发展最了解、最有发言权,我们学校的办学理念和工作计划,以及各项工作的思路等,要从学校的实际情况出发,就必须认真汲取和总结教师教育教学的实践经验,虚心听取广大教师们的意见。从群众中来,到群众中去,我们的设想才能求真务实,我们才能找到学校和谐发展的科学道路。个人的能力是有限的,集体的力量是巨大的,个人的智慧只有集中和吸收大家的聪明才智才能大有作为。建设和谐校园,科学发展学校,要靠广大教师集体的智慧和力量,脱离实际学校将被教师抛弃,离开教师我们将一事无成。

教师工作在教育教学的各个岗位,他们的工作各有特色,他们中藏龙卧虎的能人多着呢;他们默默无闻奉献在教育教学岗位上,他们学识广博、才华横溢,他们工作在最基层,其实最清楚学校各位领导的素质和能耐。我们校长或者主任的工作岗位,学校中很多人都能干而且可能做得比我们更好,我们只是赢得了机遇和领导的信任才走到目前的岗位,我们要"夹着尾巴"做人,我们要以感恩的心情勤奋工作,我们要以出色的业绩回报大家的期望。

教师是真正的英雄,他们有无穷的智慧和力量。领导班子的以身作则、表率作用、平等观念、服务意识、奉献精神等的优秀体现,才能很好地凝聚教师的心,才能充分发挥教师团队的最大智慧与力量,才是真正相信和依靠教师并发挥教师最大作用的魅力所在。

二、教师与教师

学校的各项工作要靠全体教师,教师们在各自不同的岗位上按职责工作,学校平等和谐地处理好教师与教师的关系是处理好校园中其他各种关系的基础。

1. 专业不同,和而不同

学校中的教师有男有女、有老有少、专业不同、兴趣不一,各有所长、各有所短,能力有大小、身材有高矮,但都是学校各项工作中重要的一分子,各有特色,丰富多彩,百家争鸣,和谐互动。

我们要调动每一位教师的积极性,就要用其所长,赏识他们的特点,激发他们的自主能动性。既要平等对待每一位教师,给所有教师提供公开、平等和公正的展示平台,又要从不同方面全面评价我们的教师,让每一位教师都有发挥和进步的机会,都有充分展示自己特点和才华的机会。

学校必须以教学为中心,一切以教育孩子健康成长为目标,因此需要有竞争和各项考评的机制。教师之间在教育教学工作和专业发展上要有竞争,没有竞争教师自身就不能进步,没有竞争学校和教师就没有前进的动力,在竞争中教师的业务水平和教育教学实效才能显示出来,学生、教师和学校才能和谐向上。

竞争是一种展示,竞争更是相互学习和共同进步的大舞台。为了教师自己和学校的发展,不要故步自封,不要各不服气,要赏识和包容才能互相学习,要交流和比较才能共同进步。我们来自五湖四海,为了共同的教育事业走到一起。学人所长,容人所短;学人所长,助人所短。为了大家和学校的和谐向上,讲制度、讲规范、讲公平、讲合作,和谐相处,共同进步。

孩子需要全面健康发展,学校需要不同专业教师,每位教师都是孩子和学校的需要,都是和谐向上文化发展的重要力量。

教师都是从初出茅庐的青年教师到大胆开拓、精力沛的中年骨干教师,再到经验丰富但体力渐衰的老教师,每位教师各有人生辉煌的时间段,各有优势,要尊重互补、和谐互动、共同进步。学校要依据教师专业特长和学科特点,合理搭配科学运用,形成最佳合力。你方唱罢我登台,各显神通同喝彩,天生我材必有用,取长补短展英才。师傅带徒弟,徒弟促师傅,帮助一把,建议一下,包容一点,理解一些,和谐向上,终成美好记忆。竞争与合作相辅相成,理解与友谊滴水难忘,共同构成和谐向上的校园活力。

2. 各有所长,协同发展

一个人的能力有大小,一位教师的水平有高低,但只要在本职岗位上尽心尽责、努力学习与积极工作,就是好教师。学校应努力提供教师成长和进步的舞台,使教师逐步成为优秀的教育工作者,无愧教师生涯。

学校对待所有老师的总体上评价:只有年龄、学科、特长等不同,没有好坏、主次和高低之分。学校是个集体,要形成团队,校长要带领大家朝着共同的目标奋勇向前,就不能把教师分成三六九等,均衡教育的和谐校园要从平等对待每一位老师做起。每一个教师都是重要的,都是学校不可或缺的,每位教师都有闪光点和发展的机会,促使每一位教师在自己的岗位上努力工作,调动不同特长的教师各展所能,扬长避短,积极为学校做贡献。

学校有教学一线的教师,还有为教学服务的后勤和教辅人员;有所谓的主

谱和谐之韵　逐向上之梦
—— 构建和谐向上的学校文化

科教师,还有技能课教师,他们都是学校发展和孩子健康成长所需要的人员,没有高低和主次之分。有的教师上观摩课或组织学校活动,在前台风光无限,很受人喜爱;有的教师踏实工作,在幕后默默奉献,更受人尊敬。学校是一个全方位科学运转的整体,是由各个部分组成的大机器,所有教师都是学校正常运转必要的一个螺丝钉,都是学校工作不可或缺的一分子。每一位老师都有优点,每一位老师也有其不足,我们要看到每一位教师的优点,要充分发挥每一位教师的特长,要扬长避短发挥每一位教师的作用。

学校中的每一位教师都在辛勤工作,每一个成员都渴望学校的认可。虽然每位教师的能力有大小、素质有差异,但都是学校各个工作环节和学校发展的需要。教师各有所长,要用其所长,他们人生和事业的发展是有节点和机遇的,他们的所长所短也正是学校丰富多彩和比学赶帮的润滑剂。学校需要各种人才的教师,学校一定要提供平等竞争的舞台,公平对待每一位教师,尤其要注意到默默无闻的奉献者,看到每一位教师的作用,因为学校和谐向上发展是靠全体教师共同努力构建起来的。

3. 校长教师,关系等距

校长平等科学地处理好与教师之间的关系,就能更充分发挥每一个人的聪明才智,就能把握好学校和谐稳定向上发展的大局。

校长与全体教师的关系:圆心与圆周的关系——等距离。

校长是圆心,我们的老师等距离地像圆周一样团结在校长的周围。校长是学校的组织者和旗帜,理所应当是学校的中心,大家要紧密团结在校长的周围,这样学校就会形成一个强有力的团队。校长要努力与老师们保持同样的距离,就能保证学校平衡和谐发展。不能有的近、有的远,即不要过分重视或亲近一些教师,也不要轻视或忽视另一些教师,找好并保持等距离的平衡是校长和谐处理与教师们关系的法宝。等距离就是平等地对待每一位教师,等距离的要求就是不要建立自己的小圈圈,不要划定校长的直系部队。建立小圈圈,将失去大圈圈;亲近一部分人,必定疏远另一部分人。

学校所有教师得到的是校长同样的关心和重视,在学校同样规范的平台上展示各自的才华,有水平、有能力自然会崭露头角。只要努力工作,只要在教育教学中做出成绩,就会得到同行们的认可;得到大家的认可,就是得到校长的认可,就是得到学校的认可。校长肯定与认可教师,一定是在制度规范的基础上大家认可才行,这样才能保证教师与学校和谐向上。

当然,学校中的工作丰富多彩,个人发展错综复杂,世间是没有绝对公平的事,教师年龄、学科、个性和特长各不相同,等距离也不能完全用尺子量,只是学校不要特别关照或排斥一些人。校长是有情感的人,教师也是激情四射的个性人,人不是机器而是能动和有情义的。校长必须依据教师的不同性格特点,因人而异地和谐对待每一位教师,而不是死板板、不近人情地推而远之。等距离是对学校教师的整体态度,而不是谨防猜疑地高高在上。

有特殊困难或个别性格特点等因素不敢接近校长和默默无争并踏实工作的教师,校长应给予特别的关心和爱护,因为这些教师本身的特质已造成了疏远的不等距离,校长就应当特别地把他们拉近一些,这样才能找到整体的平衡点;有些教师与校长情投意合,他们是校长各项工作得力的参谋和支持者,校长与他们也不要黏得太近,这会引起其他人的嫉妒而产生不等距,校长应有清醒头脑,保持平衡点;有些教师喜欢接近校长,希望校长赏识和重用他们,校长要理解他们渴望进步的心情,既要保持他们的积极性,又要注意保持等距离;有的教师上进心不强,校长也要细心了解其具体状况和困难,多拉他们一下,使之尽力为和谐校园做出自己的努力。

因此,校长对待教师要学习并掌握既要近而远之,又要远而近之的工作技巧,尽量与每位教师保持平等距离,端平一碗水才能平稳向上发展。

只要我们校长以公为心,以平为称,真心实意团结和依靠广大教师,就能科学合理地把握好等距离这个法宝。

(1)用人唯贤是校长用人的基本原则。不以亲疏定权重,应以德才为标准。校长亲近了一部分人,必然疏远另一部分人。只有学校全体教师对校长的信任与支持,才能充分发挥老师们的聪明才智。我们信的是德,用的是才,老师们才能积德蓄才,才能立德树人,才能立德成才,才能树立良好的师德师风,从而形成良好的工作氛围。

(2)用人为公是校长用人的基本要求。学校中的教职员工都是为国家、社会服务的,都是为学生服务的,不是校长个人的财产,不能以权谋私。公平、公正既是选拔人才的要求,尊重人才的需要,也是调动每一个人积极性的要求,更是学校和谐向上发展的本质动因。只有这样,才能使每个人都公字为先,事业有奔头,工作有干劲。

(3)用人所长是校长用人的基本方法。每个人都有所长,也有所短。用人所长,人人都有用;用人所短,人人都无用。要凝聚每位教师的心,要集中大家的智慧,要形成集体的合力,就应当用其所长、用之得当,避之所短、避而不嫌。充分发挥学校每个人的优势,形成集体团队的最佳合力,学校所形成的整体力量就是最大的。

(4)用人不疑是校长用人的基本品质。分工清楚,职责明确,放心让下属毫无顾虑地大胆去干本职工作,才能激发下属的智慧和充分调动他们的积极性。不疑是校长的良好品行,更是校长对下属的充分信任,这种信任就会转化

谱和谐之韵　逐向上之梦
——构建和谐向上的学校文化

为他们的责任与担当,他们就会尽心尽力地工作,努力开拓创新。

校长是构建和谐校园的领路人,指明一个方向——规划学校的发展,营造一个氛围——用好校园中的人,促使全校师生在既定的道路上和谐向上发展。

做好规划,谋划学校文化发展;用好人,调动全校教职员工的积极性。"做好规划,用好人"是校长总体的工作内容。

三、教师与学生

政府设立学校,家长把孩子送到学校,就是要求我们老师把学生教育和培养好。因此,我们教师一定要认识和处理好教师与学生的关系。

1. 师生的同与不同

教师与学生同是和谐校园中学习、生活和工作的人,人格平等,地位相同,和谐相处,共同进步。但师生的职责角色有着不同之处:一个是教育者,一个是受教育者;一个要为人师表、教书育人,一个要学习知识、学会做人。

因此,教师与学生——相同的是学校中人格平等的人,不同的是岗位职责与任务要求。教师与学生所处的学习与工作的岗位不同,责任也不同,义务也不同,要和谐相处,要平等相待,要各司其职,才能建设和谐校园,才能共同向上进步。

学校要按照国家的教育方针和学校办学的规律,对老师和学生提出不同的具体要求,并进行相应的管理与教育、培养和评价。教师必须按照党和国家的教育方针爱岗敬业、钻研业务、关爱学生、教书育人,遵守教师职业道德规范,努力提高教育教学水平;学生必须按照学生守则和行为规范要求,遵守学校的各项规章制度,尊重师长,友爱同学,积极锻炼,努力学习文化知识,全面健康发展。

教师与学生其实最终的目标是一样的:教师是教育训练学生,使学生健康成长;学生是努力学习锻炼,使自己健康成长,都是为了一个共同的目标——培养德智体美劳全面发展的建设者和接班人。岗位不同:教师是培养学生,学生是培养自己。目标和方向的一致性,就容易达成社会、学校、家长和教师的共识,这更需要和谐配合,相互尊重。

人在一起是种缘分,在平等相待的基础上和谐向上,师生缘就会成为终身难忘的美好记忆。

2. 教师的教书育人

教师要教育和培养学生成为全面发展的、身心健康的合格建设者和接班人,就必须认真履行教师的职责,既要教书,更要育人;传授知识固然重要,但教育学生做人更重要。

(1)尊重学生。这是教师与学生平等相待的思想基础,也是教师爱护学生的具体表现,同时也能培养学生的民主、法制和人文的思想行为,能使学生更尊敬老师,更自觉地听从教师的教导。尊重学生不是放任学生,对学生的缺点和错误,教师要采取合情、合理、合法和科学的教育方法来教育。尊重学生重要的是尊重学生的人格,尊重每一个孩子学习和参加各种活动的机会。每一个孩子,不管学习成绩优劣或其他各种能力的大小,教师都要以博大的爱来尊重他们,促使他们在原有的基础上和谐向上发展。

(2)教育学生。教师肩负着教育学生的神圣使命,要热心更要耐心地教育每一个孩子。平等相待,亲近学生;用情感化,以理服人。鼓励赏识,多发现和肯定学生的优点,但也不要忽视学生的不足,当惩戒要惩戒,该批评要批评,没有惩戒和批评的教育是不完整的教育;但一定要杜绝体罚和变相体罚学生,不侮辱和讽刺学生,不能伤害学生的身体,更不能伤害学生的人格。不要认为:我是老师,你是学生,我讲什么你学生必须听我的,这是"师道尊严"的不平等,师生关系就不融洽了,也不能使孩子听从教导。孩子在学习实践的过程中肯定有很多的优点,我们老师要表扬、鼓励和赏识;孩子在学习和活动中也肯定有很多的欠缺与不足,我们教师必须严肃认真和科学艺术地教育学生,使孩子健康和谐成长。教师要热爱关心学生,又要严格教育学生;教师要和谐师生关系,就要在教育学生时讲清原因,说明道理,拉近情感,让学生心服口服,愉快接受。

(3)学习学生。教师应当向学生学习,这不仅因为孩子聪明伶俐、各有兴趣特长和创新思维,教师能从他们身上学到很多知识点和灵感,而且,我们是教育教学工作中的师者,一定要了解孩子的心声、揣摩学生的思维轨迹、研究孩子学习和成长的规律、收集各种反馈信息,这样才能不断总结教育教学经验,改进工作方式,提高教育实效。要让学生在课内外发表自己不同的意见,学生说的对,老师要尊重学生的意见,鼓励欣赏,认真学习,要听学生的;学生说的不对,说明孩子的思想和思维有自己不科学、不全面的看法,也应很好尊重并研究分析,科学引导。这就是平等观念,这才能培养学生创新、自主和自信的精神。其实每个孩子都是从不懂到一知半解,再到懂得比较多而一步步成长的;我们每位教师也是在教育与学习学生的过程中才逐渐积累经验,并成熟进步起来的。

3. 学生的学习做人

我们的学校和老师们一定要非常明确:我们是教书育人,学生是学习做人。教育所有孩子学习做人、学会做人,成为国家和社会有用的人,这是我们教师的岗位职责和最终的目标。教育教学的各方面工作都是为了培养孩子学

谱和谐之韵　逐向上之梦
—— 构建和谐向上的学校文化

习、生活和工作的各方面素质与能力，都是为了孩子身心全面健康成长，都是为了孩子成为国家和社会合格的建设者和接班人。

孩子学习做人首先要以德育人。以德育人，就是教育孩子树立良好的品行，诚实做人，与人为善，文明有礼，与人和谐相处，成才要先成人，这是我们学校和教育工作者的首要职责。学校的任何教育教学活动都要注意渗透学生思想教育的内容，都要有德育的要求和目标，都要注重孩子身心健康成长。学校和教师要注意的是：不能以学生的学习成绩作为学校教育学生的唯一目标，不能用孩子的聪明和能力作为衡量学生的唯一标准，每一个孩子都将成为我们和谐社会的一分子，只要他们爱祖国、爱人民、爱社会、爱自然、诚实守信，不管能力大小都会成为建设和谐社会的一份力量。

学习做人还要重视孩子的生存能力的培养，培养孩子热爱生活的思想和能够生活的能力。孩子到学校是来学习文化知识的，更是来学习做人的基本道理和生活的基本本领的，能够自立与自强。要教育和培养孩子热爱劳动和懂得劳动，培养动手和实践能力；要提高孩子的安全意识，学习和提高自我保护和防范能力。心理是精神的基础，身体是生活的基础，身心健康是做人的基础。

培养爱心是学习做人的核心。爱同学，爱老师，爱学校，爱父母，爱公物，爱自然，爱祖国，爱世界；关心他人，理解他人，宽容他人，方便他人，服务他人，奉献他人；诚实守信，文明有礼，积极进取，不怕挫折，吃苦耐劳，勇于担当；等等。学校要科学育人、文化育人、管理育人，促使孩子身心都得到和谐全面发展。教育培养孩子与人和社会和谐相处的良好品德，训练孩子自理、自立、自强的向上精神，使孩子将来不管能力如何，都能成为社会有用的人，都应尽其所能努力为社会工作和服务。

四、学生与学生

培养教育合格的学生是我们建设学校的目的，每位学生都是学校中的一员，每个孩子将来都是社会的一个公民。作为学校里的莘莘学子，他们学习文化、学习做人，他们本身和学习的过程中肯定有各种不同的差异，但同学与同学之间都是平等的，我们学校和老师一定要因材施教地爱护好每一位学生。

1. 学生天赋个性不同，但教育关爱是相同的

我们面对的学生，身高、体重、性格、爱好、智力、能力等千差万别，但学校对待每一位学生的教育应该是同等的；教师对孩子的爱是相同的，孩子们应当享受同一片蓝天；他们学习成长和未来的发展肯定各不一样，但他们在学校得到的教育和发展的机会应当是一样的。

每个孩子天生特点不同,这才使我们人类社会的未来发展更加丰富多彩。有的孩子能歌善舞,有的孩子喜欢书法画画,有的孩子数学思维逻辑好,有的孩子文学想象很丰富,有的孩子文雅爱读书,有的孩子好动想跑步。孩子的个性特点不同,我们要很好地发展每个人的特长兴趣,为我们世界未来的美好创造更广阔的和谐发展空间。自然界需要各种物种,社会需要各种人才,不可能统一划一,这才是缤纷灿烂和发展无限的自然社会。

每个孩子都有其喜欢的事物,也有其讨厌的东西;有其优点,也有其缺点;有所长,也有所短。有的学生可能聪明伶俐,有的学生可能憨厚老实;有的学生可能一教就会,进步得快些,有的学生可能反复强调,都还没反应过来;有的学生可能较听话,是家长和老师眼中的乖孩子,有的学生可能较顽皮,到处惹是生非;等等。我们不能因为孩子的内因智商和外表现象而喜爱一部分学生,讨厌另一部分学生。包容的自然界允许各种各样的动植物和江河、山川的存在,和谐的社会也一定需要各种不同能力和不同肤色的人共同生活与工作,况且孩子未来的发展还未定型。

人的不同个性,导致人才的多样性;人的差异,导致人才的竞争性,这是人类社会丰富多彩并能够持续发展的客观现实。我们的社会要和谐向上发展,必须容纳并博爱来到世间的所有人,所有的人都是平等的,我们的爱是一样的。从人类自身的发展来讲,差异是人性的地赐,使每个人各有特点;从人类社会发展的需要来说,差异是自然的天赋,使人们相互竞争。因此,我们要爱孩子的优点、长处和智慧,也要宽容孩子的缺点、不足和愚钝。一个人能力有大小,智慧有差异,外表各不同,但人格是平等的,都是人类社会和自然界生存与发展的需要。

每个学生将来都要成为我们社会需要的一员,未来的社会也需要各式各样的人。天赋与地赐我们管不了,但我们要善待来到世间的每一个孩子,我们要使每一个孩子都和谐向上地健康成长。

2. 学生发展程度不同,但教育权益是平等的

因为每个孩子的个性差异,所以我们不能用一把尺子衡量孩子,要全方位评价孩子;因为未来社会需要的丰富性,所以我们对孩子的教育和发展的要求也应多样性。我们要顺应社会的发展规律,尊重孩子自身发展的权益,帮助和促进孩子的选择与个性发展。每个学生都有获得教育和发展的权利,每位学生都能享受均衡教育与获得发展机遇,我们教师也有尊重孩子权益和平等对待每一位学生的职责与义务。

社会的和谐发展需要各种各样的人才,各种能力特长的人才能促进社会和谐向上发展。我们要关心每一位学生,认真教育好每一个孩子,使他们成为

谱和谐之韵　逐向上之梦
――构建和谐向上的学校文化

合格的对社会有益的公民。均衡教育要从校内和班级做起,要从平等爱护每一个孩子做起,学校不能分重点班或快慢班,班级也不能因学习成绩情况或能力大小排座位、分名次。

学生与学生平等体现在教师不过分重视某一部分学生,也不轻视某一部分学生;不能歧视任何一个孩子,更不能放弃任何一个孩子。在教师面前每一位学生都是可爱的,都是平等的,都应当受到我们的关心和教育,这是他们的权益。要教育好每一个孩子,就要鼓励和赏识每一位学生,要全面评价每一位学生,要用发展的眼光看待学生。孩子的能力大小和进步差异是正常的,鼓励竞争,奖励优秀,鞭策后进,平等对待。

老师容易走进的误区是使学习好、聪明听话的孩子不知不觉之中得到重视,而另一些学习有困难和调皮捣蛋的孩子就自然而然地被轻视了。

我们要平等对待每一位学生,但我们不能以同样的要求对待每一位学生。因为学生的资质不同,我们要根据学生的特性有针对性地去教育每一位学生。对心理和生理有特殊状况的学生,对学习有困难或弱势家庭的学生,我们教师应有针对性地教育学生,由于上天和其他环境造成的不平衡,我们教师要尽量弥补回来,不要再伤害和疏远这些学生,即不要再添加新的不公平。教师的职业要求就是要根据学生的特点认真教育好每一位学生,不轻视与放弃任何一位学生。

孩子的先天素质不同,孩子的现状素养不一,孩子的未来发展也有差异,但他们得到社会的关怀和自身应享受的权益是一样的,每个人都应受到社会的尊重,每个人都将成为社会中享受同等权利与义务的公民。

3. 学生家庭条件不同,但教育地位是同等的

孩子都生活在各自的家庭当中,每个孩子的家庭教育程度和要求可以不同,家庭的物质生活环境也可能不一样,但在和谐向上的校园中每个孩子的地位是一样的,他们得到老师的教育和关爱是同等的,得到同学们的关心和帮助是同样的,学校应当对所有学生一视同仁,不能厚此薄彼。

随着社会主义市场经济的迅猛发展,孩子的家庭环境和物质条件参差不齐,这是社会发展的正常现象,但这些不能成为校园存在等级差别现象的原因。有的家庭物质条件好些,有的家庭物质条件差些;有的家长文化素养高些,有的家长文化程度低些;有的家长从事公务员或教师等国家公职,有的家长是经营企业和做小买卖的民企员工;有的家长是公司的大老板,有的是离乡背井的农民工。由于家庭经济和环境条件的不同,对孩子的教育影响也不同,家长和孩子自身也可能产生因家庭基本状况差异而产生不同想法。现在很多孩子喜欢"拼爹""比妈",或攀比家庭住房的面积和私家汽车的品牌等,我们构

建和谐校园要认真对待这些情况,不能因家庭因素使孩子在学校的地位有优劣之分。

(1)有教无类。和谐向上学校的落脚点与目标是孩子都要得到均衡的教育。作为学校要教育和引导孩子:父母或家庭已有的条件是上一辈辛勤努力创造的,不能有高人一等或天生不如人的想法,学生没有高低贵贱之分,每个孩子都是和谐校园中的一员,学校要同等教育爱护每一个孩子。

(2)因材施教。因为孩子家庭和自身因素的影响,其思想意识和行为习惯的表现可能不同,学校和教师在教育孩子的内容、方法和形式上就要讲究针对性与差异性,尊重每个孩子自身的发展规律,学校要使每个孩子都在原有基础上并按其自身规律和谐健康地成长。

4. 男生女生是平等的,但教育侧重应有差异

社会是由男人和女人组成的,男人和女人在社会上的政治和经济地位应当是平等的,不能"男尊女卑",也不能"女优男劣",应当和睦互敬,和谐发展。然而,毕竟男生和女生生理和心理的发育是不同的,优势显现的年龄和场所也有所不同,他们身体、思维和能力也有天生的差异,所承担的责任和义务总体上是一样的,但细节上分工应当有所不同,发挥优势、和谐互动,才有利于各自的发展并促进社会的和谐向上。

我们要问:为什么现在孩子们不仅在小学甚至到高中和大学的时候,大多数的男生学业成绩仍比不上女生?就是到了就业应聘的时候,很多男生更是甘拜下风?是男孩子从小就不争气吗?显然不是,这样的反差要引起教育的沉思和社会的反思。

社会和家庭的发展与需要使很多家长希望添男丁,男人承担着重要责任,但现实的教育使男孩子又很委屈。女孩子发育得早,温顺听话,安静努力,善于表达,容易受到老师和长辈们的喜欢和赏识;男孩子成熟得晚,调皮好动,创新自主意识强,不好管教,经常成为我们教育和批评的对象。现在学校的常规训练和教育要求,总体上是压制男孩子的个性发展,有利于女孩子的成长发挥,并不知不觉中逐渐把男生也打压和塑造成女孩子的特性,男生的持续发展受到较大的阻力和制约。我们一定要尊重男孩子和女孩子不同的身心发展特点,并顺应他们的发展规律,因势利导,扬长避短地进行针对性的教育和培养,努力培养温柔文雅、有礼懂规的淑女和潇洒文明、宽厚大度的俊男,为社会性别差异地和谐健康发展充分发挥教育应有的功能。

容易愤怒、勇于冒险、期望竞争是男人本身固有的基因,我们的教育不能磨灭男孩子这些不拘小节、敢于担当、逆反创新和无畏艰辛的"男子汉"精神,要正确培养男生自主、自立意识和不畏艰险的精神,祖国的安危和民众的安全

需要男人挺身而出的担当精神,但男生初始阶段的有些表现时常会令人反感和难训。调皮捣蛋和安顺听话是男女生性别上的天性,我们教师应针对男女孩子成长和发育的不同因材施教,用男孩子的短处与女生的长处相比,并把男生教育训练成安静听话的孩子,显然不利于男孩子的未来发展。当今不主张男女生分班、分校,但要重视男女生的性别差异,因势利导地培养男女孩子个性和性别发展,培养社会和人类和谐向上发展的优秀男女公民。

因此,学校教育的考核与要求既要男女生一视同仁,又要重视男女生的本质差异,不能只利于女孩子的自身特点发挥,把男孩子的长处压缩和训练成女孩子的特性。我们的教育应因势利导并爱护男孩子的鲁莽创新与无畏精神,这样才能很好促进和发挥男孩子的宽广视野和逻辑思维,激发男孩子的智慧与力量——这适合男孩子生长发育的和谐向上;而且未来社会也十分需要敢于创新探索和无畏冒险、有担当的男子汉,男孩子将来应更好地担当起国家和社会发展的应有作用——这适合社会发展的和谐向上。

第四节 和谐向上学校文化的基本范式

没有科学的教育理论,就没有高效的教育实践;有了先进的办学理念,就能带领学校不断前行。教育路程很长,百年树人;教育发展任重,只争朝夕。我们构建和谐向上的学校文化,要有教育思想的深刻思考与办学理念的理论支撑,明晰和谐向上学校文化的基本范式,我们"办学校"就能够在方向明确和内涵丰富的理性操作中扎实进行。

一、和谐向上的学校是一所制度健全的单位

国家要有法律法规,单位要有规章制度,没有规矩不成方圆。依法治国体现在法规的完善与执行的力度上,依法治校也同样表现在学校规章制度的完善与执行上,借建设和谐校园之机而否定学校的规章制度是无稽之谈。社会上任何一个单位没有规章制度就不能正常运转,没有制度的单位必定是混乱的,可以解散了。因此,和谐向上的学校必须建设健全的规章制度。

1. 制度是保障

学校是国家创办的培养社会主义事业合格建设者和接班人的教育单位,教师教育学生是通过规范的课堂教学和有效的各种活动进行的,一大群少年儿童在校园中正常学习生活,必须有组织、按班级、守时间、循规矩进行,没有规章制度学校就没有正常的秩序,不仅学生上不好课,学不到文化知识,而且

学生基本的安全都无法保障。

学校各项工作是有规律和按制度规范管理的,如果没有布置、没有检查、没有落实的制度要求,学生上课学习就会随随便便,教师备课授课也会松松垮垮,学校工作必定乱七八糟;没有要求、没有竞争、没有评比,必定影响学生的健康发展,必定影响学校集体的利益和荣誉,也就必定损害教师个人的声誉和利益,教师不可能进步,学校不可能发展,也就不可能形成和谐向上的校园。

教师担负教书育人的重任,没有严谨规范的制度要求,就不知道自己什么时间做什么,就不能正常地进行教育教学工作;行政组织学校的课程安排、督导教师教育教学进程和效果,没有规章制度就没有规范高效的管理;校长领导学校发展,必须依法依规进行管理,没有规章制度只能是没有约束的瞎指挥。因此,学校良好的规章制度是教师、行政和校长规范完成本职工作的保障。

我们构建和谐校园,讲求的是人与人之间的团结友爱、尊重互助、包容礼让,但不是无原则的"你好、我好、大家好"的一团和气,也不是"唯我独尊"的个人主义的自由散漫。和谐不是一团和气,一团和气会成为一团糟;和谐不是随随便便,随随便便工作不可能向上发展;和谐不是没有原则,没有原则就没有公平,没有公平就没有正气,没有原则、公平和正气,学校就会出现更多的矛盾。总之,制度是校园和谐稳定的保证,是学校健康向上发展的保证。

和谐向上的学校必须有健全的规章制度,并且这些制度还应执行落实到位,它是学校正常进行各项教育教学工作的保障,也是学校依法治校的重要体现。

2. 制度应优化

制度是工作的保障,遵守学校的规章制度是每一位教职员工的职责。为使大家自觉主动遵守各项规章制度,制度的制定过程应科学规范,并根据学校的实际不断更新优化各项规章制度的内容。与时俱进并符合学校工作实际才是好制度,才能成为大家愿意认真遵守的准则,才能很好地发挥规范师生行为、促进师生成长、构建和谐向上校园的保障作用。

首先,学校必须依据国家宪法、法律法规和教育教学规律,制定和执行一整套科学规范的规章制度。这里有国家政策要求必须执行的法规制度,如《中小学生守则》《小学生日常行为规范》《教育法》《教师法》《教师职业道德规范》等规定的内容。其次,学校还要根据国家和上级的法规并依本校的实际情况和师生发展的需要,制定本校的《学生一日常规》和学生各项学习、活动的准则及各项检查评比的规范要求,以及教师考勤制度和教案、批改作业、上课和听课等具体的规范要求,使校园中的每个人和各项工作都在规章制度的保障和约束下井然有序、安全稳定、科学高效地运转。

此外，根据学校发展和上级的要求，以及教学改革的需要，学校要及时更新、改进和完善相关的规章制度。学校制定重要规章制度一定要符合学校管理和教育教学的规律，以相应的上级文件和法规作为依据，制定的过程要科学民主规范，征求广大教师意见并通过教职工代表大会，得到全体教师的认可，考虑教职员工整体的利益，如《教师考勤制度》《绩效工资考核方案》等。每一项规章制度都关系到教师的切身利益，都关系到学校和谐和稳定。过时的制度要及时废止，与时代发展不适宜的规章要及时更新，不利于课改的要求应及时优化，因为优良的规章制度是保障，反之有可能成为障碍。

3. 制度需人文

学校管理需要制度，没有制度学校就不可能有正常秩序，但教职员工是活生生的人，因此还要有人与人之间的相互关怀，制度也还要人文。没有制度建不出和谐向上的学校，只靠制度也管不出和谐向上的校园。

制度要以人为本，要充分考虑教职员工各方面的利益。教师教育教学工作课时可以进行量化比较，但教育是一个隐性和周期很长的育人过程，很多教育工作的实际质量是不能用尺子来衡量的。量化是表面的数据，育人是心智的升华；制度管的是整体要求，人文理的是细致情感。学校有语文、数学、英语等主科，还有体育、音乐、美术、科技、品社等技能学科，所有的课程都是重要的，都对孩子的全面发展有重要作用；而各学科实际教学效果相互不易直接比较，就是本学科本单元的质量也不能完全进行数字比较。学校有男教师，有女教师，有年长的老教师，还有年轻的教师，各有所长，也各有所短，各有辉煌的时段，同等的课时量和实际教育教学质量是不能完全画等号的。因此，制度管的是表面的数字现象，但标准统一利于公正；人文管理才能凝聚人心，促使教师自觉接受。制度约束人文管理，协调互动才能和谐向上。

我们要正确对待制度，学校的管理者不要把制度当成管理学校的万能钥匙；学校中的每位教师也要理解规章制度的作用和局限性，任何规章制度都不是十全十美的。要使制度成为激励教职员工努力工作的润滑剂，而不是成为大家相互计较个人得失的刹车器。制度是"死"的，人是"活"的，教师是人不是机器，教师的工作态度和爱岗敬业精神是不能完全用制度来衡量的。制度要为人服务，我们要维护制度的权威性，又要避免制度带来的呆板性和限制性，甚至出现影响教师积极性的现象。不能因制度使老师们相互间产生隔阂，不能因制度出现思想意识和工作态度的相互对立，这违背了和谐校园的要求和制定制度的初衷。

学校中的每一个人都必须严格遵守学校的规章制度，制度面前人人平等，遵守制度就是维护大家的利益，遵守制度就是维护学校集体的荣誉，遵守制度就是建设和谐向上的校园。制度管理要与人文管理相结合,刚性管理应与柔性管理互为补充,目的都是为了保护和调动教师们的积极性。严格执行规章制度,能帮助老师规范行为、树立正气;人文合理地执行规章制度,能凝聚人心、形成合力。学校不是用制度管理来卡我们的老师,制度不是老师行为的对立面,而是规范老师行为的好伙伴,学校的制度管理要随着学校的发展和社会环境的变化不断完善和发展。规章制度既是规范所有教师平等规范工作的平台,也是保证我们教师合法权益的武器。制度管理只有与人文管理相结合,学校才能正常和高效地运转。

教师是知识分子,文化人爱面子,自尊心强。学生更是各有特点,处在学习成长过程,教育引导要从高从严,惩罚处理要慎重人文;鼓励赏识能使人努力奋进,宽容和理解会使人更加自尊勤勉。当然,为了孩子的全面健康成长,为了教师专业素养的科学进步,必须要有明确的底线和基本层次要求的制度规范,当比较要比较,当督促要督促,当惩处要惩处,但又无须过于计较,这样才能更好形成"比学赶帮超"的和谐向上的良好局面。

二、和谐向上的学校是一个公平正义的集体

学校是一种集体组织形式,大家在一起学习、生活和工作。公平使我们在集体中同享一片蓝天并和谐相处,正义使我们增加正能量并积极向上。

1. 公平是基石

学校是由人群组成的集体,少则可以是几人、几十人,多则可以是成百上千人,甚至更多。在这个集体中每个人能力有强、有弱,学识有多、有少,觉悟有高、有低,进步有快、有慢,但都是学校集体中享有平等权利的一个成员,都要公平对待、互相尊重、和谐相处。

应当说社会上很多矛盾的根源其实就是由于不公平,机会不平等,权益不均等,利益不均衡,受到不公平的对待心里就不平衡,就会产生不满与矛盾。因此构建和谐校园的基本原则就是公平、公正地对待校园中的每一个人,不管是能力强弱,还是学识多寡,还是职位高低,在校园里大家都是平等的。

学校一定要以制度为规范,公平对待校园中的每一位教师和学生,即学习机会平等,进步机遇均衡,享受的权益一样,得到的爱护一致。公平规范就是阳光雨露,弘扬正义比太阳还有光辉。学校所要提供的就是在和谐的校园里,让大家共同享受灿烂的阳光,所有的人都有展示和进步的机会,绽放出各自的光和热。

校长、老师和学生各有各的职责,但都是平等的,只有分工不同,没有高低贵贱之别。在学校这个集体中不能因为职位、能力、荣誉和成绩把人分为三六

谱和谐之韵　逐向上之梦
——构建和谐向上的学校文化

九等,不能用一把尺子衡量每一个人。老教师年龄大了,不能与青年教师比激情,比精力;女教师耐心细微,不能与男教师比气力,比爬上爬下搬运东西;一年级小朋友刚入学,不能与高年级学生比知识水平,比跑步快慢。有的学生学习成绩好,有的同学歌声美妙动人;有的老师观摩课上得精彩,有的老师辅导低差生效果佳,有的教师在后勤默默无闻、无私奉献。每个人都有勤勉工作、学习进步的权利与机会,每个人的兴趣特长都要尽力得到尊重和发挥。学校要欣赏每一个人的长处和进步,使每一个人都快乐健康地成长。

总之,公平是学校和谐向上发展的基石,在公平的基石上,学校各项工作才能坚实平稳地向上发展。

2. 正义是导向

有了公平,学校就有了正义向上的基础,就能很好地弘扬正气,校园中的人就能舒心、开心、放心地学习、生活和工作,就能营造和谐向上的良好风尚。

在学校的集体中,在学校的各项教育教学活动中,学校只有公平对待每一个人,公正对待每一件事,大家才能富有正义感,才能充满正能量,才能积极进取拼搏向上;老师耐心教育学生,学生真诚尊重老师;大同学爱护帮助弟弟妹妹,小同学关怀哥哥姐姐并向他们学习;大家知道什么是对的,什么是错的,努力做好事,批评坏现象。有正义感的学校集体才是朝气蓬勃的,才有凝聚力和感召力,才是令人神往的美好校园。团结友爱,互相尊重,敬老爱幼,诚实守信,文明守纪,和谐相处。好事有人做,坏事有人管;弱小有人帮,美德有人扬。校园积极向上的美好风尚成为学校的主流正气。

公平正义就是不能歧视任何一个或一部分人,有缺点和不足要批评和帮助,但不能歧视和放弃;教育的均衡要从学校之间的均衡做起,也要从学校自身的均衡做起,学校内部不能分重点班和特长生班,每个班级都是重要的,班级里的每一个孩子我们都要重视。不能重视一部分人轻视另一部分人,不能喜欢一部分人讨厌另一部分人,人人都是集体中重要的一员,人人都有享受快乐和幸福的权利,都是我们这个集体中学习和生活的主人。

正义的集体要求我们更应当关心和帮助后进和困难的人群。学业后进有人帮,身体弱小有人扶,遇到困难有人助,团结友爱好风尚,我们的集体就更加温暖,更加和谐,更有正能量。

人人都有施展才能的舞台,个个都有努力奋斗的发展方向,平等竞争,相互尊重,才能弘扬正气,实现正义。

3. 平和是基调

学校应当尽量公平、公正地对待校园中的每一个人、每一件事,但我们要知道世界上没有绝对公平的事情,所有的公平都是在一定条件下相对而言的。

世界如果有绝对公平,人类社会也就缺少丰富多彩与差异变化,我们学校也就少了精彩纷呈与向上发展的动因。因此,学校中的每个人要用平和的心态对待公平与正义,公平正义是总体的原则规范,是我们追求的方向目标,并依此制定相应的规章制度和行为规范,但这些还要由人来执行和弘扬。人的心态平和了,就不会斤斤计较于一时微小的得失,看方向、看发展、看总体、看未来,我们的校园就容易和谐了。

另外,我们每个人看待各种事情因为角度不同,对事物的认识标准不一,对公平的理解判断也就可能不一样。特别是牵扯到个人名誉与利益,就会增添很多自己的感情色彩。阳光很美好,但阳光过分充足就成烈日了,也就不那么美好了;雨露很美妙,但一直都下雨,就可能成洪涝了,也就没那么美妙了。我们只有客观科学地追求公平,平和地对待出现的各种情况,才能建设和谐向上的学校。

因此,构建和谐校园,一定要注重建设和睦的氛围。每个人的平和心态很重要,任何事情都不可能像天平一样称得一克不少,不可能像尺子一样量得分毫不差,我们要以和谐的心态对待工作和生活中出现的不平等,多礼让,多宽容,就能更和谐。机会是给有准备的人的,但有准备的人不是都有机会的,有机遇问题,有指数问题,当然也有主客观等各方面的环境因素。积极争取,乐观豁达,平和对待,知足常乐。有意见和建议采取正确的渠道和合理的方式提出,树立正气,礼让包容,平衡对待生活中出现的不平衡,平和对待工作中产生的不平和。

鼓励先进,鞭策不足;歌颂真善美,批判假恶丑;鲜明正义,浓浓正气;平和相待,和睦相处,这样学校才能和谐向上发展。

三、和谐向上的学校是一座诚信友爱的家园

学校是广大师生工作与生活的家园,诚实守信是相互信任的基础,团结友爱是和谐相处的要求。

1. 诚信是基础

人以诚立身,国以诚聚心;家和万事兴,诚信是根基。诚信是社会主义核心价值观的重要内容。

学校是一个大家庭,在这个大家庭里有老、有少、有男、有女,能力不同各有所长,差异明显都有所短。要使这个大家庭和谐,家长制的管理作风是行不通的。校长要把这个家园营造好,建设和睦幸福的家园,提高家园中每一个人的幸福感,相互信任、相互尊重、真诚相待很重要。

树人先树德,立人先立信;道德的沦丧,首先是诚信的缺失。育人第一课:

谱和谐之韵　逐向上之梦
——构建和谐向上的学校文化

诚实做人。诚信是金,一诺千金,诚实守信,人人尊敬。在学校大家庭中的每一个成员,应当坦然相待,师生之间、师师之间、生生之间都应当相互尊重和信任。更何况少年儿童正是学习仿效的最好时机,为人处世的品德基础要从小打好。相互学习,相互尊重,文明礼貌,诚实守信。在一个相互信任的环境中工作和生活,一定是充实和踏实的,也一定是幸福和快乐的。在学校学习、生活和工作中,诚信是基础,友爱是需求,助人是快乐,尊重是习惯,平等是准则,育人是宗旨。学校和班级的工作与管理应以诚为先,以信为荣,实实在在地做好每一件工作,不搞花架子和应付哄人的形象工程。

校长打理好这个大家庭很不容易,因为这个家庭里不仅人员多,年龄差异大,而且每个人的性格不同,能力特长不一,既要公平、公正相待,又要根据每个人的情况针对性地给予人文关怀,真诚关心每一位成员的生活、工作和健康成长。应当坚持以欣赏鼓励为主,鞭策批评为辅,而这一切要起好的作用就必须建立相互之间的诚信。当然人的工作很复杂又要因人而异区别对待,有的要用重锤敲,因为他反应缓慢,有时无所谓,这样才能使之警醒;有的要用和风吹,因为他脸皮薄爱面子,经不起大的敲打,喜欢自我慢慢醒悟;有的要软硬兼施,耐心细致做思想工作,并不断吹起进军的号角。所有这一切都要建立在相互之间的尊重和信任基础之上,有了信任每个人的生活和进步才更有信心和力量,才能正确对待各种意见和建议。

诚信是为人品行,诚信是立德之首。诚实守信才能坦诚面对学习、生活和工作中的各种问题,才有谅解、批评和互相帮助的思想基础。

2. 理解是钥匙

校园中的成员在一起学习、工作和生活,有合作进步的快乐,也会有成长过程中的烦恼,相互之间免不了有意见相左或磕磕碰碰的情况,这是校园大家庭的交响曲,而不是相互争斗的交战鼓。建议是个提醒,意见是个补充,相互理解、相互包容才是和谐相处之道。

世界之大,人员之广,大家能在一个校园中学习和生活都是缘分,宽容、包容和礼让,理解、化解和沟通,留下的就是真诚的情意,消失的就是计较的烦恼。同行不是冤家,同行正好相互学习;比较不为输赢,比较才能促使进步。当官是一时的,朋友是一辈子的;成绩是表面的,素养是深厚的,友谊才是天长地久的。缘分不能成怨恨,冤家宜解不宜结;缘分是美好的,怨恨是碍眼的。理解能开启误会之锁,理解是和谐向上校园的金钥匙。

学校和教师要平和对待各种意见,理解社会各界和家长们的心情;家长和社会也要全面看待教师的工作,理解教师工作的艰辛,既要严格要求,又不应求全责备。

教育学生是我们一切工作的核心,家长和社会自然会聚焦我们教育孩子的方式方法和实际效果,而教育孩子又是一个漫长的过程,我们的教师要面对社会和学生家长的压力,应平和对待各方对我们的看法。教师在与家长、社会的交流时肯定会有很多赞扬,有时也会遇到不满的指责。学生几十号,相关家长及祖辈亲戚可能几百位,不同意见或看法在所难免,况且我们老师肯定有不足,我们要虚心接受,不断改进教育方法。夫妻之间教育自己的孩子都会出现不同意见,都可能产生分歧,教师和家长自然也会产生教育学生的不同意见和想法,这是正常的,多沟通,多理解。

学校和社会,教师和家长,共同关注的是我们的孩子,并且都是为了让孩子健康和谐快乐成长,可能因爱孩子而有不同的方法和见解,但不应当有隔阂,要多交流,多沟通,更不应当成为对立面,因为隔阂与对立,最终受害的必定是我们不愿伤害的——孩子。

教师的职业是高尚的,教师很伟大,也做出了巨大贡献。人们对教师的期待很高,但教师是生活在社会中的人,他们是民众中的普通一员,他们不是"完人",更不是"圣人",他们会受到社会中各种思潮的冲击,他们也有七情六欲和自己的兴趣爱好,他们肯定也有很多不足,对他们的不足要提醒、帮助,还要理解和包容。教师很辛苦,但教师更怕"心"苦,教师不可能是"高大全"的完美人,他们有个性与不足才是人们可亲可近的普通人。媒体不要过于聚焦教师队伍中的害群之马,教师也不应成为社会的众矢之的,我们的学校、我们的社会要真心地关心、帮助和理解教师,使他们的热情与热心能够永远持续,更诚心和有信心地教书育人,为学校、为家长、社会服务。

作为学校要了解教师的难处,体谅教师的苦衷,从身心上多关心我们教师。教师是我们学校大家庭中最为辛苦的成员,他们的工作是没有时间和空间界限的,他们随时都在学习、备课和为人师表,他们的责任心体现在全身心奉献教育事业上,他们承受着孩子安全健康成长和社会家长对孩子较高期望值的巨大压力。孩子是能动的,教师无时无刻不在关注孩子的安全和各方面教育;一节课只有 40 分钟,但教师备课的时间是无法用时间衡量的,他们时刻都在思考教学的最佳方式与方法。我们要关心和爱护他们,使他们有伸展拳脚和发挥智慧的空间,更好地教育我们的孩子。我们的教师投入教书育人这个行业,他们就决定了准备为这个职业努力奋斗,并希望学校、社会、家长的认可,这就是教师积极向上的内在因素,也是我们要理解教师的根源。

3. 真爱是源泉

爱是育人的源泉,爱是学习的动力,爱是幸福的家园,有了爱就有了一切。爱里面蕴含和释放着人生的真正意义以及教育的真谛。

谱和谐之韵 逐向上之梦
——构建和谐向上的学校文化

学生是国家的未来,是社会的希望,是家长的寄托,学生是学校大家园中最需要关心和帮助的对象,是国家建立学校的目标和任务所在,是学校中枢神经的核心。社会→学校→教师→学生＝孩子→家长→家庭→社会,因学生(孩子)这个核心把我们和整个社会连在一起,我们共同的目标就是为国家和社会把孩子教育培养好,有了爱我们才能教育好我们的下一代。

关心爱护老师才能使我们的学生更好地得到爱护,学校要为教师提供精神和物质的良好环境氛围,教师才能满怀信心和精神焕发地投入教育教学工作中。教师会遇到各种生活和工作的坎坷,这是学习和成长的过程,要为他们加油使他们增强信心,不要让他们感到无助和不知所措。学校要为老师成长添能,要为教师生活排压,还要为教师工作担责,使教师有个靠山,让教师有个坚强和温暖的家园作为后盾。

爱是生活的源泉,爱是育人的力量。有了爱,学校大家庭之中才有相互理解、互相帮助、相互支持,才能产生无穷的力量。一个信任的目光,一句贴心的开导,一个信任的微笑,一个抱歉的手势,一个真诚的提醒,一个谦逊的礼让等,都会给人一种爱的温暖,一种友谊的传递,一个和谐的力量。学校就应当营造融洽的和睦大家庭氛围,坦诚相待,相互尊重,引导教师乐观、平和地对待教育教学工作中的成绩与不足,引导学生友善、全面对待同学中的荣誉与缺点。

爱学生、爱老师、爱学习、爱学校、爱劳动、爱工作、爱社会、爱自然,爱是和谐人生与和谐校园的根源,爱不仅给别人带来温暖和幸福,爱还给自己带来幸福的满足和价值,爱更给我们学校这个大家庭增添和谐的正能量,让师生在这个家园里快乐、健康、幸福地学习和生活。

四、和谐向上的学校是一支充满活力的团队

学校是一个群体,这个群体要有力量,要和谐向上,就应形成宗旨与使命清晰、充满活力的团队。

1. 学校应是和谐团队

学校是一个集体,更是一支队伍,和谐向上的学校一定是一支有组织、有纪律、讲合作、能战斗的团队。

攥在一起的拳头最有力,团结的队伍无往不胜。团队精神的核心就是精神意志的自觉统一。不讲团队精神的集体就像伸开的手指,不仅没有力量、打不了胜仗,而且自身矛盾重重,无法战斗。团结出力量,团结出智慧、出效率、出成绩,团结才能和谐,才能向上发展,才能完成教书育人的使命和奋斗目标。

第二章　和谐向上学校文化的人本与主体建设

团结不是无原则的盲目服从,而是为了一个共同的理念与目标,思想明确、理念统一、听从指挥、相互信任、合作补台、共同奋进。这个目标就是学生的健康发展,一切为了学生,为了一切学生,为了学生的一切;这个理念就是和谐向上,学生学业要进步,教师专业要成长,学校文化要发展,这一切应是和谐互动持续地向上。团队需要服从大局,防止本位主义;团队需要尊重个性,注重大家合作;团队需要关注各方权益,克服急功近利。个人服从组织,少数服从多数,下级服从上级,大家共同服从规章制度。学校的工作一定要走群众路线,虚心听取各方面的意见和建议,耐心做教师的思想工作,为教师排忧解难,调动教师的积极性,科学合理人文地管理学校,这样才能得到老师们的支持和拥护,才能形成团队。

为了孩子的健康成长,为了学校的和谐向上,学校要用思想理念统领,要用学校文化凝聚,要用价值取向铸就,形成强大的团队,促使大家自觉产生向心力,心往一块想,力往一方使,而不是单打独斗,各行其是。在具体的各项工作中,既要尊重每个人的意见,发挥每一个成员的积极性,集中大家的智慧,又要服从组织的决策,树立大局意识。为了学校的发展,为了集体的荣誉,按照学校发展的规划,拧成一股绳,向着共同的目标一齐向前奔。

2. 团队必须充满活力

"和"是一种动态的融合,"谐"是相互之间的协补。和谐不是静静不动的死水一潭,而是充满活力的流水荡漾,五彩缤纷的世界才能形成和促进社会的向上发展。因此,和谐的团队是活的,是有生命力的,这样才能不断向上发展的。

古人言:"君子和而不同,小人同而不和。"和谐向上的团队需要有不同的见解,正因为有众多不同的意见,我们的工作才能不断创新和向上进步,否则只能是单一呆板的独角戏,缺少竞争与建议,没有比较与争论,学校不可能发展进步。学校要发展,学生要进步,教师必须充满激情,教师必须充满活力,教师必须为了学校和教师共同发展进步敢于提出自己的意见,这是学校内在动力和强大生命力的表现。这样的学校生机勃勃,这样的学校充满希望,这样的学校和谐向上,这样的学校才是一个充满活力的强大团队。

教书不是简单的传递和照搬,而是经过学习、实践、理解、升华后精心备课的创新思维活动。要培养合格的创新人才,教师要合作,教师要交流,教师要探究,教师要争辩,教师更要创新,教师要和而不同求异发展。校园里要有浓烈的教研氛围,教师中要有火热的钻研精神。意见的交换,建议的交汇,思想的交融,必然迸发出无限的灵感和创新意识。科研兴教,提高教师课堂教学实效;科研兴校,促进学校师生和谐成长。和而不同,求同存异;同而求异,不断进取。有差异,有纷争,有意见,有特色,由多样性形成丰富的教研思维,达到科学的最佳的教学共识,从而形成一个能发挥所有人智慧和战胜各种困难的团队。

教师和学生的个性应得到尊重,聪明才智应得到充分发挥。既要取长补短,又要扬长避短;既要和谐包容,又要充满对撞和激情。团队是协调促进的集体,形成的是互动与合力,得到的是互助和欢乐,这个团队就最有战斗力,团队的成员就能和谐进步,也就最有充实的幸福感。

3. 活力才能向上进步

团队是一个和谐集体,是一支战斗队伍,必须依靠这个团队所有成员的努力,形成激情,形成激励,形成活力,共同向上进步。

我们要有教育教学排头兵的引领和各种竞争激励的平台,更要有全体成员共同的参与和主人翁的精神。个人的力量是有限的,集体的智慧是无穷的,个人的智慧只有在集体团队的和谐共进的激发中才能更好发挥。学校要激发全体成员努力学习,相互借鉴,学人所长,形成特色,不断总结,提升素养。教师要包容互助,学生要团结友爱。学校要建立多种平台,构建多渠道的沟通方式,让老师有发表意见的渠道,让学生有讲话的场所,让所有的人都有展示自己才能的舞台。

青年教师的培养与进步,是学校充满活力的重要表现,学校一定要对青年教师提出具体明确的要求,要制定一年、三年和五年学习工作的发展目标。有了压力,才会有动力;肯于吃苦,才能进步。只靠个人的聪慧很难有大成绩,只有个人努力,团队互助支持,才能造就个人和集体的荣誉。因此师徒挂钩、教研组活动、集体备课、教案互检等都能很好地促进和谐互动并向上发展。

学校要组织和搭建各种平台,使所有教师都有学习和展示的机会,如青年教师论坛、教师基本功竞赛、师德演讲比赛、教学论文评比、各种教学研讨课公开课比赛、课件比赛等;也可以通过组织学生的各种活动和竞赛,在学生得到锻炼和激励的同时,培养和锻炼教师的综合能力和教育水平。

提高教师素质,推进素质教育,使师生都有机会很好地展示自己的才华,享受成功的喜悦和幸福感,从而激发他们的兴致,培养他们的能力,激活整个团队的能量,共同向上进步。

只有充满活力的团队,才能促使学校和谐向上。

五、和谐向上的学校是一种人物共济的境界

学校是由各种角色定位的人群与相应物质组成的统一体,既有管理者与被管理者关系,又有教育者与受教育者关系,更有人与岗位、人与物的关联,整个学校应该形成一种人与人和睦、人与物共济的和谐境界。

1. 天地和,学校兴

中国人讲究天时、地利与人和。天地和、人际融、地域兴。老子曰:"万物皆由和气产生。"(老子《道德经》第四十二章:"冲气以为和")学校上顶广阔天空,下坐一方沃土,只有充分发挥和利用天地之气,形成天与地之间的和谐融洽之气场,为我校园之人所吸、所用,学校才能蓬勃向上发展。

人类社会是天地作用的大自然产物,大自然养育了我们人类,有了天地形成的大自然才有我们人类社会的今天,有了人类社会才有我们学校教育的存在与发展。天之气、地之域,才有我们学校立足之地。

因此,我们每个人的生存必须依赖于天地之和谐,校园中,人的生存与发展也离不开天地之自然和谐,离不开社会与自然的和谐发展。大自然是人类社会生产、生活和教育活动的物质基础,我们必须顺应自然规律与需求,必须依靠自然与物质的支撑,学校才能生根与发展。为了人类社会自身的发展繁荣,而损害大自然规律的发展,破坏自然需要而存在与生长的山水树木,这是逆天反地的行为,必然受到大自然的惩罚,必然会损害我们人类自己的生存与发展。

我们学校的建设与发展,也一定要顺应天地自然的和谐规律,符合社会的发展规律,融于社会,融于大自然。当然根据学校建设和教育孩子的需要,也应因地制宜促进学校环境自然生态的改进与发展,使山水更美、植物更茂、人更和顺。

作为传播文明与培养新人的场所,学校在建设和谐向上学校文化的发展过程中,也一定要积极为当地的政治经济建设、社区文化发展和人民群众幸福做出应有的贡献。

人类社会永远离不开大自然的养育,人类社会的生存发展必须与大自然和谐相处。爱护大自然,保护大自然,顺应自然规律,就是爱护我们人类自己。只有与自然和谐相处,促进自然的和谐向上,才有我们人类的和谐向上,才有我们学校的和谐向上和兴旺发展。

2. 天人和,人气旺

《易经》有"天行健,君子以自强不息";"地势坤,君子以厚德载物"。学校应当顺应天地之势,秉承厚德载物和自强不息的精神,形成兴旺人气。

学校是少年学生聚集的场所,是人类和谐向上的根基所在,上天和社会毕竟倾爱有加,我们要努力建设天人合一、人气兴旺的学校。少年儿童生机勃勃,教师育人和谐融融,工友门卫各司其职,社区家长配合相助。学校在政府、社会、家长与自然界的呵护下,也就是天人共助之下,应当是阳光最充足的地方,风水最顺畅的地方,植物最茂盛的地方,人气最兴旺的地方。校园人影挤

谱和谐之韵 逐向上之梦
——构建和谐向上的学校文化

挤,阳光雨露齐齐,童语鼎盛唧唧,绿树繁茂荫荫。

学校的教育教学工作与各项活动要顺天意、和民情,应按自然生态、社会生活规律秩序井然进行。孩子上下课应与家长、机关上下班合拍融洽,以利于家长接送孩子上下学;学校作息时间与工作活动也应和社区互动包容,因为孩子必定声音鼎沸,学校上下课此起彼伏,我们只有使学校教育教学活动顺天和民,才能得到各方的通力配合与支持,学校才能和谐向上发展。

学校的各项工作还应考虑天气状况和孩子年龄特点、接受能力。炙热阳光、瑟瑟寒风、连绵大雨等自然气候都是影响学校各项工作的重要因素,台风、地震、泥石流等自然灾害更应十分小心。要顺势而为,不要勉强行事,要依教育规律、孩子特点及自然环境情况认真设计。特别是组织孩子进行户外的大型活动,天气与自然状况等都是我们学校应认真思考的重要因素。

因此,学校与天地之间也是一个"和"字,上"和"天意,下"和"地气,中"和"人气。学校只有天人和顺,才能促物繁茂、助人健康成长,校园的生机与发展才能愈加旺盛。

3. 人物和,共相济

阳光雨露关照着校园中的人和物,学校里的人与物只有和谐融洽,才能促物繁华、相济共进。

校园的创建与发展要与当地的人文历史相关联,使之成为地方文化、学校文化和学校特色的重要物质载体。无论是校名起定、校园古迹的保存、楼堂操场的建设,还是花草树木的种植,都要认真慎重考究,都要适合校情,顺应天意,适合地气。

学校的选址、建筑设计一定要根据当地的地质、地理情况,听取民众意向,注意采光与风向,小心山体与水流,要因地势和建筑种植花木,使之与建筑物相得益彰,互助互补,既利于教育教学活动,又需保持阳光与通风,使之利于人体健康。老子语:"人法地,地法天,天法道,道法自然。"只有顺其自然、天地和顺、人气顺畅,校园中的生命才能生机盎然,才能保证学校中的人与物和谐向上。

校园整体的物质建设设计和植物的生长造型要与教书育人的学校发展相一致,并保持校园环境顺意自然、合乎天地、哺育人气、蓬勃相宜的自然属性。学校环境建设还要与学校文化创建、办学理念和少年儿童年龄特点相一致。建筑设计错落有致,标语雕塑美观自然,花草树木蓬勃相宜,文化建设形成脉络,教学活动相辅相成。色彩适宜,核心明确,相互融合,相互照应,相互给力,相互助气。总体就是——和谐呼应,蓬勃向上。

人在校园的自然环境中学习、生活,汲取天地给予的养分,健康成长;物在校园的氛围中存在生长,融洽天地气力的关照,顺应发展。阳光充足,风水顺畅,接受熏陶,平和心境,修身养性,相互学习,相互促进,幸福生活,和谐进步,快乐成长。

校园环境在人的精心呵护中通接天地,中和人气,顺应发展,形成文化。人物相恋,人物相依,人物相吸,人物相济;天地辅佐,相辅相成,人和天地,天顺人物,和谐发展,以达到最佳的天地人都和谐向上发展的美好氛围。归根结底就是老子所说的"道法自然"。

天时、地利、人和是和谐校园人物相济的最佳境界。

第三章　和谐向上学校文化的环境与氛围建设

学校是专门的教育机构,承担着为国家和社会教育培养学生的重任,有其相对的独立性;但学校不可能封闭起来进行教育教学活动,需要家庭、社会和学校共同形成良好的教育氛围,促使孩子、学校和社会和谐向上发展。

第一节　家庭教育的环境与氛围

2011年世界经合组织发布的PISA2009结果报告,得出一个重要结论:学生的家庭社会经济背景正强烈影响其教育成功。

家庭是孩子的第一所学校,父母是孩子的第一任教师。孩子学习做人、学习语言、学习文化、学习交流、学习健体等人生最基本和最广泛的知识与能力都是从家庭开始的。家庭是社会的细胞,孩子是家庭与学校、家庭与社会相连的核心环节,家庭的和谐对学校和社会的和谐具有重要意义。我们社会中的每一个人,包括教育工作者,尤其是父母应全面正确理解家庭教育的方法和功能,这样才能更好地营造家庭环境氛围并发挥家庭教育的最佳作用,促使孩子和谐健康成长,促进学校和社会的和谐向上。

一、父母的天职

孕孩子,生孩子,养孩子,这是每一个父母应当做到的自然属性,而全面教育好孩子则是父母应尽义务的社会属性。因此,重视和教育好自己的孩子是每一位家长义不容辞的天职,但教育好孩子并不是那么容易的事,不仅要有心,而且要用心学习和掌握科学有效的教育方式方法。

1. 传承希望

一个人什么都可以选择,只有自己出生的家庭和亲生父母不能选择;一个人什么都可以放弃,只有养育自己孩子的责任与义务不能放弃。

孩子降临到我们的家庭,是上天恩赐的缘分,也是社会交给我们的责任。无论孩子是聪明还是愚钝,是健全还是残疾,我们的家庭必须接受他(她),社会也必须容纳他(她),并共同把孩子抚养和教育好。天地重托的这个生灵,不仅是父母爱情的结晶和血脉的传承,更是社会的接班人与未来的希望,孩子应当接受父母和社会对他们的责任与义务,孩子长大成人也必将承担起父母和社会的责任。每个人都必须接受和承担起人类社会继续和谐向上发展的接递重任,这是天赐、人性、地赋的法律定义。

孩子是父母的,但孩子更是自然社会的,孩子必然成为父母及社会的期望与未来。孩子是父母生育的,但孩子并不是父母的私有财产,孩子一出生就被赋予了天、地、人的相互责任与义务,任何人不可以随意处置,他们是未来社会(包括父母)共同的资产和生产力,我们只能尽心尽职养育好。因此,我们每一个人要明白,人具有私有的家庭性,更具有自然的社会性,应为家庭和社会的和谐向上尽责任与义务。孩子是家庭的承接者,更是社会与自然的承接者,每个人、每一代人都自然承担着家庭、社会和历史发展的责任与义务。

如果父母只想到孩子是自己的私有财产,那么教育孩子的思想就会只从自己的角度着想,方法和目标容易错位,容易违背自然与法规的准则而任意教育和处置孩子。如果父母从社会、自然和历史发展的法则上承担起自己对孩子的责任与义务,就不会从孩子是我个人私有财产的这样狭隘角度去对待孩子,就不会因自己的感情和利益等因素随意强加或放弃对孩子的抚养与教育。同样,我们每一个人,包括家长的未来幸福也不能全依赖孩子,要靠自己勤奋,要靠孩子孝敬,还要靠民众、政府和社会的营造与关怀。我们都是家庭、社会与自然的人,个人与社会只有和谐互动、共担职责,才能促进人与社会的向上发展。

家长要对孩子负责,要对自己家庭负责,更要对社会和自然界的发展负责。政府、社会、单位、民众等对每一个孩子养育都负有责任与义务。家长、学校、社会共同承担教育孩子的责任与义务,这是人类社会和谐向上发展的自然与法规的准则。

父母放弃对孩子的责任,民众与社会都会谴责你,孩子以后会怨恨你,法律也一定会惩罚你。因此,父母必须爱孩子,应当努力把孩子教育好,整个社会也应努力提供各种教育与服务,以适应孩子各方面发展的需要。家长还要爱其他家庭的孩子,我们成年人有义务爱护和教育好每一个孩子,这对自己的生活、对孩子的未来、对社会的和谐向上都有重要意义。

春夏秋冬,日夜更迭,和谐向上,代代相传。人类的传承发展是一代接一代,社会的和谐向上是一茬又一茬。孩子是家庭的,孩子是社会的,孩子更是自然界的,我们每个人都是社会自然界瞬间的一分子,都是社会与自然和谐向上的接受者、接力者、承担者和发展者。

谱和谐之韵　逐向上之梦
——构建和谐向上的学校文化

我们每一个人、每一代人都要正确理解和尽到自己对下一代的社会和法律的责任与义务,这样我们的社会就会持续地和谐向上发展。

2. 优生优育

家庭是社会的细胞,和睦的家庭是和谐社会的基础和保障。人类要延续,家庭要和睦,社会要和谐,世界要和平,我们下一代人各方面的素质很重要的。

社会政治、经济和文明的发展使人越来越注重优生。孕育的时机把握、营养的科学搭配、科技的针对运用,应当说随着营养与科技的发展和运用,我们的后代是越来越聪明,也越来越健康长寿了。当然,现代科技可上天揽月,可下海捉鳖,可再生细胞,可试管婴儿,但人为的科技运用一定要科学规范与合乎伦理的把握,对人的繁殖与再生机能等科研应当有禁区。科技是为人服务的,不要左右或改变人类的遗传基因与本质天性。背离人性本身的自然法则与和谐生长方式的科学运用是很可怕的,这不仅是社会伦理问题,更是人类种群的和谐基因的变异与运用,这种破坏自身和谐而向上发展的错位是很危险的。有人预言:最终消灭我们人类的很可能是人类自己无惧的科技滥用。

在科学的指导和帮助下,人本身自然的孕、生、哺、养是最优生的,科技不能代替自然人本性应做的事,因为我们永远是自然界的人。过分依赖外界与科技的作用,我们人本身的自然属性会随之退化。生物的进化是为了生存与适应自然界的变化,自然界不能因我们的变化而改变,人类不可改变自然规律,违背了生态发展的自然规律,将会受到自然的惩罚。

优生是灵与念的瞬间碰撞,我们应当注意,努力与天、地、人和谐通意。然而优生不可也不应完全把控,这是自然的结合,要顺其自然。优育是后天的积淀耕耘,我们更应注重,父母、社会和政府应承担起抚养与教育的责任,这是我们人类可以研究与协调好的,我们应当教育好我们的下一代。

无论怎样,既然孩子降临到人世间,来到我们的家庭,父母、家庭、社会都要很好地接纳他们。优生优育有科学的道理,更有人性道德的哲理,我们父母要用心营造,要好好学习、理解、实践和提高养育的方法,这才对得起孩子,对得起自己,对得起社会,也对得起自然生存与发展的法则。

对家长而言:孩子教育好,是家庭和睦的最大基础,是自己和孩子人生的最大幸福,也是对社会和谐向上做出的最大贡献;孩子没有教育好,家庭和睦受到影响,个人的幸福指数降低,是自己人生的最大遗憾,也会给社会带来不和谐的因素。我们生活、学习、工作和奋斗是为了社会更和谐,家庭更和睦,人生更幸福,而这一切应当建立在下一代人的健康成长上。

当然,无论孩子个体因先天或后天因素成长成怎样,我们的父母,我们的社会都有责任继续抚养和帮助他们,这是任何一个孩子都应享有的权利,也是全社会的共同义务,谁都没有权利嫌弃或抛弃他们。

结婚是人生最重要的热闹喜事,更是一个人进入成年并开始担负起家庭和社会责任的隆重仪式,也是人类繁衍发展所必需的一种结合。一对小夫妻,甜蜜恩爱生活,有了小宝宝,增加了欢乐的内容,更增加了家庭的责任与希望,也增加了很多家庭琐事的烦恼,更在夫妻中间增添了一个共同爱护的宝贝。因为爱孩子,因为对孩子寄托着无限希望,可以促使夫妻更加相爱和努力工作,创建更加美满幸福的未来,但也因此容易使夫妻产生对烦琐的家务和教育小宝宝的不同见解。

和睦的家庭在于夫妻之间的互敬互爱、白头偕老,更在于夫妻同甘共苦、同心同德地营造好自己的小家庭,并使夫妻的结晶——孩子——得到健康和谐的发展。爱孩子是自然属性,而教育好孩子,则需要学习和掌握科学的方法。

教育有法,教无定法。教育孩子是有规律可循的,但每个孩子的性格和成长又不相同,要有教无类、因材施教、因人而异、耐心细致。我们的家长一定要用心准备,精心营造,认真学习并积极实践和探索家庭教育孩子的方式方法,配合学校与社会环境等教育,并在孩子逐渐成熟长大的过程中不断调整和改进我们的教育方法和内容。

优育有方法,优育要学习,优育应实践,优育需提升,优育的过程因复杂而显得很美丽。父母看到自己为社会和自然界造出的人,经过自己的努力,经过与各方的积极配合,长高变壮、聪明能干、担当负责,是一种充实人生与责任担起的幸福感和成就感。

3. 社会责任

现在的中国青年,很多还没有做好为人父母和承担家庭责任与义务的准备,就已经成家或生子,这是个人素养、家庭教育和社会教育缺憾造成的。一个公民有其神圣的生存和获取一定社会资源的权利,更有其对社会和自然界应尽的义务,这样自己和社会才能和谐向上。开放的性关系使青年人爱得很急切,离得也很迫切。他们很多想到的是自己的随意和潇洒,忘掉的却是社会和家庭的责任与义务。家庭的破碎是不幸的,但更不幸的是孩子心灵的破碎,以及对社会和谐向上的不利影响。婚姻应当是幸福的,而这幸福更应包含人性和法律的责任与义务,只有尽责与付出所得到的幸福,只有孩子健康成长并担负起家庭与社会的责任,才能真正体验到婚配生活的甜蜜与意义。我们常说:有什么样的父母就会有什么样的孩子。这不仅有基因的影响,更有后天潜移默化与直接的教育和培养的影响。优生应在结婚怀孕之前,优育则在怀孕和孩子诞生之后,我们的年轻人应当较早学习和掌握一些优生优育的方式方法,并做好充分的思想意识和物质条件上的准备。

家长是孩子的第一任老师,也是孩子终生的老师。孩子一出生,就开始耳听、眼看、行仿,家长的言行举止就在潜移默化地影响和教育自己的孩子了。家庭教育对孩子的性格习惯和道德品质等方面起最重要的作用。家长自觉自发地敬老爱幼、和睦邻里、努力学习、勤奋工作、诚实守信、文明有礼、富有爱心,以及有家庭和社会的责任感等,孩子一定会看在眼里,记在心里,效仿在一生的行为之中。

家庭是社会和谐的保障,是我们幸福生活的港湾。孩子是夫妻结合并由上天赐给我们的天使,是家庭的梦想与希望,也是我们社会的美好期待。尽心、尽力、尽责地爱护和教育好我们自己的孩子,把梦想变成现实,把希望变成幸福,是我们每一个家庭应尽的责任与义务,也是社会和谐向上的基本保障。

二、教子有方

谁都知道爱自己的孩子并想方设法教育好自己的孩子,中国人特别重视孩子的教育。光宗耀祖,家族兴旺;孩子出人头地,家长脸上有光。孩子出息是家长个人奋斗的寄托与生活的价值所在,当然也是对社会应尽的职责与义务。

1. 方式需讲究

爱孩子很容易,但把孩子教育好却没那么容易,这不仅要有爱心,更要悉心学习并用好教育孩子的方式。不要过于考虑个人名誉与成功,急功近利容易影响自身心态和教育方式,认知的错位会引起很多教育孩子的方式错误。孩子是一张白纸,家长应当重视孩子的教育,促使他们画出最精彩的人生画卷;但孩子不是无感情的泥巴,你想怎么捏就一定能捏成,他们是有自身成长规律并有感情的能动体,他们需要情感互动从而激发出内心的能量,启迪出聪明的智慧。他们的天分不同,要因材施教,强扭的瓜不甜,因为强扭就与孩子自身的成长发育不和谐了,而且强扭有时会挫伤和错过正常发展的机遇,腰斩孩子的美好未来。

有文化知识的父母就一定能教育好孩子?不一定。因为学问与教育方法和效果不能画等号。很多职位和学识很高的家长自以为是,产生了一些不切合自己孩子实际的评价和教育方法,从而影响了自己孩子的教育。

没有学问的家长就教育不好孩子?不一定。很多没有文化知识的人因为很用心和虚心学习,通过奋发研究和实践感悟,照样可以掌握科学的育儿方法,其刻苦与虚心的精神还直接教育和影响自己孩子的学习、生活与为人。很多没有文化知识的父母也能培养出非常优秀的孩子。

爱孩子的家长就一定能教育好孩子？也不一定。爱孩子是人的本性，孩子不能没有爱，但有爱无教或溺爱，并由此产生不当的教育方法是非常不利孩子健康成长的。

不爱孩子的家长就教育不好孩子？这是肯定的（学校教师等其他爱孩子的人教育好的除外）。

教育有法，教无定法。虽然教育孩子的方式方法有很多讲究，但不管家长是否有学识、地位与财富，只要虚心学习，用心体会，就能基本掌握，因为家庭只是起初始引导和终身配合的作用，人的天性蕴含教育孩子的本能。当然，有些家长因其自身的素养与悟性，可以发挥极大的教育功能。因此，养育孩子，父母本身也是有心意和素质的，关键是教育的方式方法一定要针对孩子身心发展的规律进行，要在方式方法与孩子的认识成长中不断寻找最佳的结合点，这个结合点也在随着孩子的认知增多和身心的成熟长大而不断发展变化。我们教育者只有时刻学习、感悟、反思，才能跟上孩子不断成熟长大的步伐。

只有尊重孩子和遵循孩子的认知规律，才能使孩子很好地接受并促进孩子的发展。家长和孩子是教与学的互动感应的和谐体，融洽接受就会进步向上，不融合就会逐渐产生抵触情绪，也就是和谐互动才能很好向上。所以教育孩子是一门科学，一定要讲究育人的方法；更是一门艺术，用心、用意、用情、用理就会找到适合自己孩子成长的有效教育方式。

家庭的教育内涵丰富，可以蕴含在孩子成长的所有教育内容，但也不要把学校教育培养的内容提早或错位加给家庭教育，家庭教育代替不了学校和社会教育。家庭教育关键是做好身体、心理和情趣上的帮助和促进，把握与引导好孩子的学习方向并做好配合学校教育工作，把学习做人与广泛知识的渗透融在孩子日常的学习生活中，使孩子对人生、对学校、对学习充满兴趣与向往。

家庭教育就如同家长扶孩子学走路，其目的是为了使孩子尽早不用扶也能飞奔自如。

对孩子性格与身心特点最知根知底的是父母，家长要根据孩子现有感知能力、智力水平、喜好与思维的心理倾向，并验证以前教育孩子方法的实际效果，耐心疏导、平等交流、赏罚鲜明、软硬兼施，为孩子在学校学习做好身体、心理与能力等方面的准备，配合学校完成教师布置的思想、学习和生活等方面的教育教学任务，紧跟时代知识和教育要求，使孩子健康全面成长。家长既要让孩子明白和遵守家里一贯的教育要求和基本家规，也要预防孩子因摸透家长的秉性和方法而采取应对的措施，还要根据孩子逐渐的长大而相应变化了的身心状况和知识更新的信息不断改进教育方式。

2. 方法有很多

家庭教育的方法和途径有很多,各种方法都有其科学道理和实际作用,然而孩子是一个独特鲜活的生命体,更是一个逐渐成长发育与变化的能动体,况且孩子的成长是循序渐进与和谐向上的综合过程。因此我们要因时、因地、因人制宜,重视融会贯通并科学运用这些方式方法,使之发挥整体互动,成为结合最佳的化学反应。

(1)家庭环境。"近朱者赤,近墨者黑",孟母三迁的故事说明家庭环境对孩子的教育是多么重要,家长一定要经常关心家庭周围环境状况和孩子交友的基本情况,及时协调疏导并避免周围环境对孩子的不好影响,一时的疏忽可能成为重大的遗憾。同时应注意营造良好的家庭内部环境氛围,和谐温馨的家庭氛围、安静舒心的周围环境、热心周到的人文关心、井然有序的生活方式、学习生活的耐心开导,这一切都是孩子诚实做人、乐观开朗、努力学习、乐于助人、尊长爱幼、积极向上等方面健康成长的必要家庭环境氛围。

(2)谈话交流。人的思想观点都是从语言表情中表现出来的,家长一定要有意识地在日常生活中经常与孩子谈话交流,了解孩子的看法,阐明自己的观点,用耐心和平等交换意见的方式与孩子沟通。谈话交流关键是情感贴近和温情关怀,家长不要老是板着面孔居高临下地教训孩子,耐心倾听孩子的看法,摆事实,讲道理,重情感,明是非。现在很多孩子反感家长的说教,就是因为家长总是强迫孩子做这干那,没有倾听孩子的心声,唠叨起来没完没了,孩子情绪上反感,心理上不愿接受,从而产生逆反的心理和隔阂的行为。

(3)榜样示范。榜样的作用既是有声有形的,更是潜移默化的,以身作则的力量是无穷强大的。家长是孩子的第一任老师,更是孩子第一个学习和模仿的对象,父母以身作则的示范最直接、有效。家长一定要在言谈举止的细节上做好孩子的榜样,在孩子幼小的心灵中种下热爱祖国、文明有礼、诚实守信、孝敬长辈、勤奋学习、努力工作、环保卫生、勤俭节约等方面的优良品行。家长应用渊博的知识和优良的品行使孩子自觉敬佩并仿效,这是有形与无形的最佳教育资源。家长经常粗暴对待孩子,孩子必然喜欢与小朋友拳脚相加。当然,家长也应通过讲故事、看电视、读书读报等方式宣传和树立伟大领袖、英雄模范、历史英杰等方面的正面形象,使这些人物成为孩子心目中的楷模,多角度全方位为孩子树立榜样示范。

(3)表扬批评。孩子学习生活的过程就是一个成长进步的过程,由不懂到懂、由做不好到比较好地向上发展过程,在这个过程中有进步与成绩是必需的,有不足与缺点也是正常的。表扬和肯定成绩使孩子更有信心,增强进取心和荣誉感;批评和惩戒不足,使孩子明辨是非,知道羞愧和难过。这里家长要特别注意恰到好处地鼓励与惩戒,这是一种因人、因事的艺术方式,轻重明暗不可一概而论。表扬不追虚荣,批评切忌歧视,惩戒避免暴力,比较不要攀比,因势利导,客观公正,方式灵活,注重实效。况且,任何一种做法都可能有两面性,避免好心教育起到适得其反的效果,为的是增加正能量减少负效应,使孩子持续稳定地和谐向上发展。

(5)尊重信任。孩子年龄虽小,但他们在学习生活中会逐渐长大,他们的思想和思维判断也会不断明晰起来,不要总把他们当成乳臭未干的孩子,要尊重孩子的想法和人格。父母只有尊重孩子,孩子才能有自信心,从而尊重和信任父母并听从家长的教导,而不是畏惧和轻视父母,从而产生不信任或抗拒家长的教导。孩子的诡辩与谎言往往是从家长不尊重和不信任中产生的。尊重和听取孩子的意见,信任和鼓励孩子的想法,允许和理解孩子的个性主张,孩子就会更好地自主健康发展。尊重是相互的,不要小看孩子。不少孩子很看不起自己的家长,就是因为家长平时很不尊重孩子的意见,使孩子失去了对父母的尊重与信任。

(6)自由平等。民主法制社会的基本原则是人人平等,家庭的和谐平等不仅会树立孩子自主、自立、自强和勇于创新的自信意识,还会从小培养孩子责任担当和民主法制的公民意识。孩子是家庭的,更是社会的,他们必定要走向社会并承担起社会的责任,给孩子平等的理念,还孩子自主的空间,这样孩子将来才能自由地展翅飞翔,过于严厉和高压的家长制做法,往往会压制孩子的思维、束缚孩子的手脚,教育的要求和目标往往会适得其反。当然,孩子必定在学习训练做人做事的基本法则,自由平等也要因势利导、张弛有度、明辨是非,避免孩子狂妄自大地以自我为中心的自由,家长要在孩子自主意识培养上把握好平衡与理性的自由平等。

(7)实际锻炼。当今社会发展迅速,很多家庭经济也逐渐好起来,但孩子各方面的实际能力却在不经意中削弱了。孩子各方面知识与能力必须通过实际的操作锻炼才能感知、消化、理解和提升。这方面的内容非常广泛,如生活自理、家务劳动、锻炼身体、完成作业、社会交际等方面,还有很多德育和文化知识的学习内容;这些实践锻炼要与生活、学习和孩子的实际年龄特点相结合,循序渐进、激发兴趣、克服困难、持之以恒,使孩子在实践中亲身体验挫折和成功中的实际感知,进而转化为孩子的各种能力。陶行知说:生活即教育,社会即学校,教学合一。家庭里有很多实际锻炼教育的内容,自然界和社会中有更为广泛的实际学习与锻炼的内容,家长应有意识地在实际锻炼中教育孩子。实际锻炼才能出真知,才能练真能,才能成真人。

(8)宽容等待。孩子成长与发展是和谐向上的过程,我们家长不能以成人的思维和标准要求孩子,不能拔苗助长,更不能强扭硬填,我们要以过来人的胸怀宽容孩子的不足,接纳孩子的过失,等待孩子的进步。每个孩子的内心都十分渴望进步和得到长辈、老师的谅解与肯定,他们对自己的过失也会感到自责和悔恨,在感悟、反省和思考中得到的教育是最深刻的。当然家长也要把握好尺度,宽容不是无原则地放任孩子,等待是对孩子的一种信任与期待,宽容等待是鼓励孩子从内心克服不足的积极教育,而不是撒手不管的消极懈怠。

(9)知行统一。孩子正处在学习知识、学习做人的探寻阶段。社会生活丰富多彩,信息反馈渠道广泛,在这五花八门的各种教育评价和知识内容中,思想教育与行为要求的一致性,家庭教育与学校要求的统一性,家庭成员教育观点的同一性,对孩子立德树人、明辨是非、知行统一和为人处世等都有非常重要的意义。当然,社会的复杂性决定教育要求不可能完全一样,每个人的思想观点必定各具特点,任何人都无能为力;但我们家长为孩子公正全面和逻辑一贯的分析解读,能使孩子确立知行统一的道德和行为标准。

孩子的智商怎样,是由先天的因素决定,后天没办法改变;但孩子的情商和非智力因素对孩子的成长有重要作用,我们家长可以在家庭教育的方式方法上用心思考、努力实践,从而取得实效。每个孩子都是独特的,教育的方法也是多元和综合性的,科学艺术地整合把握并实施教育,才能取得实效,才能使孩子静心、开心和有信心地学习生活,使孩子在原有的基础上和谐向上地成长。

需要指出的是,家长应教育孩子,孩子是家长的学生,但孩子也是家长获得反馈与学习的对象,家长一定要认真从孩子身上学习与领悟各种教育孩子方法的实际效果,并不断改进自己的教育方法,才能更好地教育孩子。家长与孩子共同成长进步是甜蜜幸福的,也是和睦家庭与和谐向上社会的一种现实表现。

3. 评价讲科学

古今中外的历史证明,每个孩子都是可以教育好的,孔子曰"有教无类"。这个"教育好"的标准主要是指对这个孩子本身心智的成长与评估,并不是一定要与其他孩子比智商、比能力,从而成为以后社会所谓的"成功人士"而"出人头地"。我们自然界创造了五彩缤纷的多元社会,也需要多样化的人来建设。每个人都有其独特的个性,都是不可复制的,都是自然社会需要的。只要一个人品行好,不管知识水平和能力怎样,都会成为社会生活中需要的有用之人。

所谓"种瓜得瓜种豆得豆,老鼠的崽子会打洞",只是从一个方面指出人的一些性格特征和智力水平的天性,说明有的人天赋比较适合做一些事情,但并没有哪一个人天生就是政治家或强盗。人的智商或对有些事物的认知是有先天差别的,这是人本质的多样性造成的,告诉我们对待孩子不能一刀切,我们要因材施教地启迪与引导,依据孩子本身特性使每个孩子在原有的基础上和谐向上发展。因而一个人的道德品行和基本的生活知识与能力后天是可以教育培养的,天生我材必有用。没有教育不好的孩子,只有不称职的教师与不合格的家长,每个孩子都可以成为社会需要和有用的人才。

和谐才能向上。每个孩子都是积极要求向上进步的,这是人的本性,但必须适合其发展规律来教育,与身心相和谐,向上就是必然的。孩子总体上有共性的发展规律,共性可以解决孩子成长过程的一般性问题,但每个孩子又有其自身的个性特点。个性差异很微妙,有的差别大,有的差别细微。世界上每个人的生命都是独特的,每个人的成长也肯定是不一样的。没有完全一样的个性,每个人的成长轨迹和结果也就必定是独一无二的。共性要求我们研究孩子的教育规律——教育有法;个性告诉我们要有针对性地教育每一个孩子——因材施教。因此,每个孩子个体都有智商和认知能力的差别,我们教育孩子的方法就一定要合乎这个孩子自身的发展规律。

根据孩子的天赋,用超强的高压和苦练是可以训练出某方面能力较强的孩子的,但一定要注重启迪和培养孩子对训练内容的兴趣,并注意磨练孩子坚持和不怕艰难的意志品质,注重孩子身体、心理和培训内容的和谐统一。身体要吃得消,内心要感兴趣,方法要适应孩子的身心成长与接受能力。孩子有兴趣,并肯吃苦,就一定会有成绩,但一定要注意不要损害孩子的身心健康,那可就得不偿失了。当然孩子在这方面能否成大才,要看孩子的天赋,还有客观条件、机遇等。

现在有句"不要让孩子输在起跑线上"的名言,使很多家长都很早就对孩子进行语文、数学、外语、音乐或美术等方面的培训,想比其他孩子早起跑、更优秀,也就是"赢在起跑线上"。

根据孩子的兴趣特长和身心发展的规律较早进行一些教育训练未尝不可,任何事业真正要做优秀都要"从娃娃抓起"。但我们一定要根据孩子自身的特点和需要和谐进行,不要强压给孩子,否则会适得其反。国家现在执行的小学和中学的课程,是经过多年的实践和众多专家论证出来的,虽然也有很多需要很好改进的,但总体是适合我国的传统与国情,以及大多数孩子的认知和成长规律。根据个别孩子的个性发展进行一些培训未尝不可,但一窝蜂的孩子都去参加各种兴趣特长班,并强行一致地制定出训练要求和目标,很多孩子肯定是不适合的,是有损一些孩子身心健康的,甚至影响和打击了孩子以后学习这些内容的兴趣和积极性。因为孩子的学习方法和内容受年龄和心理承受能力的限制,而且孩子的个性特长不同,一定要因人而异,不是无论什么提

谱和谐之韵　逐向上之梦
——构建和谐向上的学校文化

早都是好,孩子内容学过了,再到学校学这些内容时就容易失去学习的新鲜感和兴趣,以后学习这些内容也就激发不了孩子的求知欲望。新鲜感是孩子学习的重要动因与兴趣激发点,上课不专心会成为不好的学习习惯,从而影响孩子的学习效率。所以,很多孩子看是赢在了起跑线上,却落后在中途,最终输在终点线上,就是因为缺少和谐持续的内在动力。

古语"行百步者半九十",今语"不要输在最后一公里",关键要得法。

俗语说:"严师出高徒。"一个人做事,花了时间与精力一般会有收获,因此也有很多孩子苦练成功。成功有成功的道理,"只要功夫深,铁杵磨成针",但也有很多孩子多交学费并没有达到预期的成效。因此是因人而异的,"严师出高徒"并不是普遍性的真理,有时"严了"还可能使孩子"怕了"。即使有一些孩子由于自身有兴趣和培养训练得法,以及超强的吃苦训练取得了一些成绩,但有所得也必有所失,孩子会失去童年的其他乐趣和大多数孩子都有的生活经验和基本常识,他得到的别人没有得到,他失去的可能也将很难补回。因此,得失对一个人来讲是平等的,适合与和谐是人成长的本质。

4. 教育有分工

学校是教育孩子的专门机构,政府根据孩子成长的规律来建设和规范学校。这里有适合少年儿童健康成长的体育活动和教育训练的场地,这里有科学合理的课程安排和作息时间,这里有规范与先进的教育教学设施和设备,更重要的是学校有经过专业教育和培养的一批各学科的优秀教师,等等。这些是学校教育的特点和优势,而且学校长期形成的学校文化氛围,以及学校丰富多彩的各种集体活动和同学平时分散的自主活动,对孩子进行爱国主义、集体主义、文明和谐意识、立德树人情操、文化自觉熏陶、民主竞争制约等教育体验,是家庭教育难以完成和弥补的。同时,广大的同学校友和学校老师是孩子终身取之不尽、用之不竭的文化与人际资源。因此,学校教育的作用是巨大的,是家庭教育和社会教育不可替代的,我们的家长和社会要相信和依靠学校教育,充分发挥学校教育的功能。

但是,我们还要正确理解学校教育的作用与功能。学校教育功能是巨大的,它对孩子的成长与成才有重大甚至是决定性的作用,其他教育替代不了学校教育,孩子和谐向上成长没有学校教育是不行的。但学校教育也不是包打天下的万能钥匙,学校教育不能替代家庭教育和社会教育,学校教育也不能与家庭教育和社会教育相脱节。就跟家庭教育一样,孩子和谐向上成长只靠家庭教育是不行的,但只依靠学校教育也是不行的;没有学校教育万万不能,但学校教育也不是万能的。因为孩子受到的教育是全方位的,不可能单独和封闭来完成,孩子的学习和生活离不开家庭,也离不开社会,他们将来还要走向社会,创造更加美好的未来。孩子脱离社会生活的教育,以后也很难适应社会,也会被社会所远离。家庭教育、学校教育、社会教育,各有各的功能,和谐互动并各展所长,孩子就会向上成长。

因此,我们家长不要认为把孩子送到学校,教育的责任就尽到了,就可以不管不问了,就万事大吉了。信任学校是需要的,积极配合学校教育孩子更重要,单纯依赖学校的教育只能是失败的教育。

小学生大多数时间还是在家里,也经常接触社会,各种教育和影响在所难免。最了解孩子情况的是家长,最懂得孩子教育的专职人员是教师,家长与老师的良好沟通与合作,才是最佳的教育组合。重视家庭教育,配合学校教育,适应社会教育,才能发挥家庭教育的最佳功能,才能使孩子更好地健康成长。

很多家长非常重视孩子的家庭辅导,但要知道,辅导不能代考,辅导不是代替,辅导不应压迫与逼迫,重在扶植。我们家长扶孩子走路,扶是手段不是目的,是为了让孩子少摔跤,更是为了让孩子尽快不需要我们搀扶也能够自己走路,甚至跑步。孩子学走路,该摔的跤还是要摔的,探索印象更深,碰壁更能引起注意。因此,我们辅导孩子学习是为了以后不辅导孩子,使孩子尽快自主、自立学习。家长辅导孩子学习,要减少孩子的依赖性,提醒引导孩子自主学习,主动学习,并使孩子养成良好的学习和生活习惯,促使孩子尽快不需要我们的提醒也能自觉刻苦地学习。

因此,我们要深刻认识到:家庭教育,当然也包括学校的教育,传授知识其实并不是最重要的,在传授知识的过程中培养孩子兴趣并养成良好的学习习惯才是教育的真谛,才能使孩子终身受益。因此,家庭教育要定位准确,不要错位和越位。积极配合学校老师教育,主动引导适应社会教育,因势利导启发孩子自我教育,帮扶孩子最后放手才是正道。

孩子自己能做的事自己做,自己能走的路自己走,包办代替必定会影响孩子的正常成长,甚至影响孩子一生的和谐向上发展。

5. 和谐才幸福

我们家长应当有和谐向上的幸福观,这不仅影响自己的生活与工作的质量,而且对孩子的教育有非常大的作用和意义,同时对社会的和谐向上也有影响。

人们努力工作,吃苦耐劳,为的是给社会创造出更多的物质财富,为自己挣到更多的钱,方便生活,享受生活,幸福生活。但工作与物质财富我们也要平和对待,世界上的钱永远赚不完,有了百万想千万,有了千万想亿万,有了亿万想……我们要清楚:拥有广厦千万间,睡觉只需三尺宽;纵有良田千万亩,每日不过饭三餐。和谐幸福有时仅仅是一个安稳觉或与家人的一次温馨小聚。

谱和谐之韵　逐向上之梦
——构建和谐向上的学校文化

不要为了赚钱而忽视了与孩子的交流,孩子永远是自己的,从小建立起来的亲情是用金钱买不到的。

我们努力学习提高工作效益,还要花时间和精力与各种人打交道,有竞争必有输赢,也一定会采取各种方法和技巧,但一定要遵纪守法,讲公正。我们拼搏工作是为了自己和社会的和谐发展,我们努力追求自己的利益时是否有损害社会和他人的利益与权益,这一切不仅对自己和谐持续发展有影响,对孩子的健康成长也有直接或间接的影响。与朋友社会和谐融洽所得到的利益充实而幸福,这对孩子成长有正面的教育意义;反之,损害集体和社会利益得到的利益和幸福不能长久,对孩子有极不好的负面影响。

我们追求金钱与物质,但金钱与物质具有两面性,有其积极的作用,也有其消极的影响,我们一定要清醒透彻地认识金钱的"铜臭味",千万不要小看它,这样才能自觉防范其弊端,从而使自己的生活和工作和谐融洽并持续向上,更有利于孩子的和谐健康成长。

一个人的物质条件丰富了,带来了很多生活上的方便和舒服,这是我们追求的重要幸福内涵;但又容易滋生好吃懒惰、饭来张口、衣来伸手的坏习惯和作威作福的恶习。孩子很容易受到"富足"所带来的负面影响,这应引起我们家长和教育工作者的重视。很多"富二代"成为花花公子,吃喝嫖赌样样俱全,是家庭教育没有到位的结果,也是金钱惹的祸。我们努力赚钱和提高物质生活没有过错,但我们在提高物质生活的同时,更要加强思想修养,提高精神境界,看淡物质享受,领悟人生真谛,充实文化生活。只为追求物质条件,只想享受优越的生活待遇,容易走入不择手段、巧取豪夺的误区,并催生人性劣根的蓬勃发展,从而冲破道德底线,甚至走上违法乱纪之路。

因此,物质和金钱本身是没有错的,但物质和金钱也会给我们自己和孩子带来很多负面的影响。金钱可以赚,有时是祸害;财物可以留,很多是遗憾。林则徐的教子名言对我们有深刻的启示:"子孙若如我,留钱做什么,贤而多财,则损其志;子孙不如我,留钱做什么,愚而多财,益增其过。"玩物丧志,多钱损志,自己创造才会珍惜幸福。

我们创造物质财富是为了自己和孩子过上幸福生活,孩子过上幸福生活,是为了让孩子的孩子们也都能过上幸福的生活,而这一切靠我们自己是不可能完成的,要靠整个社会的和谐稳定,要靠大家的共同努力。因此我们应当想到自己和家庭的幸福,还要想到别人和社会的幸福,我们的思想意识和行为要与社会的和谐向上相统一,这样我们就能放松、放宽对个人物质的追求,就容易树立正确的价值观和幸福观,从而正确地教育和引导我们的孩子。

人这一辈子应当丰富多彩,只有尝尽酸甜苦辣才能明白人生的意义和体会幸福生活的真谛。没有品尝过苦味的人,不可能理解甜蜜的味道;一生都在享受快乐和顺境的生活,也不可能理解幸福生活的真正含义。和谐幸福的生活是人生多方面体验的综合感悟,肯定包含着在学习和生活中困惑与彷徨、失败与成功的各种经历,这些都是我们孩子和谐向上健康发展的重要内涵。

三、溺爱妨碍孩子成长

当今的中国,家庭物质生活条件改善了很多,中国的传统又非常爱孩子,我们家长更是想方设法爱自己的孩子。重要的是怎么爱?含在口里怕化了,捧在手里怕摔了,过度地宠爱自己的孩子,满足孩子的所有愿望,妨碍孩子独立自主能力的培养,惯出了很多不好的习惯,就是溺爱。溺爱与孩子身心和谐发展相悖,严重伤害孩子的健康成长。

1. 提高认识

随着我国政治经济和文化生活水平的提高,人们都很重视自己孩子的教育,对孩子的期望值愈来愈高,希望孩子的生活更舒适、更幸福、更高贵,未来更有出息,这是人之常情;但过分就会引起认识的偏颇和做法的歧误。而且,有的家庭条件没那么好,但又喜欢攀比、爱面子,不愿自己的孩子被人瞧不起,就顺从社会的驱动和孩子的渴望与要求,宁可苦自己也要全力为孩子创造好的生活与学习条件。

真可谓"可怜天下父母心",但好心要能办出好事,关键是爱的方式方法要得当。很多家长都有溺爱孩子的思想和相关做法,当然程度上有差别。我们思想认识清晰了,就会不断矫正自己教育孩子的方式方法,减少和避免因为爱孩子发展到溺爱,从而带来孩子的教育问题。

溺爱使教育孩子的目标错位,引起教育孩子的方法扭曲,违背孩子成长和教育的规律。溺爱与孩子身心不和、与孩子未来相悖,是教育孩子全面成长的无形杀手。溺爱形成整体趋势就影响整个社会的人才储备,对家庭的和睦融洽和社会的和谐向上构成了重大隐患,这是家庭和社会和谐向上发展过程的一个教育误区,应引起社会和民众的广泛重视。

"富二代"是当下社会民众对家庭有一定背景和财富的孩子的统称。"富二代"中因溺爱而受害的孩子很多,他们有的靠着长辈丰厚的经济以及所处的社会地位和父母的宠爱,好吃懒做,横行霸道,五毒俱全,没人敢惹,没人敢动,有的甚至为害一方。一个孩子钱太多、势太大绝不是好事,非常可能走上无法无天并最终害了孩子自己的道路。"富不过三代"也得到历史的多次验证,就是因为孩子掉进了家庭富裕的美丽陷阱,导致生活奢侈,教养缺失。生活富裕了不能溺爱孩子,不能产生优越感,更要加强与针对性地教育自己孩子。

谱和谐之韵　逐向上之梦
——构建和谐向上的学校文化

家长是否溺爱孩子,与家庭条件和文化程度的高低有一定联系,但不一定成正比,关键是家长的思想认识和具体做法。

我们很多家长的想法是:苦谁不能苦了孩子,亏谁不能亏了孩子,宁可自己吃苦受累。爱孩子,疼孩子,尽自己所能让孩子过上幸福舒适的生活,家长的这些想法是无可非议的,这是我们每个人和家庭努力工作、建设幸福生活的一个目标,也是社会经济和文明发展的一个重要体现。

然而,我们必须知道,孩子需要我们的呵护,孩子需要我们的关爱,孩子需要舒适的生活和快乐的活动,孩子应当享受家庭和社会提供的好的学习与生活条件,使他们安全、健康、快乐、幸福地成长;但我们在"爱"孩子的过程中,还要注意"育"孩子的效果,使他们健康向上,不能因为我们的"爱"而把孩子"爱"坏了、"宠"坏了、"惯"坏了。因为孩子要长大,他们将来还要承担起社会和家庭的责任,要使孩子在被爱和享受幸福生活的同时,知道关心和爱护他人,知道我们的幸福生活是父母和很多人的付出,并且不因为条件的优越、生活的舒适、家长和社会的倍加关怀,使孩子自己该学习、该锻炼、该去做的事没有做,成为娇生惯养而"长不大"的孩子。西方不少有钱有地位的家长,孩子到了18岁成人的时候就被"赶"出家门独立生活,其思想理念和做法值得我们借鉴。

我们要"养"孩子,但我们不可能"养"孩子一辈子,因为孩子要长大,因为孩子总要离开家长,他们或早或晚要自立,所以我们在"养"孩子的时候一定要注意"育"孩子;我们要"爱"孩子,但"爱"孩子是为了使孩子懂得"爱"我们、孝敬我们,爱我们的社会,去建设美好的未来,这是我们"育"孩子的重要内容。爱孩子是对的,过分的爱,并因爱把孩子惯养出不好的生活习惯和思想品质,就是溺爱了。"溺水"会死人,"溺爱"会害人。溺爱对孩子一生的成长没有好处,只有坏处。这是好心办了很大的坏事,我们的家长必须警醒。

我们只能管孩子现在的幸福,孩子永久的幸福一定要靠他们自己;靠父母只能吃饱一时,靠自己终身不饿。如果父母过分"爱"自己的孩子,就容易使孩子养成依赖性;孩子如果不懂得珍惜并养成依赖的习惯,就变成了父母长久的"债","欠债"不还就会"恨"自己的父母。

上海有一位母亲,含辛茹苦地把孩子养大,还艰难地赚钱供孩子出国留学,孩子为了继续留学就不断地向母亲要钱,母亲赚的钱不够就去借钱。最后,母亲认为这种叠加负债的方式也供不起孩子长久的留学读书生活,只好在机场接孩子时说不想再给孩子钱了,然而孩子此时极为不满和愤怒,就在机场拿出刀子刺向生他、养他、爱他并一直拿钱供他读书留学的母亲。孩子认为,母亲给他钱是天经地义的,不管你是怎样得到的,这是"欠"他的,不给是不行的,母亲变成取款机,取款机没钱了,就可以砸掉。这样血淋淋的案例古今中外有很多。母亲这种"爱"孩子,其实是"害"孩子,最终也"害"了自己。

因此,我们爱孩子的目的一定要放长远,不能只是为了孩子现在生活舒适、幸福快乐,还要为了孩子健康成长,将来能创造和建设美好的社会,从而使我们自己、孩子和社会的人们都能生活得舒适和幸福,孩子一生的和谐向上和幸福快乐才是重要的。爱孩子是为了孩子以后能爱社会、爱祖国、爱我们每一个人,是为了孩子有出息,以后有能力报效国家,孝敬父母。这些道理说起来很简单,但深刻认识并很好践行却很不容易,这需要家长思想认识的提高,还需要每位国民素质的提升,因为人的思想意识是受社会相互影响和传递的。

2. 吃苦精神

没有经过"锻炼"的"铁"就不能成为"好钢",没有经过风吹雨打的孩子也不能成为"好材"。吃过苦的人才知道甜蜜的美好,穷人的孩子早当家;经过艰苦磨砺的人才能担大任,磨砺的过程有利于孩子的成长。

中国古话有"千金难买少年贫"的说法,其深刻的道理值得我们深思,就是说一个人青少年时代的贫穷是难得的切身学习和接受教育的良机。当然,很多富裕的家庭也教育出敢吃苦的杰出孩子,贫穷家庭的孩子也不是都有吃苦耐劳精神或都成为有出息的人。

溺爱孩子最重要的表现就是怕孩子吃苦,任何事情都顺着孩子,让孩子被幸福和舒适的生活蒙住了双眼。热了、冷了、饱了、饿了等,家长都无微不至地予以关怀,反而养成孩子很多依赖的毛病,甚至起到了适得其反的作用。怕冷就一直捂,捂得一直冒汗就更怕冷;怕饿就一直喂,喂到厌食就无食欲。

以前家庭条件不好而且孩子多,吃饱饭都不容易,眼睁睁盼着饭菜上桌,孩子们要抢着才能吃到、吃饱,因此"孔融让梨"成为传世美谈。现在祖、父辈几个人围着孩子转,饭菜的色彩营养俱佳,但我们经常可以看到成年人追着孩子喂饭,饭来张口、衣来伸手。一个是"抢着吃",一个是"追着喂",虽然生活基调不同,但孩子这一辈子的胃口和追求就有可能截然不同。好东西不是无私诚意让给别人,而是扔掉都不觉得可惜。

物质条件困难,孩子很多艰苦奋斗的精神自然就在平常的生活中得到实际的教育与锻炼;生活条件好了,精神和物质的追求高了,艰苦朴素、勤俭节约的教育有了现实生活的难度,但我们在理性上自觉提高认识,并利用优越的物质条件更好地进行规划设计,有更深层次的教育意义,关键在于我们对孩子吃苦精神的思想认识。我们对待孩子生活中遇到的困难与难题,不要过于紧张与全力帮助,有时可以漠视,让他们自己解决;我们应当有意识地组织他们参加登山、越野等艰苦的生存活动,在参加各种活动的同时对他们进行一些艰苦

谱和谐之韵　逐向上之梦
——构建和谐向上的学校文化

奋斗和努力拼搏精神的教育；还要重视日常学习生活中细节的教育与训练，不要圈养他们，一时小的碰撞也不要太紧张，要适时适机采取适合孩子身心的有效教育方法，培养勇于吃苦的一代新人。

训练孩子不怕吃苦的精神，重要的是我们成年人不要过于担心，只有在艰苦的磨砺下，才能有吃苦的精神。这不是讲出来孩子就能懂的，也不是看书和观看电视、电影就能学到的，而是要在日常生活中锻炼体验才能得出来的。

我们的家长怕孩子饿了，怕孩子累了，怕孩子冷了，怕孩子热了，其实孩子就是在饿了、累了、热了、冷了等的体验中才能训练出坚强的意志力和吃苦耐劳的精神。有一位教育家说过："一切都给孩子，牺牲一切，甚至牺牲自己的幸福，这是父母给孩子的最可怕的礼物。"对孩子爱得适当，爱得合理，才能使孩子健康成长。挫折似弹簧，你强它就弱，你弱它就强。

建设祖国、保卫祖国、探究创新等需要有一大批不畏艰险、不怕吃苦、勇于担当的一代新人！

3. 立德树人

溺爱是狭隘的不和谐孩子身心的爱，会使我们的教育方向和目标错位，想到的只是孩子一时的幸福和舒适。我们家长和学校的教育是为了孩子持续地和谐向上发展，将来成为对社会有用的人，成为懂得爱己、爱社会和爱他人的幸福人。因此，防止溺爱，要有正确的思想理念，立德才能树人。

人民教育家陶行知说："千教万教教人求真，千学万学学做真人。"幸福生活要追求，物质丰富是需要，但有了正确的思想意识，才能真正理解幸福生活的意义。培养孩子一些做人的好品质，训练孩子一些爱护环境的好习惯，磨砺孩子一些艰苦奋斗的好精神，热爱祖国，关心他人，服务社会，学会生存，懂得交往，诚实守信，脚踏实地，文明礼貌，不怕挫折，积极探索，不畏艰辛，勇往直前等，这些都是培养孩子"立德"的基础。这样他们将来才能按照社会发展的需要并结合自己的志向，努力为国家和社会服务，积极努力地探索和创造美好的世界，才能最终成为社会的人才，达到"树人"的目的。

对孩子品德的教育和训练，要在生活的细节和成长的过程中进行，注重从小教育和训练孩子良好的品行与习惯。我们要重视孩子生活的体验和感情培养，培养孩子健全的人格，懂得自尊自爱、诚实守信、孝顺感恩、责任义务等，这些是一个人长期逐渐养成的品质积淀。古语说得好："幼儿养性，童蒙养正"，"三岁看大，七岁看老"。品德教育注重从小抓起，注重细节，注重务实。

现在大家都说就业难，其实关键是你就的是什么行业，想挣多少钱，这体现的是人生观、价值观和世界观的认识，就业难也是我们对孩子立德树人的方向与目标的错位造成的。坐享其成、少劳多获、不想吃苦、高不成低不就已成为现在一些年轻人的通病,工作当然不好找到了。

各行各业都需要人来建设,三百六十行,行行需要人,行行出状元,当今很多繁重艰辛的工作很少有年轻人愿做。

中山大学一位硕士研究生在提交毕业论文的最后期限前结束了自己宝贵而年轻的生命,给自己、父母和社会留下了最大的遗憾。他在遗书中写道:"我找不到工作,也无法按时毕业,无言以对……"怨谁?当然要怪孩子自己了,所以用"无言以对"来结束自己的生命。但孩子是我们教育出来的,归根结底还是我们家庭和学校等在孩童时、在成长过程中教育与引导的缺陷。当然,大学课程设置与社会需求的科学规划等也有值得改进的地方,但还不至于读了这么多年书,况且是硕士研究生的聪明孩子,却走上辜负家庭、学校和社会期望的绝路。社会这么多行业,以其智慧吃饱饭总没问题吧?我们看到很多著名大学的毕业生摆摊卖豆腐或回农村种田等,也干出了一番令人羡慕的事业,这些很值得年轻人敬佩和深思。

因此,孩子学习各方面的知识和提高各种能力很重要,更要树立正确的价值观、人生观、世界观,脚踏实地,树德立人,服务社会,成长自己,这样就不会成为高不成、低不就,想得好、不务实的"闲人"和"啃老族"了,更不会走上让父母和社会悲痛万分的"不归路"!

4. 健康第一

现在很多少年儿童由于家庭物质条件的改善,家庭生活基本是套间房、铁门栓、电子游戏不离旁,再加上家长的溺爱更使孩子们的路少走了,活动少参加了,孩子天生能动爱玩的本性消退了很多,最为严重的现象就是体质差了。因此,优越的条件加上宠爱很容易摧残孩子的身体健康

我们的家长一定要重视孩子的身体健康,毛泽东说:"身体好、学习好、工作好",一个人身体好是第一位的,没有健康的身体,一切都是零;有了健康的身体,其他的事情我们才有做的可能,身体好是孩子和谐向上发展最基础的和谐因素。

我们家长很容易忽视孩子的身体健康,孩子自己亦如此。学习的负担把孩子压在桌子上,现代化的电脑和舒适的条件把孩子拴在房子里,好吃的垃圾食品使孩子的脂肪不断增加,而孩子越来越懒得动了,身体越来越胖了,眼睛也出问题了,身体素质很可能成为孩子和谐发展的一个弱项。

现在重视身体锻炼的基本都是中老年,因为少年和青壮年时期的人身体顶得住,不容易出现妨碍生活起居的身体不适。其实身体健康是日积月累的,真真切切要从小抓起,身体健康一辈子受益,迟了很难补回来;学习文化知识一时落一点,以后补还是来得及的。身体健康关系一个人的精神面貌和精力

状态,是一个人内在气质和外在状态的和谐统一。

我们家长应从家庭生活的一日三餐入手,克服娇生惯养所造成的不好生活习惯,从生活的正常起居做起,关注孩子的身体健康,促使孩子自觉参加体育锻炼。早上要吃饭,少吃洋快餐,多玩传统的"丢手绢"和跳绳等活动游戏,少玩电子游戏,把孩子赶到室外活动。不要老是把孩子关在家里做"短视线"的学习与活动,要经常与孩子参加登山或亲近大自然的"远视野"运动和游玩。特别值得一提的是,孩子从小应当学习和训练几项有兴趣的以至于终生都能参与的体育活动技能,这会使他们受益一生,比如打球、游泳、跳绳、跳舞等,天天都能坚持参加锻炼,少年长身体,中年助健康,老年促长寿。

我们学校有一位一百多岁的退休老寿星叶松如教师,她平时除了参加一些散步与做操等基本体育锻炼外,最感兴趣的锻炼方法是打毛衣与织围巾。她把从小学习的手艺当成锻炼身体的一种好方法,现在已经送出几百条围巾给别人,老寿星得到了锻炼,拿围巾的人得到了祝福。她总结长寿的秘诀:不生气,啥都吃,打毛衣,下跳棋。她的长寿方法是非常和谐全面的健康守则,从心态、饮食到动脑筋和运动。

我们家长一定要重视孩子的身体健康,为了孩子终生幸福,从真正关心孩子的身体健康做起。

5. 全面发展

爱孩子一定要爱全面、想长远,促使孩子和谐向上发展。

一个人的健康成长,营养一定要均衡,过多吃某一类东西,或不吃某一类东西,营养就可能不平衡;不均衡的营养供给,身体早晚会出现问题。我们中医对人身体的评价就是内气和谐,身体内部不和谐就表现为外部的病症。身体不舒服生病了,其实就是身体内部不平衡了,开个方子,给你调和一下:阴虚了,帮你把阴补一下;阳盛了,为你消除一些阳气;内热了,给你降一降温;体寒了,帮你提一提温,体内达到平衡和谐了,身体就恢复健康了。

少年儿童的健康成长亦如此,一定要注重自身的内在规律才能和谐向上发展。知识要学习,但文化知识的学习必须打好各方面的基础技能并循序渐进;特长很必要,但特长要依据孩子天生素养并着力培养孩子的兴趣爱好;身体很重要,但营养要均衡并依孩子身体的发育情况按孩子成长的规律进行锻炼;品德更重要,但品德的修养讲究持之以恒并动之以情,要在细微处下功夫。孩子各方面的发展进步要注重和谐统一,每个方面都是相互促进的整体,这样才能和谐向上。

当今很多家长非常重视孩子文化知识和各种专业特长的教育与培养,因为现在是知识爆炸和能力说话的时代,高考和招聘等都是以文化知识作为最重要的评价标准的。我们要重视孩子文化知识的教育,因为科技兴国,知识兴业,能力成人,没有真才实学将来就没有事业发展的基础。但人要发展,重要的是全面发展,"水桶原理"告诉我们:最短的那一块木板,将决定水桶装水的多少。因此,要注意孩子的德智体美劳全面发展。

知识改变命运,品行立足社会。我们要克服重智育轻德育、重知识轻能力的倾向。人的智商是有定数的,文化知识的掌握和提高也是有一定限度的,而一个人的品德养成则是无止境的。品德是一个人在社会和从事各项职业的立人之本,也是一个人生活充实和质量优良的根基。品德的修养,情商很重要,爱自己,爱父母,爱同学,爱老师,爱人类;爱书本,爱学校,爱自然,爱社会,爱国家。懂得做人,学会做人,将来就会孝敬父母,奉献社会,报效国家;不懂得做人,只想到自己,就会损害他人,伤害社会,能耐越大将来危害国家和社会的本领可能就越大。

现在的孩子交际活动少,生活能力差,这是现代生活给我们家长和教育工作者带来的新的重大课题。独生子女,单门独院,社会复杂,安全防范,使孩子不敢或很少走出家门,只能与电视和电脑游戏同舞相伴,使他们滋生了现代孩子的许多问题和毛病:近视率高,肥胖率高,动手能力差,生存能力差,怕吃苦,缺少探险和创新精神等。没经历风雨,怎能见彩虹;没经历大风大浪的考验,怎么敢驾驶航船乘风破浪勇往直前。

一个人的全面和谐发展,心理健康极其重要,心态决定一切。心理健康是一个人和谐发展的核心,身体的健康是一个人和谐发展的基础,内外和谐统一,并有知识能力和品德素养作为保证,才是孩子和谐向上全面发展的内涵。

第二节 学校周边的环境与氛围

学校的生存不可能是空中楼阁,上要顺天,下应坐地,中要靠人,这样才能和谐融洽地向上发展。

学校要按照党的方针政策指导,听从政府及上级党委的安排要求,按照办学方向规划好学校的各项工作;还要依靠与联系属地社区,和谐融洽周边关系,调节各方力量并取得各界的大力关心、支持和帮助;更要团结和依靠全校教职员工,当人民满意的教师,办人民满意的教育。这就组成学校和谐向上发展的天时、地利与人和的最佳合力,全方位培养好我们的少年儿童。

谱和谐之韵　逐向上之梦
——构建和谐向上的学校文化

一、"三结合委员会"

学校、社会和家长三方代表组成的"三结合委员会"是学校与校外联系,并很好地取得社会各方关心与支持的重要组织,是学校与周边及社会良好互动的重要渠道,也是主动而广泛接受社会和广大人民群众检查、督导与评估学校各项工作的重要方式,更是学校教育教学与和谐向上发展的重要资源。

1."三结合委员会"的代表

学校"三结合委员会"的委员要有广泛的代表性,这对其发挥作用具有重要意义。学校要用真诚的需求和教书育人的巨大感召力,以及政府、社会和家长关怀孩子与学校发展的社会历史责任感,积极牵头组织并邀请热心孩子教育的友邻单位领导、孩子家长和有社会影响力的人士作为"三结合委员会"代表。这些代表应当在对学校教育热心、关心孩子成长、为人处事品行和社会活动影响等方面都有比较好的认可度,这样才能充分发挥他们的能力和影响力,为学校和谐稳定发展做贡献。

组织"三结合委员会",学校是核心牵头方,因为此组织的目的就是专为学校群策群力的管理和发展服务的,是不受官方认可的松散群众组织,没有所谓的领导指数限制,只要理得顺、好把控、和谐融洽就好。

因此,"三结合委员会"的主任一般由学校校长担任,名誉主任可以请有影响力的老革命、老领导、社会知名人士或老校长担任;副主任可以多一些,请街道社区、派出所、周围单位的领导,家长代表和本校副校级领导担任;办公室和秘书处人员应当由学校办公室和德育处的负责人担任,这样便于组织工作;其他委员由相邻单位的领导、学生家长代表和学校其他行政人员等组成。

根据学校周围和孩子家长的实际状况,"三结合委员会"还可以请武警和解放军部队的首长、上级领导和联谊学校领导,以及校友代表等作为成员代表。"三结合委员会"代表的广泛性可以使其具有更大的协调性和影响力,同时是学校教育教学等工作的重要资源,因为他们既然作为"三结合委员会"的代表,就与学校的各项教育教学活动有必然的联系和责任,都是一家人了,就会更好地关心和帮助学校及学生的全面成长,推动和促进学校各项工作的开展。

2.《三结合委员会的章程》

《三结合委员会章程》是学校三结合委员会依法依规正常开展工作的制度保障,要科学制定,建章立制,有规可循,形成规范。

《三结合委员会章程》主要应包括这样几章。

第一章:总则。主要阐述立章依据,学校办学理念和总体发展思路、目标,以及"三结合委员会"的作用与意义等。

第二章：组织管理。主要讲明"三结合委员会"的组织形式，组成人员的基本构成，开展各项活动的基本渠道、形式和内容等。

第三章：资金来源。由学校办公经费支出，还是由其他专有资金，以及审核方式等。

第四章：附则。日常委托管理学校办事机构，以及其他要说明的事项。

《三结合委员会章程》的每一章可以有几条，但下一章的条目无须重新起头而应紧接上一章，使得章程总共几章几条一目了然，这也符合重要章程的范例。

同样，学校成立"家长委员会"等其他组织的章程也可以类似撰拟。

3. "三结合委员会"的作用

"三结合委员会"是学校与外界联系互动，并积极寻求各方关心和支持的一个重要组织形式和渠道，学校依据章程应主动组织开展各种活动，充分发挥其作用。

（1）开会交流。学校要定期组织"三结合委员会"会议，这是依法办学和民主办学的重要体现。校长要代表学校向"三结合委员会"的代表们汇报学校近期工作的开展情况、学期工作计划，以及学校未来发展规划的设想等，与代表们交流沟通思路和感情，广泛征求社会、家长、友邻单位和各界对学校各项工作和未来发展的建议与要求，吸收各方意见，取得代表委员对学校工作的了解和支持，并积极出谋划策，在物质和精神上对学校给予帮助和支持。

"三结合"的大型会议一般在"教师节"、"春节"或"六一节"等时节召开比较恰当，这是全社会都来关心学校发展和少年儿童身心健康的最佳时机。该印的宣传单要印，该发的问卷表格要发，达到隆重热烈、激发人心、鼓舞士气的效果。当然学校根据教育教学活动的要求，也可以临时组织召开一些有针对性的各种小型会议。

（2）社会实践。教育要为社会主义现代化服务，为人民服务，必须同社会实践相结合，必须同生产劳动相结合，才能培养德智体全面发展的合格建设者和接班人。因此，学校只有开门办学，走进社会，走进社区，走进机关，走进企业，走进自然，走进实践，走进民众，才能培养出适应社会并能创造美好社会的人才。

因此，学校要根据孩子的年龄特点与教育的需求，深入了解社区附近的情况，广泛联系和积极利用"三结合委员会"的广泛社会资源，深入社区为社区群众服务，积极组织学生开展社区志愿者活动，开展文明劝导和帮扶慰问困难群众活动，开展社会调查等社会实践活动，使学校紧密联系社会，使学生紧贴社会生活,使教育紧跟时代步伐,这样我们的学校才接地气,我们的学校才有生机,我们的学生才能健康成长,我们的学校才能和谐向上。

(3)合作共赢。学校一定要坚持把服务社会、服务社区、服务家长、服务人民群众作为学校的办学宗旨,把教书育人同社区文明建设、把学校发展同社区发展很好地结合起来,这样才能更好地发挥教育功能,学校才能更好地得到社会、家长和友邻单位的支持与服务,形成合作共赢的利益共同体,这样才能完成培养合格接班人的目标。

社会、家长和学校的良性互动与广泛联系,会在学校周围形成良好的立体合作网路,在时间和空间上全方位教育和保护着每一个孩子的健康成长,在立体环境下辐射学校教育的影响力,促进整个社区群众,包括学校师生的文明素养,使学校成为社区文明建设的重要基地,促进社会主义精神文明建设。

因此,学校要充分利用"三结合委员会"这个组织平台,经常与社区相关单位和家长联系,使他们发挥自己在地理上与环境上的优势,时刻关心孩子的成长,时刻支持学校工作。学校根据需要,在学生校内外的各项活动中,主动邀请他们发挥各自的优势,为学校的活动和学生的安全提供方便和保障。

二、全面立体配合

孩子平常的学习与生活,包括在学校的学习活动,只靠学校老师的教育是不行的,只靠家长也是不行的。孩子学习生活在家里、学校和社会当中,要取得最佳的教育实效,家校配合非常重要。学校要建立各种沟通渠道和规范的组织形式,提高家长素质,赢得家长的信任和积极的配合,形成全面立体教育孩子的最佳合力。

1. 家长学校

学校的学生来自各个不同的家庭,家长的文化知识和家教素养参差不齐,但他们都期望与学校共同把孩子教育好。因此,学校要调动家长的积极性,就要组织并充分发挥"家长学校"这个平台,组织学生家长开展各种教育培训活动,有针对性地培训家长,努力提高家长对教育理念的理解和家庭教育的水平,促进孩子的全面成长。

(1)达成思想共识。家长是学校、老师教育孩子最重要、最得力的帮手和力量,达成思想共识才能充分发挥他们的作用。学校要很好地利用"家长学校",积极组织和培训家长,为学生家长宣传党和国家关于教育的大政方针,促使家长认识和理解学校教育的地位、作用与意义;讲解学校的历史发展状况和未来发展的思路,把学校的办学理念与家长进行很好沟通,了解家长的要求需求、吸取家长的有益建议、完善学校的发展规划;还要让家长知道当今教育改革的发展趋势和人才培养的要求,以及学校采取的措施和家长配合的要求,以达成教育理念和培养孩子要求上的同步。站得高才能看得远,同心同德才能共同努力。家长在理性和思想感情上对学校工作的理解和支持,是家长能积极配合学校、班级工作的基础和先决条件。

(2)提高家教水平。家长们都希望把自己的孩子教育好,但苦于有心无力,或有力又用不到点上。因此提高家长教育与辅导孩子的方法成为很多家长的现实要求与当务之急。况且孩子不断长大,社会发展的要求和科技更新也对家长教育孩子提出新的理念要求。"家长学校"是学生家长学习培训家教理论的学校,在这里可以满足家长这些方面的需求。家庭教育有方法,家庭教育讲艺术,学校应利用"家长学校"定期请教育专家对家长们进行教育理念、作业辅导、心理健康、家教艺术、品德立人等方面的辅导讲座,提高家长家教的水平。家长家庭教育的理念和素质提高了,接受了科学的教育观念,家校的积极配合就水到渠成了,家长和教师的教育就容易取得好的效果。

(3)提供交流平台。家长是孩子的第一任老师,他们有非常丰富和成功的教育孩子的经验,这里有取之不尽、用之不竭的教育资源,家长的育子方法各有所长,有成功的经验,也有不足的教训,在交流学习中大家会取长补短。因此学校也可用"家长学校"请家长介绍教育孩子的成功经验,这些亲身与贴近的家庭教育方法,更能得到学生家长的接受;也可以多听一些家长对老师、学校管理和孩子教育等方面的意见和建议,以便更好地改进我们学校和老师的工作。

2. 班级家长会

学校教育不是万能的,但没有学校教育却万万不能。学校教育要取得最佳的效果,家校的配合很重要。家校配合最好的形式之一就是"班级家长会"。

班级是孩子在学校学习生活的集体。以班级学生家长为对象召开的"班级家长会"是家庭与学校、家长与教师沟通的好方式。一个班级的教育教学情况有年级与班级整体的普遍性,集中针对性地讲解要求和注意事项,效率高、效果好,家长之间又可以相互交流和借鉴。

根据实际教学进度和孩子发展的需要,全班学生家长参与的"家长会"是主要形式。"家长会"一般在期中刚刚过后组织,这时孩子们学习生活前半期情况、特点基本清晰,后半期要求也要明确起来,班主任老师可根据班级孩子思想、学习、活动等方面,全面与家长进行交流、沟通与讲解。"家长会"要多表扬和鼓励孩子与家长,少些指责与不满,孩子都是不同的,点出特点与整体状况,不可一概同比,也要让家长有表明意见和建议的机会。当然,一年级新生或教师新接的班级,也可在开学初就召开"家长会",因为新学生、新家长,可以把学校和老师的要求及早与家长沟通,便于及时配合教育。

老师也可以根据学生思想和学习情况,组织有针对性的部分学生"家长会",如学困学生指导会、艺术特长交流会、思想教育恳谈会、写作读书小沙龙等。这样的家长会针对性强,相互交流更融洽,效益更高。

当然,家长会毕竟面广人多,随着社会经济的发展和孩子情况的独特性与复杂性,教师与家长沟通的形式和方法也应采取灵活多样与快捷简便的方式,特别是现代电信设施的发展,教师不仅可以打电话个别联系,还可以发短信、建立邮箱和微博、微信,以及班级 QQ 群等与家长联系,及时对孩子在校的思想表现、作业完成情况进行家校沟通,及时了解孩子在家和社会的情况。家长之间也可以广泛联络,共同加强和探讨孩子与班级的教育、管理。

我们的班主任老师要充分发挥孩子家长们的能动性,利用各种与孩子家长沟通的形式,主动取得家长的支持与配合,共同做好孩子的思想教育和教学工作,形成家校齐抓共育的良好氛围,促进孩子的全面发展。

3. 家　访

虽然现在各种现代化联络方式发达且便捷,但教师主动对学生进行"家访"却是各种联系与沟通中最有独到作用的一种方法,有着其他联络方式无法替代的作用,我们老师要不辞辛苦地好好运用。"家访"可以拉近学校与家庭、教师与家长的距离,可以深入了解孩子家庭和学习生活的基本情况,可以更有针对性地与家长配合对孩子进行教育。特别是有的家长工作比较忙,配合学校与教师工作不够主动,以及与一些特殊孩子和特别家庭的深入沟通,教师只有进行"家访"才能更好地解决孩子教育的深层次问题。

"家长会"是召集孩子家长来学校,当然效率高、面广;"家访"是主动到孩子家里沟通,必然针对性强。两者各有所长,应科学运用。

老师"家访"是很辛苦的,但有了教师的辛苦才能换来家长的信任和全力的配合。教师"家访"一般会对孩子与家长有比较大的"震撼"作用,但也要避免"告状式"的"家访",只有教师的真心与诚心才能得到家长与孩子的全心配合。当然,"家访"也不要都是等到孩子有了各种需要教育的状况时才去,家访可以是对孩子家庭情况的摸底和调研,也可以深入广泛了解家长对学校班级教育孩子的各种建议与意见等,以便更科学合理和有针对性地对孩子进行教育。

现代社会电信发达,减少了人与人之间的近距离交流机会,缺少了家长与教师之间的真诚互动与互信,家长对教师敬而远之,老师对家长离而分之。老师与家长只有同心同德、真情互动才能和谐融洽地教育好我们的孩子,而"家访"能取得极好的家校联络与沟通的作用。我们有的班主任老师一年下来能走遍全班孩子的家庭,感动了家长,温暖了孩子,形成了很好的教育合力。

4. 班级家长委员会(简称"家委会")

班级老师和家长只有拧成一股绳,才能更全面和有效地配合学校和老师对孩子进行教育,也有利于班集体形成良好的环境氛围。为使班级的家长们有代表和组织,以便更好关心支持班级工作,并使班级家长平时有一个沟通和统一的组织平台,成立"班级家长委员会"是个好办法。

"家委会"是自发的民间组织,要由班级学生家长推荐热心学校班级工作,有一定的组织和号召能力,最好是对孩子教育也有一定成功经验的家长来担任。一般"家委会"成员7位左右就可以。学校和班级总体的各项教育教学工作,学校和老师可在"家长学校"和"家长会"上与全体家长沟通,而平时经常性的联系可发挥"家委会"的作用,由"家委会"出面帮助老师与家长们联系和沟通,更容易得到家长们的理解和支持。

其实,班级里很多教育孩子的工作和管理工作等都可以请"家委会"成员来帮忙,班级孩子活动时环境的布置、同学们演出前的化妆安排、学生参加大型活动中的保卫保健等,都可以请"家委会"成员帮助。这样不仅可以增加班级管理工作的力量,减轻班主任老师的负担,更重要的是可以让家长更多地参与班级与孩子的教育和管理中,使家长对学校和班级工作有较全面的了解,体会老师和学校工作的方式和思路,更深入了解孩子的各方面情况,同时也理解和体谅老师工作的难度和苦衷,从而更加自觉并积极配合与支持学校和班级工作。

台湾地区很多学校这方面工作做得非常好,他们的"家委会"对班级教师工作的评价、督导和帮助非常细致规范。"家委会"成员随时可以进班级听课,了解老师和孩子的生活、工作和学习情况;"家委会"委派家长义工每天为孩子们服务,使家庭和学校成为统一"合作体",共同促进孩子的健康成长。

"家委会"还可以增加家长之间的合作和友谊,促进家庭与家庭、孩子与孩子之间的沟通和理解,孩子中产生纠纷或有的家长与学校和老师有隔阂,也可以请"家委会"成员出面来协调。因此,"家委会"对促进和谐向上的班集体和孩子全面成长有非常重要的意义。

三、派出所和社区

少年儿童的健康成长要靠学校,要靠家庭,还要靠社会所有方面的关心与支持,而在社会上最有震慑和威望的是公安局、派出所的警察叔叔们,最热心和关怀少年儿童事业的是社区的阿姨、大妈们。学校必须充分发挥他们的作用,这不仅有利于孩子的健康成长和学校的平稳发展,同时也是社区安定与社会和谐文明的重要表现。

1. 派出所是学校的"保护神"

学校应积极争取社区所有友邻单位的大力支持,而辖区派出所是保障社会安稳和民众安全的主力军,也是维护学校安全稳定和孩子安全学习的重要力量,这是他们为民请命与关怀少年儿童成长的职责,也是政府和社会对他们的重托。我们学校必须充分发挥派出所的作用,形成警校联防的校园安稳氛围,确保学校师生员工的安全稳定。

按政府和上级的要求,派出所是有责任和义务保证学校教育教学秩序不受外界影响,保证学校少年儿童权益不受任何侵犯。我们学校的职责是教书育人,很多社会外部环境因素学校无力也无权干涉,而少年儿童能安全地上下学和安心学习,学校外部环境非常重要,只有靠社会力量的大力关怀和帮助才行,因而派出所是我们学校和谐向上稳定发展的"保护神"。

在政府的关心支持下,辖区派出所都派出所领导作为学校的综治副校长,全面协助管理学校的安全稳定工作,具体还有分片管理的段警和交通警察等。

作为学校,不应被动等待公安派出所民警的关心和保护,而应主动与派出所指派的综治副校长及其相关领导联系,及时汇报学校周围影响孩子健康成长和安全管理中需要解决的问题,积极调查、主动开口、大胆配合。例如,学校附近违章的小摊、小贩和电子游戏等一些影响孩子身心健康的场所,学生上放学的马路交通安全问题,学校周边建筑和人员活动有没有不安全因素等,当然,有些也可以积极与城管和治安大队等联系。

公安派出所的民警们非常忙,社会治安、交通安全等事情是他们永远也忙不完的,我们学校主动了,他们就会更加积极配合;我们不主动,他们有时忙起来也会忘记。特别是学校门口上下学的交通,是很多学校,特别是城里学校的老大难,我们学校要千呼呀万召唤,时刻重视与提醒,才能更加引起社会的广泛重视,才能更好地发挥我们"保护神"的作用。

学校举行比较大的活动,也需要派出所保驾护航。这样一方面能确保学校活动的安全有序,也能把学校的门面撑起来。例如,大型活动门口交通的疏导,学校春秋游等集体外出活动的车辆停放,以及学校大型安全教育和疏散演练的教育指导等。学校有些临时突发的安全事情,也只有派出所的同志才能很好解决。

现在社会上有破坏和捣乱分子,也有一些无事生非的闲杂人员,还有因个人因素报复社会、伤害孩子的极端做法,这些都需要广大民众,特别是民警同志们的全力保护;当然我们学校各项工作也应做好防范,积极主动争取和配合社会治安力量,取得"保护神"对学校最大和最有力的关心和支持,以形成校、警、民共筑联防的钢铁长城,确保孩子们的安全和学校的平稳发展。

当然,在地理或人员上如果有便利,学校也可以与解放军和武警部队建立关系,这对学校的和谐稳定和孩子们的健康成长都有积极意义。

2. 社区是学校的"土地公"

学校坐落在社区,学校生长在一方沃土之上。学校与社区的关系就同树木与土壤的关系,学校要发展壮大必须依赖社区这个广阔的沃土,离开了社区的关心与支持就如同无土之木,必定枯竭无生机,因此社区是学校的"土地公"。

学校要和谐发展就一定要与社区和睦相处,有了社区及周边群众和单位的关心与支持,学校才能很好地立地生根、发展壮大。学校与社区是唇齿相依的一体,学校要积极参与和支持社区的各种活动和文明建设工作,这样才能取得社区的大力关心和帮助,学校的发展也一定会促进社区的发展,社区和学校共同发展才是和谐向上的本意。

学校生长、生活和发展于社区之中,与社区形成共同工作、生活和发展的关系体;社区居民就是学校的衣食父母,他们关注着学校的一举一动,呵护着我们学校的成长和辉煌。我们与社区息息相关,我们是他们的宠儿,更是他们的理想和幸福生活的希望,他们希望学校和谐稳定发展,这不仅是为了很好地教育社区中的孩子,也是希望学校成为整个社区自然生态环境和精神文明建设的重要阵地,成为整个社区和谐发展的中坚力量,促使社区中的每个人和谐幸福地生活。

社区的工作人员对我们少年儿童的教育非常热心,他们是学校周围环境卫生和安全状况的督导者和护卫者,他们时刻关怀着少年儿童的健康成长;他们还是孩子们家庭情况和邻里关系的知情者与沟通者,我们老师和学校需要更深入地了解孩子的家庭环境或进行调研、家访等,社区都会很好地协调和帮助我们。学校、家庭和社会的"三结合"关系能成为最佳的和谐一体,社区是重要的黏合剂。

学校应当开放办学、开门办学,并与社区的单位、老百姓和家长们融为一体,为社区服务,为百姓服务,为家长服务,这样才能更好地得到社区老百姓的支持,也才能办好我们的学校。学校进行文化建设,要努力做社会文明建设的排头兵,积极支持和配合社区、相邻单位和家庭的文明建设,担负起学校周边相关的宣传教育活动的重任。这不仅有利于推动社会文明建设,也对孩子的教育和培养十分有益。和谐向上的学校必然是与社区和周边和睦相处并紧密相连的,这样才能对学校周围和社会的文明建设产生良好的促进作用。

我们学校一定要很好地为社区服务,为人民群众服务。社区的事就是学校的事,社区的困难就是学校的困难,社区的荣誉就是学校的荣誉,努力为社区的和谐发展做出我们的努力,这是我们能很好根植在这片沃土上,并能持续稳定长久发展的根本。对社区老年人活动、社区关怀困难群众、社区的联谊活动、社区群众体育健身活动等,学校要无偿为其提供力所能及的资源与场所等服务,我们为社区提供的服务越多,社区对学校的关心就越多,学校与社区的联系就越紧密。大手牵小手,小手拉大手,互相关心、互相帮助,同在一片蓝天下幸福生活与快乐成长,共同创建和谐向上社区,共同推进社会主义精神文明建设。

有社区这个丰厚土壤的滋润,有社区老百姓们的关心与支持,我们学校就顺天意,连地气,就一定会和谐向上地发展,我们的少年儿童就能安全健康地成长。

第三节 学校安全的环境与氛围

少年儿童正处在学习文化、增强体质和培养各方面能力的成长发育阶段,他们天真活泼、好奇好动、渴望参与、勇于创新,同时他们自我防范能力较差,外界和自身的不确定因素使得各种不安全因素随时都有可能侵害他们。孩子的安定学习是学校和谐向上的前提,学生的活动安全是学校稳定发展的头等大事,孩子的健康成长是我们社会后继有人的保障。我们学校、我们成年人、我们整个社会一定要创造各种条件保证孩子们的学习活动安全,构建安全稳定的环境氛围,促使少年儿童安全健康地快乐成长。

周边是安身之所,稳定是和谐之本。然而,孩子要进步,社会要发展,孩子们就一定要参加各种教育教学活动。我们要重视安全这个"天大的事",但安全也不是"天塌的事",不能因此束缚我们的双手、蒙住我们的眼睛,从而违反教育规律而"因噎废食",走入对孩子进行"圈养"的误区,不敢对孩子进行正常发展需要的教育教学活动,这会损害一代人的培养,会影响整个社会和谐向上的人才储备。

一、安全是"天大的事"

学校的一切工作都是为了孩子的健康成长,因此必须以学生安全为前提,安全第一。有了安全,我们才能进行教育教学活动;没有了安全,一切都无从谈起。和谐向上的学校必须是安全的学校,安全是学校"天大的事",我们必须十分重视。和谐就是稳定,和谐就是和睦,和谐就是安全,安全是和谐学校的根基。校园安全工作怎么强调都不过分,我们一定要用人力、物力和财力确保少年儿童的安全。

1. 安全意识重在宣传

少年儿童天性好动,活动和玩耍起来是没头没脑的,这对未成年的孩子来讲是正常的。同时孩子活动起来忘性很大,容易只重视活动的具体方式与内容,忽视了身边的不安全因素。因此,学校必须经常并有针对性地进行安全宣传教育,使安全之风常刮,使安全的警钟长鸣,时刻提醒孩子们注意安全,时刻提醒老师们注重孩子的安全。通过宣传使孩子学习安全知识,注重安全防范,从而提高安全意识。

生命只有一次,生命无比珍贵,必须爱惜生命;健康十分重要,健康才能学习,健康才能幸福。要让孩子重视安全和身体健康,学校一定要对学生加强各种安全意识的宣传和教育,时时提醒,处处提防,使全校师生一直紧绷安全这根弦。师生思想上高度重视,理念和意识上极端关注,是保证孩子安全的重要前提。

学校行政会议时时研究,全体教师会议常常要求,全校学生集会次次提醒,还要根据形势需要和孩子的特点,进行安全工作的专项研究、专门布置和专题宣讲,以形成全方位关注安全工作的良好氛围。特别是班主任、辅导员老师,他们与孩子最贴近,不仅要把安全工作时刻记在心中,还要有针对性地时刻教育和引导孩子注意自己的安全,经常提醒,经常念叨,因为孩子的忘性是很大的。教师还要根据自己班级孩子的年龄特征和每个孩子的特点,以及班级随时会发生的一些现象和社会上的一些动向——一件时髦的玩具、一项跟风的游戏,都可能成为不安全的因素,及时利用各种正反面教材,及时有针对性地教育和提醒孩子注意安全。

学校平时要重视孩子劳动实践与动手合作训练,提高孩子的安全意识与安全能力,使安全能力的教育与训练成为孩子全面发展的重要素质教育内容,推动孩子和谐地向上发展。学校要积极主动地向孩子们宣传安全知识,采取各种方法和开展各种活动训练提高学生的安全技能,提高孩子们的自我保护能力;还要结合教育教学具体内容来增加安全防范的教育与训练,使学生不仅学到教育教学的知识内容,而且很好地训练与提高了安全防范的能力和各种实践创新的能力。

学校要利用红领巾广播站、学校宣传栏、班级黑板报等阵地进行安全常识宣传,校园醒目的墙壁要有安全标语,在学生经常走的楼梯口和栏杆等各个关键部位,都应有提醒孩子注意此处特点的安全防范提示语,各教室和重要地点还要有明显的安全疏散标志,各项设备与各种教室要有安全使用和注意事项

谱和谐之韵 逐向上之梦
—— 构建和谐向上的学校文化

等醒目提示,学校必须形成安全教育全覆盖的舆论氛围。

学校还要适时请警察、地质气象专家、专职医生等相关专业人员,对孩子进行交通、防火、防抢、防震、防风、自我保护、卫生保健等方面的宣讲,教育引导孩子不仅要懂得这方面的知识,还要了解怎样防范,从而提高安全意识。

学生是受教育者,也是宣传员。孩子在接受教育和学习训练的过程中,也有很多很好的体会和经验,他们的想法与见解是孩子们相互学习借鉴的好材料,更容易被孩子们接受。学校可以组织小小安全宣传员和督导员开展安全教育活动与劝导活动,也可举办学生安全知识的竞赛等,促使安全教育深入孩子的心灵。

人人都是宣传员,人人都是安全员,人人都是检查员,人人都是督导员,人人都是劝导员,全员动员,全员重视,时时注意,处处提防,使"安全第一"深入每一个人的心田,确保师生安全。

2. 安全能力重在训练

学生应当接受各种宣传教育,知道安全的基本知识,提高安全意识,但知识的学习和意识的提高更应转化为孩子实际训练的安全能力。"安全第一"不能只讲在口头上,更应落实在实际行动上,并成为孩子自觉的行为习惯。学生每天到学校学习活动其实都有安全训练的重要内容,严谨规范的学习生活、团结互助的友爱精神、听从指挥的严谨作风、自立自强的生存能力等,都是学生自身安全学习训练的基本要求。

我们学校要严格规范各项教育教学活动,按《小学生日常行为规范》、《学生在校一日常规》,以及学校各项纪律要求等认真要求、严格训练,从遵守规范的细节小事上训练学生的安全能力。

学校新学期开学第一周,应当作为常规训练周,全面对孩子进行在校学习活动的常规训练,因为孩子在家休息一段时间了,在校学习生活的要求可能淡忘了,应当对孩子进行一次常规要求的强化训练。从文明言行到遵守各项规章制度,从上课纪律到课间活动,从上下楼梯到排队回家,都要严格认真地训练。为提高孩子们的安全意识,学校要根据时令和形势发展的需要,如安全教育日(周)、119消防日、防震减灾日、疾病流行期等及时对孩子进行教育与训练,经常组织防震防火等疏散演练,提高孩子防灾减灾和自我保护等方面的能力。

上下楼梯靠右文明行走,自觉严格遵守作息时间,课间活动互相礼让有序,运动游戏时注意安全规范。学生认真遵守学校各项规章制度就能保证在校的学习活动安全。因此,我们要深刻认识到孩子在学校不仅是学习文化知识,更要学习为人处世的基本原则和遵守各项规章制度,这是品德教育的需要,也是孩子生存与安全训练的重要内容,这些都是学生安全学习活动与和谐向上的基本训练内容。学习规范,学习相处,学习生存,学习做人;遵守纪律,文明礼让,规范做事,立德树人;自立自强,互相关心,和谐相处,快乐成长。这些德育训练内容,不仅能保证学生在校学习生活安全,也能促使孩子一生的安全健康成长。

学校安全教育训练还有几个重点,我们学校要特别注意。

(1)楼梯行走安全。孩子平常上下楼梯一定要养成靠右秩序行走的习惯,不争不抢匀速跟随行走,互相提醒不在楼梯和楼道玩耍打闹。特别是集体上下楼和较多同学下楼梯时要十分注意,紧急时候更要谨慎小心,相互谦让、相互照应,前面人多拥挤时千万不要推挤与慌张,预防踩踏事故的发生。课间和孩子上下学等较集中上下楼梯之时,应有教师值勤疏导,学校应经常进行疏散演练,使孩子知道上下楼梯和疏散的基本路线和注意事项,规范有序才能确保孩子上下楼梯的安全。

(2)课间活动安全。小学生玩耍打闹在所难免,争强好胜又是孩子的本性;小学生年龄差异大,一年级到六年级孩子的活动内容和方式既有相同又有所差异,相互之间容易产生碰撞。学校要经常强调课间活动的安全要求,同学之间要互相礼让、和谐相待,产生矛盾纠纷一定要找老师协调解决,不得强行武力解决。有了规矩就能减少或避免安全事故。低、中、高年级孩子体育与游戏的活动区应大体分开,并经常教育要求,打球与跑步等场所要科学安排并秩序进行,运动器械活动要掌握要领并遵守规则进行活动,严格训练并遵守规范才能保证学生课间活动安全。

(3)交通安全。现在城市里交通非常拥堵,学校门口是学生上学、放学集中经过的地方,接送孩子的家长和学校学生加起来人数倍增,再加上家长和社会的车辆,不安全的因素时刻威胁着我们的孩子。学校一定要教育和训练孩子注意交通安全,遵守交通规则,眼观六路,耳听八方,走人行道,不在马路上玩耍打闹,放学排队有序回家;还要要求家长不要堵在校门口接送孩子,在指定的地方接送,并与交警和协管员等形成联合互动的孩子交通安全保护网,全方位注意并协管以确保孩子的交通安全。

(4)大型活动安全。学生要全面健康成长,学校必须正常开展体育节、艺术节、科技节、春秋游和各种文艺会演等大型活动。这些活动基本都是全校学生集中参加的,是培养孩子思想品质和各方面能力的需要,也是训练孩子集体主义意识和安全能力的需要,学校应当积极组织,但一定要注意安全防范,做好活动的周密计划和防范措施,入场退场秩序井然,活动过程严谨规范,设施设备安检在前,安全保卫计划周全,排查天气环境隐患,使孩子们在参与活动的过程中,得到各方面包括思想教育和安全能力的教育与训练。

3. 安全事故重在防范

孩子学习生活在校园中,可以说时时处处都存在安全隐患,这是人与天、人与物、人与人之间矛盾调和的过程,我们要关注细节,要防患于未然。

(1)设备设施。学校的各种建筑设施,从设计方案到建成使用,都要适合孩子学习、生活和活动,并根据孩子的年龄特点,避免设施对孩子的伤害,尤其是各项体育活动设施,以及操场上的树木种植和各种物品摆放等。这里是孩子们玩耍和体育锻炼的场所,一定要科学规范摆设,以适合孩子活动玩耍。既要有利于孩子们的体育教学和各种体育活动,又不影响孩子们平常自由活动的安全。随着时间的推移、日晒雨淋的影响和师生教育教学的使用,各种设施都可能腐蚀、变旧和损坏,特别是学校各种现代化教学设施和各种电器设备越来越多,电灯吊扇、护栏把手等都可能出现安全隐患,学校必须经常进行全面认真检查,排除不安全因素。用人力管安全,用物力保安全,用资金换安全,确保学校教育教学活动在安全的前提下进行。

(2)安全预案。安全工作的计划和预案要详细具体,确保孩子在学校参加的各项教育教学活动的安全。学校要有临时突发事件和各项活动的安全预案,知道报告程序,明确职责要求。各项具体工作都要有安全措施,每一项活动都要有安全预案,特别是全校师生的大型活动和校外活动,一定要实地考察,认真计划,预防到位。要从活动的时间、地点、过程,以及活动周围的物质环境等细节因素排查,还要考虑孩子年龄不同、体质不同,在活动过程中孩子的活动量和承受能力等。分工到人员,责任到岗位,具体并周到,防患于未然,准备在预案,考虑要全面,安全才保障。

(3)人员防范。学校要加强和落实导护师岗位执勤制度,在时间、空间和地点上全方位督导检查孩子的学习活动安全。特别是孩子经常活动的关键部位要加强监管,老师准时到位检查督导,提倡文明活动,制止不安全行为,互相提醒、相互关照,防范安全事故。学校还要落实门卫制度,加强对进出校门人员的检查,各种监控设备完善,不留安全隐患死角,保证人员与物质的及时到位。全员动员,全员重视,全员参与,确保孩子在校学习、生活、活动的安全。

(4)特殊人群。现在有不少孩子的心理比较脆弱,加上孩子学习负担和家庭社会等因素的刺激,个别孩子有比较内向或忧郁症的倾向;有的孩子有特殊的身体缺陷或者较严重的疾病,学校要时刻注意这些孩子的状况;还有的学生肝火比较大,喜欢惹是生非、争强好斗;等等。这类孩子引起校园不安全因素概率比较大,学校要建立特殊学生档案,班级老师和德育处要非常重视这类孩子的苗头排查,并及时与孩子家长保持联系,加强心理健康教育和疏导,要有针对性地进行教育和辅导,用热心、耐心、诚心全面教育,以预防各种安全事故的发生。

二、安全不是"天塌的事"

安全工作重于泰山,安全第一,健康第一,我们学校的所有工作都是为了孩子的健康和谐成长,一定要把安全工作做好。但我们也不能把"安全"这个"天大的事"当成"天塌的事",为了"安全"什么事都不敢做了,从而"因噎废食"。天是永远也塌不下来的,我们不能因安全因素连路也不敢走了,连课也不敢上了,连活动也不敢开展了,这违反了社会自然的发展规律以及孩子们安全与健康的成长规律,也与我们安全工作的初始目的和学校的育人目标背道而驰。

1. 正常进行教育教学工作

珍惜孩子生命,关注孩子健康成长,重视安全工作无可厚非。因为孩子年幼无知,未成年人需要我们学校和成年人的爱护与保护,这是我们的职责。但学校是育人的场所,学校的各项教育教学工作和活动,包括安全教育与训练,都是为了学生能健康稳定地学习进步、和谐向上地生活与活动。我们不能因怕安全事故,很多该做的事情都不敢做了,以此为借口影响正常的教育教学工作,这就违反了教育规律,走入安全工作的误区,会影响一代人的安全健康成长,是我们教育工作者的失职。安全是为了孩子和谐学习生活,安全是为了保证孩子能更好地向上进步,而不是影响和阻止孩子们正常学习知识和参与各项活动的机会。

开车有危险,我们就停止一切车辆的生产并且不许人开车吗?载人航天飞机更有危险,我们就不进行载人航天实验了吗?我们很多科学的实验探索是有风险的,我们就不进行了吗?这是不可能的,这是逆历史发展而为,这就是因噎废食。关键是我们要科学对待,不要盲目冒进,但要积极探索。人类社会是在探索与创新中不断发展的,人类社会从来没有停止过创新、实验和探索,甚至于探险。

正是因为开车有危险,我们才要不断试验创新,把车辆的质量搞好并且提高驾驶员的各项素质,并在交通规则和路况等方面加强完善,使车辆更好地为现代化建设和我们人类服务;航天飞机有危险,我们进行一次次的科学探索实验,从飞机上天到冲出大气层,从物品、植物、动物到人的装载航天实验,再到人在太空行走和常住,以确保航天事业有序、安全,科学发展。人类的探索精神从来没有因为危险而停止,甚至有不少人献出了宝贵的生命,才换来今天的科学进步,"只有不畏艰险陡峭山路攀登的人,才有希望达到光辉的顶点"。现

谱和谐之韵　逐向上之梦
——构建和谐向上的学校文化

在和未来也还会有人去探索和实践,人类的探索和创新精神推动着社会科学不断向前发展。

当然,少年儿童是未成年人,明知有危险的活动是不能让孩子参与的,孩子需要我们的爱护和保护,我们应当以科学的态度认真严谨地做好各项预防工作,我们要让孩子们在安全的保证下,积极参加各种教育教学活动,刻苦锻炼,大胆实践,动手动脑,勇于创新,全面成长,这才是我们应做的工作——"为了学生的一切"。

现在有些学校就是因为安全因素而"因噎废食",正常的体育锻炼活动、动手实践活动、春秋游活动、社会实践活动和各种冬令营、夏令营等都严格限制甚至不搞了,这就走入了学校安全工作的误区,把学生都"圈养"起来,表面上看好像孩子是安全了,其实违背了学生安全工作的初衷,学生自我保护和生存能力等没有实践机会,学生的身体素质和各种适应社会环境的生存能力降低了,影响孩子各个方面健康向上地发展。因此,从现实和长远看,成长着的学生更不安全了。

从2011年一次全国青少年体质健康调查报告中可以看到,学生肥胖人数在过去5年内迅速增加,视力不良、超重及肥胖严重影响着青少年的健康。学生的一些重要的体质指标都在持续不断地下滑,主要表现为学生的速度、耐力、柔韧性、爆发力、力量等体能素质都有所下降。分析原因,有一点是:对促进学生耐力和心肺功能发展有着积极作用的体育锻炼项目被取消,甚至出现了学生不愿意练的项目不安排、危险性大的体育项目在体育课中不安排等现象。

不重视安全工作的人不配当教育工作者,因为他不尊重生命,影响学生安全健康成长;打着安全的旗号而不进行正常的教育教学活动,影响孩子正常成长,也是对教育工作的一种渎职,是一种不作为。

因此,我们要重视安全工作,也要防止这种不作为,不作为不仅使孩子们的安全能力降低,更使全体学生的全面发展成为一句空话,学生的天性受到压制,动手实践、大胆创新、勇敢拼搏的精神和能力将大大减退,这对孩子现在和将来的长久安全健康发展而言,就是重大阻碍。我们将来的社会要后代人来承担,孩子若成为温室里的嫩苗,经不起风雨,基本生存能力低下,这是孩子们的悲哀,更是我们教育者的悲哀,影响了一代人的健康成长,最终影响整个社会的和谐向上发展。

我们应当像开车和航天飞机上天一样,把各项安全措施认真做到家,该开车的开车,该上天的上天,不断探索既安全又有利于孩子成长的方法和途径。该实践的实践,该探索的探索,该活动的活动,科学、规范、严谨、周全地保障学生安全,积极开展各项教育教学活动,促使孩子全面健康和谐地发展。

2. 全体全面成长是第一要务

安全是天大的事,但安全不是天塌的事。事有大小,事在人为。天大的事我们一定要非常重视,谨慎对待,防止这样的大事发生;但也不要人为夸大事实,因为再大的事天也塌不下来,地球都会正常旋转。我们不能因为一方面的因素而使其他所有方面都停滞不前。安全是和谐校园的基础,但"和谐"是为了"向上"发展,为了学校的所谓"和谐"影响了孩子全面"向上"进步,这就曲解了建设和谐校园的目的。

日月更迭,寒来暑往,生活中难免有喜怒哀乐和生老病死。我们要勇于担当,并尽职尽责地全面教育好我们的下一代,因为我们的生活、学习与发展进步是不能停滞不前的。人类探险、创新和不畏艰难险阻的探索精神是永远都不能丢的,我们教育和培养孩子们敢于吃苦、不怕艰难的意志也不能放弃,因为我们需要孩子们将来保卫祖国、建设祖国,创造美好的未来。

因此,每一个孩子全面健康地成长是我们学校的第一要务。

当然,生命对每一个人都是无比珍贵的,现代社会民主法制发展更使我们懂得尊重人的生长与生命的权利,孩子是未成年人,需要我们教育工作者和成年人的教育和保护。我们要做好事前各项准备和防范措施,形成整体和立体的安全氛围,让孩子们大胆勇敢地走出家门,走出校门,走进大自然,走进社会,了解和体验社会和自然的魅力,提高生存与活动的能力,增强抵御各种风险的能力,这样孩子才能更加珍惜和尊重自己和别人的生存与生命权利,对社会和自然的规律与强大保持敬畏,按实际的规律与规范行事,不怕挫折和困难,互相帮助与协作,这是孩子们和谐向上发展所必须有的经历和精神财富。如果这方面做不到,就是我们教育工作者的无能。

安全这个"天大的事"告诉我们,在进行各项教育教学工作中,安全防范非常重要。安全是和谐的根基,我们一定要重视学生的安全工作。孩子是未成年人,我们一定要小心谨慎,防止安全事故的发生,我们的各种防范措施一定要细致到位。我们在教育学生注意安全的同时,更要主动有意识地加强对孩子进行全面科学的安全知识教育和循序渐进的安全技能训练,使孩子从小就有非常强的安全意识和很高的安全防范能力,帮助孩子一生都健康安全地学习和生活。

安全不是"天塌的事",这告诉我们,地球不会因任何事故而停止运转,人类社会前进的步伐也永远不会停止。地震、海啸、台风、暴雨、泥石流、火山爆发等自然灾害都不能阻止人类的生存与实践,人类社会就是在与自然界的抗争中不断探索创新与前进的。少年儿童是我们美好未来的希望,我们应当保

谱和谐之韵　逐向上之梦
——构建和谐向上的学校文化

护他们,更应当教育与训练他们不畏艰难勇往直前的精神,孩子学习生活中的一些安全因素不可能阻止他们向上发展,也不应当影响我们教育工作者培养下一代的信心。我们要正确对待安全事故,学校要勇于承担学生安全训练与教育的责任,更要担起教育培养孩子安全防范、学习知识、学习做人和提高各方面生存能力的职责,社会和政府也应理解和承担相应责任,不要把责任都推给学校,为学校排忧解难、分担学校的压力,共同担负起孩子安全学习与和谐向上成长的责任。

我们要尊重生命、尊重自然、尊重规律,从而和谐生活;我们更要把握生命、适应自然、研究规律,从而幸福生活。和谐的生活环境是为向上发展创造更幸福的生活,向上发展永远要继续,社会不能停止脚步,孩子更不能停止进步。再大的难事我们都要共同承担,学校一定要和谐处理好安全工作与孩子全面发展的关系,全体孩子安全并全面发展是学校的第一要务。

3. 磨砺中才能更好地和谐向上

温室里的幼苗长不成参天大树,真正的仁爱是敢于放手。

学校不能因为学生安全原因而成为开展各项教育工作和活动的绊脚石,反而应成为全面推进素质教育的保障和助推器。经风雨才能见世面,学校要正常和大胆地组织各种活动,使学生在活动中不仅能参与和学到活动教育的内容,还从活动中学到安全知识、提高安全能力,这样才能使我们的孩子全面和谐健康成长,使我们的孩子终身受益,也才是正确理解和落实学校安全工作的意义。

少年儿童天生活泼好动,是能动的主体。在教育教学的集体学习中,在课间和各种自由活动中,孩子们都会有自己的看法,也会有不同的意见,甚至产生一些争议,出现一些矛盾,这都是正常的。有时相互之间也可能会有摩擦、有磕碰,甚至争执打闹也在所难免。

实践中才能得到真实的体验,交往中才能体会合作的作用,自强中才能理解生存的意义,磨砺中才能更好地全面成长。遇到些困难,受到些委屈,碰到些麻烦,得到些伤痛,都是每一个人成长过程中的正常遭遇。人生不可能永远一帆风顺,要在困难中学习,在痛苦中体验,在磨砺中成长。

我们要教育孩子团结友爱,谦虚礼让,和谐相处。当然,争强好胜和计较得失是人的本性之一,是积极向上的本能需要,也能激发孩子拼搏向上的进取精神。因此,在学生日常的活动中,同学之间不小心相互碰撞,或因各种原因争吵,甚至动手打架,都是少年儿童集体活动中难免的现象,这是孩子成长过程中不断辨析正误、矫正自己言行、和谐相互关系、提高自己各方面素养和能力的一个过程。

我们每个人都是在各种活动与碰撞过程中学到了很多人际交往的常识和安全保护的能力,包括很多人生哲理、安全知识和自我防范的注意事项等,只有切身实践才能真正有所收获。孩子们参加各种活动和相互争执,本身就是学习、训练和提高各方面能力的过程,我们要注意安全防范和循序渐进,孩子的生存能力和处理相互关系的能力还是有限的,出现些差错是正常的,偶然出现的一些碰伤也在所难免,所谓吃一堑长一智,是孩子成长过程正常的吃苦碰壁现象,不要大惊小怪。当然我们也一定要小心预防,做好各种防范措施,尽量使孩子少受伤害,特别是避免重大的伤害。

孩子应当参加正常的体育锻炼以及适当的体育竞技活动,这对孩子健康成长和竞争意识的培养都有意义,甚至能发现体育尖子。体育活动课应规范,课间操、学校运动会应当大胆组织。"每天锻炼一小时"不能成为空话,因为它是我们民族健康的基石。

经磨砺的宝剑才会锋利,在风雨中长大的孩子才能担起重任。我们不仅要教育和训练孩子遵守纪律和按规范行事,还要教育和培养一大批勤于探索、大胆创新、体魄强健的新人。

三、和谐处理安全事故

现在很多学校和老师因安全而产生不同程度的"因噎废食"的想法,甚至有"圈养"孩子的行为,都是因为当下安全责任的压力的确非常巨大。校园内出现的安全事故,动辄追究老师的责任,更要追究校长的责任,在这种环境氛围的压力下,造成了很多学校宁可少开展活动,甚至于不开展大的激烈活动,把同学们都"看管"起来,进行"圈养"。这样看起来安全事故发生的概率降低了,但学生的发展受到了影响。因此需要学校、家长和社会共同正确对待校园安全事故,建立和谐融洽的校园氛围,这对所有学生的全面成长具有重要意义。

1. 和谐对待,正确导向

我们学校要培养和训练全面发展的学生,必须按要求正常开展各项教育教学活动,尤其是体育和社会实践等有利于孩子身心健康的活动。少年儿童天真好动,在学习和实践过程中,不安全因素自然会很多,况且有些因素可控,有些因素不是学校能够把控的。我们是人不是神,再科学全面的计划也可能有不完善的地方,再详细周全的安全预案也可能有疏忽,再安全稳妥的地方也可能有各种状况发生。人是能动的,天有不测风云,很多客观因素是我们主观意识不可控制的。走坦途也可能摔倒,喝水也经常会呛着。当然,我们也不应以此找借口推脱责任,我们要尽全力防范,但正确地看待安全工作很重要,形成正确的安全工作舆论导向更重要。

自然环境、客观因素、孩子自身,还是学校组织工作等因素出现的事故,需要我们认真总结经验并提高应对能力,是谁的责任就追究谁的责任,该怎么处理就怎么处理,追究责任不是目的,解决问题和以往鉴今才是根本。不要拿安全大棒到处挥舞,不要无限夸大责任与影响,好像处理得越重就是对安全工作越重视,这会矫枉过正,引起负面效益与舆论导向。

况且有些舆论会产生连锁效应,不恰当的行为被孩子知道了就会模仿,家长听到了也会仿效,只有很好协调与理性处理,一些事情事态才不会扩大。因此对极端事件舆论报道要把控,淡化与减少报道更有利于事情的和谐处理,以及减少社会以后的负面效应。

我们的家长、我们的政府、我们的社会应当重视孩子的安全,但也应合情、合理、合法地对待安全事故,和谐理性处理各种安全事故,形成正确的舆论导向氛围,更有利于学校安全教育工作和事情的解决。不要为了息事宁人而做出过于退让的违反法律常规的事,为以后协调此类事件带来麻烦。紧绷的神经与压抑的情绪会扭曲人们的思想与解决方式,任何人都不喜欢出事,不要因个别偶发和客观环境引起的事件而责难学校,更不要把社会环境的责任都强压到学校身上,使责任无限扩大,令学校无所适从而害怕担当责任。

依法治国、依法治校,更需要用法规保护学校教育教学活动的正常进行。各方都不敢承担责任,不敢担当,不敢做事,这对孩子的成长十分不利,对学校的和谐发展更不利,也与依法治校相距甚远。我们共同的职责是教育、爱护好孩子,要共同承担责任,要为学校和老师减负减压,使学校放心大胆地开展教育教学活动,敢于承担教育和安全的责任,共同形成良好舆论导向与安全教育氛围,这才有利于学校和谐向上的校园建设。

2. 真情热心,消除隔阂

我们的孩子无须"圈养",他们只有在开放与全面的教育教学活动中才能健康成长。孩子在活动中难免有磕磕碰碰,在这些挫折中才能培养孩子礼让、互助的品质和生存、自立、自强的能力。因此,在学校中孩子发生一些碰伤等事故,既有偶然因素也有必然因素,但学校一定要热情真心地协调处理好这些事故,这对建设和谐校园,以及教育当事学生和其他学生都有重要的意义。

老师有教育孩子的责任,更有爱护孩子的天职,保护孩子的身心健康是我们教师义不容辞的职责。在孩子遇到危难时,教师必须挺身而出,同学们必须勇敢相助,这是职责与人之常情,不得推脱。不管学生是在各种教育教学活动中还是自由活动中的无意碰伤,不管是孩子吵架动手有意造成的伤害,还是孩子自身心理、体质等因素发生的特殊情况,老师、学校都应当积极关爱学生并热心地协调处理,要把学生当成自己的孩子,全面周到地服务学生。

轻微的受伤要及时送校医处妥善处理,并及时通知班主任老师;较大事故还应及时通知学校领导,采取科学正当的抢救措施。学校应有处理这样事故的详细预案,学校各方力量更应积极全力主动配合,有合理科学的责任要求,有预案规则的全方位运转,有人力物力等的全力配合,这不仅可以很好保护孩子,尽早地消减孩子的疼痛,减少更大伤害,不影响孩子的治疗与健康,也会消减家长的紧张情绪从而得到家长的理解,能够消除学校与家庭、同学与同学之间的隔阂。根据孩子的状况,有的应及时送医院,并通知家长或监护人,使孩子能得到及时的治疗。

因此,教师一定要热情关心孩子的健康,热心主动处理类似的事件,第一时间到位,以最佳方式处理。孩子都是家长的心头肉,孩子出事家长的心情肯定非常着急,容易站在自己的角度看问题,我们的热情主动会在情感上艺术地缓解家长的紧张情绪。大家都明白,孩子的健康是最重要的,孩子的未来成长还需老师和学校的关心帮助,用我们热心和诚意是可以缓解家长着急的心情,心情的愉悦最有利于孩子身体的早日恢复,有利于孩子更好地健康成长,也能收获更加珍贵的友谊。

由于天气因素和社会流行病的影响,每个人都可能头疼脑热,孩子则更可能生病或被传染。学校要积极普及防疫常识,教师要细心观察孩子情况,孩子如果生病要及时通知家长带孩子进行治疗,该在家休息的要休息调整好,预防病情恶化与传染给别的同学。特别因季节发生传染病或社会流行病暴发时,学校更应采取有力措施,防止病情在孩子中扩散。有的孩子在身体、心理和情绪上有缺陷,我们教师更应全面细致了解,尽量与家长在事前沟通,将缺陷记录在案例,努力防患于未然,孩子出现状况时我们就心中有数,知道怎样妥善处理,利于与家长沟通。

其实很多家长也非常通情达理,会客观公正看待类似事件。班主任老师在很多家长的眼中就是公正与诚信的代表,再加上老师平时的细心关怀帮助,有情况时主动关心并积极与家长联络,就更能获取家长的理解与信任,这些都为我们和谐处理这样的事件打下良好的基础。

3. 收获成熟,增进友谊

无论是主观还是客观、是有意还是无意,孩子身体出了状况或受了伤害,都是我们不愿意看到的,也是孩子成长过程有可能遇到的情况。但事情既然已经发生就一定要妥善处理,我们要热心、诚心、全心和耐心地协调解决,并尽全力让坏事向好事转化,把坏事变成好事,把身体受伤的状况当成孩子成长中的经历,借此收获成长与成熟,增加能力与自信,增进合作与友谊。

谱和谐之韵 逐向上之梦
——构建和谐向上的学校文化

孩子在学校学习生活中如果受到伤害,教师就应认真了解和分析事件的前因后果,以便追究相关孩子的责任有所依据,使得事件的后续处理能够公正合理进行。更重要的是教师要充分利用这个事件,将它作为活生生的教材,并以此为契机引导教育孩子接受成长中的考验,将其化为成长中的切身经验。让受伤害的孩子得到教训,让伤害别人的孩子得到惩戒,让所有的孩子都从中得到深刻的教育,这样,伤害与损失就成为教育全体孩子的好教材与借鉴的例子。

我们教师还要组织伤害别人的孩子和家长,或班级其他的同学及时慰问和探望受伤害的孩子,及时在生活和学习方面给予全面的关心和帮助,在精神上给予同情和慰问,在物质上给以安抚和帮助,在生活上给予方便和服务,并发动同学们发扬同情弱者和关心困难同学的相互帮助精神,使受伤害的同学感受到集体的温暖和同学们的友情,也使受伤害孩子的家长消除不满的情绪。教师不仅自己,而且要组织发动同学、家长、学校等各方力量,采取各种方法,尽量不让孩子的功课落下,该补的课要补上,该辅导的作业及时辅导,老师的关怀、同学的帮助,会增进同学之间的感情和友谊,使所有的孩子收获更多。因此通过这个我们不希望发生的特殊事例,促使同学之间更加了解和信任彼此,即在所谓"不打不成交"中增加情谊。

每个人在一生的学习和生活中都会有这样或那样的经历,也一定会有正反面的经验教训或各种事故,有远的、有近的,有间接的、有直接的,而最为深刻的就是自己亲历和身边的事情。我们不希望伤害孩子的事故发生,但既然发生了,我们就应当很好地和谐利用,使之成为我们切身的体验,成为教育教学和学校管理的生动教材。把碰撞当成锤炼,把波折当成训练,让个人的教训成为大家共同的经验,收获经验,收获成长,收获友谊,收获童年时那份难忘的记忆。

4. 依法依规,合理裁决

我们的家长总体上非常理解学校和老师的工作,绝大多数家长也都能和谐处理类似的事故。但也有个别家长,在利益驱使和各种特殊环境下,使学校和老师很难协调解决类似的伤害事故。可能因为伤害较大,可能因为经费赔偿或补偿达不到意愿,我们要理解家长的心情,更应尽量以情疏导,用爱化解,使各方都理解和退让。谁都不希望安全事故发生,更没有合算与不合算的道理,我们不希望再出现由此事引起的不愉快的事发生。事情既然已经发生了,就应当换位思考,想出和谐解决的办法。

实在协调处理不了,就要走法律仲裁的途径。法律应协调与处理学校出现的任何事故,更应保护学校正常教育教学的秩序,使每一位学生的活动不受外部因素干扰。不要为了安抚与稳定而顺从无理的要求,这会助长不良的社会风气,也与依法治校背道而驰,同时也会形成不好的导向与氛围,形成更加对立的家校情绪,再结下新的怨恨,这是我们不愿看到的。

现在"校闹"和"医闹"的事情时有发生,这对整个社会产生非常不好的影响。"校闹"对学校不好,对当事的孩子也非常不利,对全体孩子更是不公平的。在协商解决不了的情况下,我们应按照《未成年人保护法》和相关未成年人伤害事故处理办法,依法依规与合情合理裁决。该追究的责任应当追究,该负的责任应当负起,但不要大闹大解决,小闹小解决,要公平、公正、合理裁决。触犯法规的,要按法律判决,以树正气,为学校撑腰,形成良好的学校安全氛围。

我们要在法律法规的框架下,在人文理性的和谐观念中,诚心诚意、真情真意、通情达理,就能够处理校园安全事故,做到对得起各方当事人,营造良好学校氛围并促进社会与学校的和谐向上。

第四节 自然社会的环境与氛围

我们曾把烟囱林立和立交纵横作为城市与工业繁荣的盛况予以赞叹,而现在大气的雾霾与交通的拥挤使我们对城市的繁荣景象又增加了很多深层次的反思;我们曾把所谓高智商的神童提早集中在大学里并且加大学习力度与难度,以此早出大才,实践证明这种方法对这些孩子的持续发展有不利的方面。因此,无论是经济的快速发展还是个人的成才进步,都应遵循其内在的规律,尊重自然本质,尊重人性本质,促进其和谐向上地持续发展。

当然,人类社会的认识与发展不可能先知先明,在适者生存和优胜劣汰的社会与自然环境的竞争中,在成功与失败的各种经验和教训的社会实践发展过程中,我们不仅应积极探索人类社会快速发展之路,还要不断探究人类社会和谐融洽之策,广泛探讨和谐向上理念的本质内涵,从而更深刻理解教育与社会自然的和谐互动关系,促进人类社会持续地和谐向上发展。

一、世界是多元的

人类社会在奋发向上精神与科学技术的引领下迅猛发展,推进人类自身发展和社会文明进步。地球是我们的唯一家园,社会的向上发展是受自然界本身的承载与消化能力制约的,有其内在的自然循环链条与和谐发展的规律,我们适应规律则能持续发展,违反规律则必然受到自然界的惩罚。

谱和谐之韵　逐向上之梦
——构建和谐向上的学校文化

老子《道德经》说："道生一，一生二，二生三，三生万物。"自然界一百多种化学元素组成了大千物质世界。世界是多元的，物质是第一性的，我们要尊重自然发展规律，我们要尊重物质存在法则，因为有了自然和物质，才有我们人类生存的可能，才会产生物质财富和精神生活，精神与物质的和谐统一才是自然社会生存与发展的和谐向上准则。

1. 自然法则

世界万物都生活在这个星球上，物质不灭定律告诉我们任何物质都不会消失，只是在进行物质结构内部的转换，能量的守恒定律与物质的和谐作用才是其本身存在的意义。

丰富多彩的多元世界并不是哪一个元素最重要，或者哪一条色彩最鲜艳，而是每个元素都有其存在的意义，无数条色彩都绽放各自的光彩才是我们需要的多彩世界。每种元素都有其各自的位置，都与其他元素错综交合才能组成丰富的物质世界。相互比较才能证明自己的艳丽，相互依托才能证明自己存在的意义，都是和谐互动与互变的统一体。

一花独放不是春，百花齐放春满园，万物同生共繁荣，和谐共圆向上梦。

因为多元才复杂，因为复杂才精彩，因为精彩才变化，因为变化这个世界才循环反复不断和谐向上发展。我们这个星球就是这样发展变化的，从单细胞到多细胞，从植物到动物，从动物到智慧的人类，这是世界自然环境矛盾与统一变化发展的本质，是不以人的意志而转移的客观规律，这是万物发展进化与和谐向上的本质属性。

金木水火土，五行相生相克。金生水，水生木，木生火，火生土，土生金；金克木，木克土，土克水，水克火，火克金。世界万物就是相生与相克的互需共处的和谐循环过程。

每日有白天与黑夜，互为对立与依托。一个人一直忙于做事是不行的，所以宇宙就安排我们白天好好做事工作，晚上让人们安静地休息睡觉。黑夜是为白天准备的，劳逸结合才有利于身心健康，才能更好地生活与工作。

一年有春夏秋冬四季，它们相互连接自然推进和谐发展。春夏秋冬哺育着万物，各个季节都有其重要的作用，每种动植物必须适应。我们期望四季如春与风调雨顺，但狂风、暴雨、严寒、酷暑，以及地震、海啸、火山爆发等自然气象谁都阻挡不了，这是大自然自身的运转规律，它们的存在与发生有着极其重要的作用与意义，它们锤炼和催化着物种进化与发展，对物质发展和更新有非常重要的积极意义。宇宙大爆炸才促使地球划时空的发展，任何事情都有其矛盾对立与和谐发展的两面性。自然世界就是这样在和谐、矛盾与对立中相互作用影响，寻找自身和谐向上的发展规律和正确道路。

平衡和谐是相对的,变化发展是绝对的;我们要和谐,这是生存的法则,但个体变化和相互转变作用组成的个体与整体的向上发展是客观的变化规律,我们要尊重规律与适应规律,才能和谐向上发展。

人分男女,交融繁殖,优势互补。总体而言:男人力大坚毅,视野广阔;女人细腻周全,爱家护子。男女互依倾慕吸引,作用有别互敬互爱,产生情欲生育后代,取长补短和谐向上。有生才有死,如果都是长生不老,地球也就承受不了,社会也就不可能创新发展。有生必有死,人生易老天不老,新生换旧颜;生生死死,死死生生,一代代繁衍传承接递延续,我们人类社会才能和谐向上更加美好。

大千世界,自然融合;四季循环,阴阳互补;生死相依,兮兮乾坤;万变归宗,和谐向上。

世界万物在矛盾与融合中才存在,才有本身存在的意义,它们相互影响促进,共同发展。世界万物如果只存在一种形态,这个世界就停止发展了,这个世界肯定走向消亡。

2. 人间正道

侵略和占有曾经是种族和国家强盛与发展的主旨,就跟"大鱼吃小鱼,小鱼吃虾米"的动物生存逻辑一样,是人类发展必经的野蛮阶段,直至发展到近代法西斯发动的世界大战,人们才开始认识到非正义战争必定失败。唯有碰壁才能得到深刻的教训,才能教导人们找到正路。随着物质经济与社会政治的发展,人本人权与文化文明的进步,加上教育与科技的发展和作用,民族的解放、国家的独立成为不可阻挡的潮流,人与人、民族与民族、国家与国家平等的理念逐渐深入人心。和谐包容才能和平相处,和平相处才能平安幸福,平安幸福才能向上发展,才是全人类追求的美好生活。

三十年河东,三十年河西,各方称雄几百年,没有哪一家王朝千年不变,也没有哪一个国家永远雄霸世界,每个国家都有自立自强的权利,每个民族都有一个曲折发展与和谐向上的过程。世界公认的文明古国,之后没有哪一个国家长时间领跑世界。你方唱罢我登场,各领风骚数百年,自大与锁国必然导致矛盾不断,很难进步,相容与自强才能达到和谐向上发展。

每个民族、每个国家发展的道路和形成的文化不尽相同,有战争,有掠夺;有交融,有包容;有依赖,有援助;有对话,有合作。战争埋下的是隔阂,占领留下的是不屈;对话使文化交融,合作让国家繁荣;和平使人民安康,和谐让世界发展。自由、平等与合作永远是世界人民的美好希望与追求,没有高贵的民族,更没有低贱的国家,每个国家或民族都是世界大家庭中和谐平等的一个成员。虽然肤色不同、种族不一,经济发展有先后,文化传统有差异,但每个人、

谱和谐之韵　逐向上之梦
——构建和谐向上的学校文化

每个民族、每个国家都应当是平等的。

虽然我们人类经历了无数次的战争、屠杀、掠夺、占领、殖民和强权,但没有哪一个民族和国家会屈服,人类的发展史教育和矫正着当下和未来人们的认知。为一己之利、一族之利、一国之利而剑拔弩张只是目光短浅的一时之勇,只是一场政治游戏,失去的是平民的生命,伤害的是民族的感情,种下的是国民仇恨的种子。经过了多少次的战争与掠夺、强权与讹诈,人们才逐渐认识到战争解决不了根本问题,强权只能是一时的压服,唯有和谐才能向上发展。

周恩来总理在20世纪50年代提出了国与国之间"和平共处五项原则",它超越了意识形态和国家制度的差异,以其包容性和开放性的丰富内涵得到了国际社会的广泛认可,成为解决国与国之间问题的基本准则,为国际关系的和谐发展做出了巨大贡献。

"人间正道是沧桑",东风永远压不倒西风,西风也永远压不倒东风,一时的强大是当时主客观环境造成的,不可能一直持续,因为环境总会变化,各种气象组成了大自然变幻莫测的自然风光。没有哪一方能永远独霸世界,平等相待是每个人、每个民族、每个国家生存与发展的必然选择。只有对话,只有和解,只有合作,只有和平相处、相互尊重,才有和平,才是人类历史发展的正确道路。

人类的实践认知是一个不断摒弃愚昧落后的思想与方式的过程,探寻着波浪式或螺旋式向前发展的曲折道路,正义必定战胜邪恶,真理必定战胜谬误,人类的发展一定是不断向前发展的,因为不正确之路必定受到惩罚,只有尊重规律才能发展,只有和谐才能向上。当然,我们人类一定要主动积极地探寻顺应自然规律的和谐向上发展道路,一帆风顺是不可能的,因为未来的路是未知的,科技与创新会使我们尽快发展,反省与教育会使我们少走弯路,避免大的波折与惩罚。

一人、一家、一族、一国的所谓至高无上的安稳幸福不能长久,因为你与大众整体不融洽,与自然发展规律不和谐。大河无水小河干,小河有水大河流,"海纳百川有容乃大,壁立千仞无欲则刚",只有大家平等相处、和谐共进,才能共同拥有持续幸福。

冤冤相报何时了,怨怨相计何时休;和睦相处都欢喜,和谐向上是民众福。

3. 和谐地球

人类社会的发展一定是根植在我们美丽可爱的地球上的,在探索和创新的发展进程中,需要认真地总结与反思,需要用教育来甄选以前的各种经验与教训,更好地引领未来发展,促使人类社会走向与自然界更加融合相促的发展之路。人类社会只有人、地(物)、天和谐融洽,就是利用自然资源创造物质财富,但不是破坏自然环境,才能使我们的社会和谐向上。

自然界万物的弱肉强食、胜者为王败者为寇这一优胜劣汰的自然生存法则,促使物种进化发展。但如果地球上强者愈强,永远霸道强盛下去,没有弱者生存的空间,也就无所谓强者了,强者最终也会灭亡。自然界各物种的链条是相互补充不能断裂的,生物的多样性是自然社会发展的根基,弱肉强食应在一定的限度范围内才能循环反复,要为弱者留下一定生存与发展的空间,这是有内部规律与承载限度的,这样才能和谐向上持续发展。

人类为了自己的生存和发展开荒种地,捕杀各种动物,积极进行科学试验,开发和利用了自然资源,丰富发展了物质经济。但人类强势的发展要有一定限制并促进自然生态,和谐多彩的物质世界是相互依存的,自然界各种资源也是有限的,地球上土地与海洋的循环和消化的承载也是有规律和极限的。我们正在受到过度发展产生的地球环境不和谐融洽的惩罚,这是人类探索和发展已付出的代价,只有尊重自然和社会的发展规律,我们的未来才能持续发展,我们的子孙才能生活得更加美好。

人类为了生存与发展滥砍滥伐大自然的树木,只追求经济效益的GDP产值,城市无限扩大,随意排放生活和工业垃圾,破坏了自然生态平衡,致使大自然环境污染,等等。看似物质发展、生活方便了,但生活质量降低了,持续发展的资源不够了。人类的短视和误入歧途,往往是站在本地区、本阶级、本民族、本国家利益的本位主义的强行所为,只想到自己的发展会成为逆大自然意愿的不和谐行为,必定受到挫折和惩罚。

当然,这些行为也是我们人类认识自然规律和发展自我实践与改造的觉醒过程,任何成功与失败都是现在与未来很好的教材。人类需要实践与探索,更需要总结与批判,不断探寻人类和自然界和谐发展的正确道路。

开荒种田和充分利用土地资源曾经是我们社会经济发展的重要选择,但沙漠大举进攻我们生活的家园,沙尘暴越来越频繁。高楼林立与立交纵横曾是城市繁荣的美丽景色,但随着生产经济的发展,汽车数量饱和致使交通拥挤,大气雾霾与资源匮乏等敲响了警钟。人们逐渐认识到:地球是我们共同的家园,地球上的自然资源是有限的,我们不能无限制地开发利用,只有尊重大自然的发展规律,保护与合理开发利用大自然的资源,按照自然界循环承载与消化更新的客观规律,我们人类才能长久地幸福生活。

笔者曾经在黑龙江生产建设兵团开荒种地3年,那里曾经是北大荒,现在叫北大仓。夏季,我们可以望见整齐的田地里有绿油油的大豆、麦子、玉米、高粱等庄稼;秋季,则是金黄一片的收获景象;冬季,是一望无际白雪皑皑的北国风光;春季,冰雪融化剩下的就是光秃赤裸的土地。笔者有时在想,华北的沙

谱和谐之韵　逐向上之梦
——构建和谐向上的学校文化

尘暴是否与我们"北大荒人"开荒耕地对大自然的破坏有关。

环境的破坏与资源的匮乏将影响整个人类社会长久发展和子孙万代的幸福，任何人或国家都不可能独善其身。我们生活在一个地球村中，因此我们必须共同认真地对待经济的发展，树立科学的发展观，千万不要为了眼前的经济数据使我们的子孙没有了能喝的水、能呼吸的空气、能种植的土地。

有天才有地，有地才有源，有源才有家，有家才有我；有了小家，才有大家，有了大家才有国家，有了国家才有世界，只有和谐共荣，我们人类社会才有生存和发展的空间。不要急于利用资源与发展经济，地球自然资源与再生消化循环是有规律和限度的，为了人类以后所有子孙万代的生存与幸福，我们应尊重自然规律，尊重和谐向上。顺天者昌，顺地者荣，与天地和谐相处，人类才能幸福繁荣。

我们只有一个地球，地球是我们唯一的共同家园。

在地球广袤的陆地上，与人类同舞的各种动物，曾经都是与我们平等的伙伴和对手。随着人类不断地开拓进取和发展壮大，以及贪婪的需求无限膨胀，我们已强势到了唯我独尊的极点。曾经的伙伴已被训练和杂交变成了宠物，很多食物已捕光或因圈养而基本没有野味，对手大多数已成为动物园中的观赏品并几乎绝种，大多数动物已经没有基本的自然生存环境，甚至于绝种灭亡。人类的智慧和过度的自我发展，已经使人类与大自然的物种生长产生了极大的不和谐。

以前人类社会因为生存和发展的需要，只好盲目地以牺牲自然环境和毁灭其他物种为代价。现在人类发展壮大了，才发现其他物种和自然环境对我们人类社会的生存发展是多么重要，没有这个地球上的多物种，哪来人类这个物种；没有地球上的各种资源，哪有人类发展的空间。人类只有和其他物种和谐相处，才能合理科学地开发利用自然资源，才有长久生存下去的可能。

我们人类现在已经感到了孤独，也已逐渐认识到要爱护这些动物，有了这些动物的多样性和它们的生存空间，才有我们人类生存和发展的空间。其他物种失去生存的空间，我们人类也必将失去生存的空间和未来的发展。

大自然均衡规律地发展，才是我们人类和谐发展的真正希望所在。哪一个物种过于强大，影响和改变了其他动植物的生存与发展空间和规律，就是逆天反地，不和谐了，这个物种可能就走到了尽头。恐龙灭绝的事例大概就是前车之鉴吧。

随着人类的发展和科学的进步，人类的探索扩张逐渐向地球的两极和深海进发。希望人类能真正做到：陆地很多物种的悲剧不要在海洋上重现，陆地上出现的人与自然不和谐现象，不要在两极和深海出现。陆地是地球的胃，海洋是地球的肺,胃和肺出现问题是要医治的,不治好会出大问题;空气是我们地球最重要的保护层,破坏了保护层地球就不能正常运转,人类更无法生存。科学地开发,保护性地利用,地球才能健康和谐地养育我们人类。不要为了人类自己一时的发展与幸福,破坏了自然天地的胃和肺的功能以及保护层的作用,给未来留下灾难性的隐患。失去生存的自然空间,也将失去子孙万代的幸福生活。和谐共处才是我们人类生存与发展的真谛。

我们要尊重自然界,顺应大自然的发展规律。我们不仅要充分利用各种动植物,更要很好地保护它们,我们人类一定要与陆地、海洋、天空以及在这些地方生存的各个物种和谐相处。世间万物之间有相互依存的生存需求与和谐平衡的内在循环规律。人类的教育一定会促使大自然所有物种和谐相处,人类的智慧一定会使大自然所有物种共同发展。因为只有与大自然和谐相处,我们人类才有希望。和谐向上是我们人类生存、发展和美好未来的希望所在。

弱和强是相对的,会互相转化,它们是一个相互依存且和谐的链条,各有自己生存和发展的必要与空间,都有自己的一片蓝天,都有着自己一方水土,才有利于各自的生存发展,才能和谐向上。正如自然界的食物链一样,互为需求,不可断开。

世界是相互关联的,没有任何事物可以不依靠其他事物而存在,任何人和事物都不是"孤岛"。既有弱肉强食,更有相互依存。高山有高山的伟岸壮观,小草有小草的细腻可爱,它们都是大自然相互依存的伙伴。关联和互动,取长和补短,丰富和多变,智慧和愚钝,美丽和丑陋,罪恶和善良,伟大和渺小,这就是我们不能离开的绚丽多彩的生存世界,这就是和谐包容的美丽世界。

地球是我们人类共同生存的唯一家园,也是我们人类和其他动植物共同赖以生存和发展的空间。同时地球上的各种物质资源都有其相互需求的依存关系,都有其平衡制约的和谐联系,都有其生存和发展的自然规律,我们要尊重这些发展规律,维护融洽的和谐关系,地球的资源才能不断地再生产和发展,地球的资源才能永远为我们人类所用。共筑生物圈,万物同繁荣,我们人类的生活才能永远精彩。

我们人类的生存与发展必然依托大自然的客观物质世界,人与人、人与物、人与自然世界也是这样相互依存、相互对立的,在依存当中求和谐,在对立当中求发展。

人类是伟大的,因为人有思想,因为人有智慧,因为人受教育,所以人类统领和主宰着世界。但人又是渺小的,世界是多元的,地球是一个广阔的万物共生存的村子,人类只是世界万物之一,无法与自然发展规律抗争,只有顺从天意,依据地气,尊重自然,和谐包容,才能与万物共同生存繁荣。

4. 和谐人生

人生是一个漫长而短暂的旅途,我们的生活、工作、成长与幸福是与家庭、社会和自然界等相互关联和作用的,要平安顺利走好人生道路就一定要讲求和谐处理人事,不和谐融洽就会出问题,向上必须向善,和谐向上的人生必定是向善幸福的一生。

每个人只有广吃各种食物吸取丰富均衡的养分,身体才能健康。大自然丰富多彩的食物就是给人们食用的,只吃一种或几种食物肯定缺少营养,就容易生病。各种食物都要吃,不要太精,能吃一些五谷杂粮更好,不能饥饿也不要暴饮暴食,不偏食,不缺食,平和内气,均衡营养,人就会健康成长。

身体是人生一切的基础和本钱,我们应当注意锻炼身体,使自己体质强壮起来,才能更好地生活与工作。但锻炼身体也要根据年龄、性别和天气、气候、环境等因素,根据本人身体的基础情况适度进行,激烈的锻炼要因人而异并循序渐进,不注意很容易受伤,导致适得其反。

身体的五脏与五官等各个部分都有其重要的机能和作用,都是人体不可或缺的一部分,出现了问题都会影响生活质量,因而都要及时处理,不注意都可能会恶化。因此,人体的生长和发育都有其规律和均衡守则,不均衡和谐也会出现问题,相互协调与和谐发展,人体健康才不会出问题。

教师是人类灵魂的工程师,肩负着伟大的历史使命,要注意身心的健康,工作时应注意均衡用力,一个姿势时间过长或强度过大会造成身体的不适应进而产生病症,经常看电脑与伏案批改作业易造成颈椎和腰椎间盘突出等症状,要经常变换姿势或走出房间做一些全身运动,才有益于身体健康进而提高工作效率。教师经常用嗓子,要科学合理运用,嗓音扯得再高也高不过几十位孩子的声音,要用情和声音的变化吸引孩子。因此教师一定要注意身体健康,休息调整与缓解精神压力,使自己的教师生涯更加和谐美丽。

每个人的工作亦如此,我们在一个单位学习工作一定要搞好同事关系,营造领导与下属的融洽关系,身心愉悦就会高效顺利。抬头不见低头见,只有和谐了才能向上发展,向上发展进步不能破坏和谐融洽的关系。一个新的工作岗位,一次新的提拔晋级机会,这是向上发展的认可与机会,但同时也会产生一些适应环境与人际关系等新的问题,这是正常的。虚心学习,踏实工作,交流沟通,摆正位置,合作互助,就会使各方面更加和谐,这就是和谐发展的过程。高高在上,孤芳自赏,自以为是,脱离群众就不融合了,会产生不和谐的矛盾。适应了,和谐融洽了,工作得心应手了,就会更好地得到同事和上级的认可,就有可能进一步向上发展。

如果我们教师的业务水平和工作能力没达到职位的需要,工作起来就会非常吃力,也不容易得到大家的认可,就与职位不和谐了,我们一定要努力学习以提高业务能力和素质,才能胜任职位与愉快工作。更换一次岗位都会产生一些新的不和谐因素,我们要发奋努力以适应新的位置,得到大家的认可就和谐了,就能更好向上进步。如果没有达到要求硬被提拔到一个位子,则会与同事和工作环境产生较大的不融洽关系,这种提拔就破坏了和谐。我们要和谐向上,不要为了向上破坏和谐,当然也不要为了和谐不向上发展,否则单位和社会就不能进步发展了。

我们的家庭生活也只有和谐才能幸福向上。海誓山盟,应建立在夫妻互敬、互爱、互信、互助上,一方独大,爱情不可能长久。孝敬长辈,关爱孩子,相互尊重,和睦邻里,才能幸福长久。同时,家庭与事业也应相辅相成,不能为了个人与家庭的利益侵占集体和国家的利益,徇私舞弊,损公肥私,不仅自己心里不踏实,早晚是会受到天、地、法、人的谴责和惩罚。同样也不能为了工作事业牺牲个人与家庭的幸福,事业成功的幸福如果不能和家人分享,就是有缺陷的,因为我们每个人的幸福生活也是社会和谐美丽的一部分。

家庭和睦一些,工作融洽一些,为人平和一些,幸福感就会多一些,人生道路就和谐顺畅一些。不要为名所累,不要为利所害,名与利要与一个人的实际能力与承受力相适应,和谐向上发展进步才最踏实。不协调、不适应、不和谐,迟早会出现问题。

我国已开始步入老龄化社会,敬老尊老的中华传统美德应成为孩子的必修课,以减少当今出现的一些"啃老""欺老"的不良现象,这对和谐社会、和谐家庭都有重要意义

和谐人生,一生平安;和谐向上,一生快乐。

二、人是不同的

世界上有同类的树木,但没有完全相同的两片树叶。全世界各个国家和种族的几十亿人口,没有哪两个人是完全相同的。人的不同组成了社会的多样性,也构成了和谐多彩的人间生活。

1. 文化多彩

不管你是哪个地方或哪个种族、民族的人,谁也没有能力进行自我基因配置。普通人的基本部件是一样的,四肢、五官、内脏等器官的大小与位置也基本相同,没看到哪个正常人长出一只手、两个脑袋、三个肾的,人的内部生理机能和自然需求也基本是一样的。当然,每个人的身体素质和适应环境的能力会有一定的差距。

地域传统文化和社会环境的影响造成人们生活习惯与思维方式的差异,

谱和谐之韵　逐向上之梦
——构建和谐向上的学校文化

虽然当下现代化的交流媒介与人际交往不断增加,但一方水土养一方人,江山易改本性难移。传统的民族文化永远是最有特色和富有生命力的,地方传统文化将永远焕发光芒并影响着一方人士。历史传统文化是我们各地人群赖以繁衍发展的根基,这是我们的根,这是我们的脉,这是天与地赋予这方沃土养育人的血脉。

由于种族习惯和历史传统文化的影响,各地域的人们性情与思维习惯有较大差异。中国人与外国人的思维方式有很大差别,东方人与西方人的为人处事方法也有很大不同,中国还有各个民族的不同传统文化,等等,这些不同的地域与文化造就了千姿百态的人,也是人类社会大家庭能和谐互促的根本,都是一样的就不可能比较与发展了。

当然,每个人的遗传基因也造成人性格特征等方面的差异,就跟天下没有完全相同的两片叶子一样,人是千姿百态的,各有色彩。人是世界万物之中最为智慧的物种,因为同类我们相聚和睦,因为不同我们相争共进,和而不同,求同存异,和谐向上,光芒四射。丰富多彩的智慧人群,你爱我恨,你争我夺,你智我愚,你丑我美,合作互助,和谐共生,这就是我们这个丰富多彩的自然社会,这就是不断和谐向上发展的人类社会。

万紫千红的地域文化养育与发展了各地人,各种文化相通相容,又各具特色,交融和谐、创新发展,使我们人类的智慧有无限广阔的发展空间。

2. 教育影响

地域环境文化与遗传基因等造成的一些差异是个人无法自由选择的,只能顺其自然并主动寻找和谐的适应点。其实人最重要的差异都集中在头脑这个"软件"中,因为头脑可以很好地支配与协调身心各方面的和谐发展,而这头脑思维能力的重要来源就是接受各种不同的文化教育与熏陶。

从个人成长角度来看:人的智慧与品行的不同,学习与教育起着决定性的作用。家庭教育、学校教育、社会教育等决定着每个人的基本素质。现代教育还有更为重要的终身学习与继续教育,只有不断接受新的知识才能跟上社会发展的需要,提高现代化建设需要的素质,为社会文明发展更好地服务。鲁迅说:"教育是要立人。"知识改变命运,教育决定未来。我们的社会和家长都非常重视孩子的教育,就是因为寄希望于良好与科学的教育,全面培养孩子的素质,使孩子们将来有一个美好前程,为社会做贡献,为自己创造美好人生。

从经济发展角度来看:科学技术是第一生产力。随着物质经济的发展,社会文明的进步,各个国家都非常重视基础教育和国民教育,民族振兴、国家富强的决定因素是民众的整体素质。教育是一种有计划、有目的、有组织的传授知识文化和提高整个民族素质的社会活动,这是人才储备与国家长久持续和谐发展的根本大计。只要有一定的经济实力,每个国家义务教育的覆盖面和时间都尽其所能往广和长发展,而且社会教育和网络教育等不断扩大纵横面,以期提高公民素质,提高国民素养。历史已不断证明,只有教育发展了,国民的基本素质才能提高;只有国民素质全面提高了,国家才能繁荣富强。

从社会文化角度来看:人类社会的发展与传承,无论是民族传统文化,还是社会发展逐步形成的政治、经济、科学、哲学、历史、文学、宗教、法律等社会文化知识内容,各领域有其自身发展的轨迹与内涵,但都需要教育进行整合、交流与传承。整合形成系统,交流产生共鸣,传承才能发扬光大。社会的和谐与发展,社会的民主与文明,需要认真地总结,不断地融合,积极地创新,大胆地突破。教育能夯实各领域的文化基础,引领前进的方向,推动文明社会和经济社会和谐向上发展。

特别是自然科学与社会科学要均衡发展,国家制度要正确引领精神文明与物质文明的和谐发展,否则会影响社会的和谐向上发展。中国古代科技领先,四大发明享誉世界,但由于社会制度因素,使科举和八股文盛行,过于重视文学等社会科学,社会人才大量集中于社会科学方面,自然科学严重滞后,科学技术难以正常发展,影响了社会内部平衡互动的和谐规律,大大制约了经济的发展。

人类教育开启了文明史,人类的教育也必定会引领社会和谐向上地驶向未来。

3. 平和对待

每个人是不同的。货与货相比——要扔,人与人相比——想死。货不能随便乱扔,人更不能随意就死。人与人、物与物有差别是正常的,世界之多彩也是需求不同造就的。我们每个人要和谐应对,要努力上进,更要平和对待自己、他人以及这纷繁的世界,这样才能和谐愉快地度过人生。

社会需要伟大的政治家、哲学家、科学家等精英来引领,他们对社会的进步与某些领域的发展有时起到关键作用,他们领先的思想与思维对人类社会的发展做出了很大的贡献,我们教育、培养、鼓励和激发这些人才的出现,以使我们社会充分运用人们的聪明才智更快、更好、更和谐地向前发展。

然而,精英毕竟是少数人,需要个人的不懈努力、环境机遇的巧合再加上本人的天分。社会还需要更多各行各业的普通劳动者,他们是社会发展的积淀,正是这些普通人的辛勤劳动才奠定了社会政治、经济、文化等发展的基础,成就了社会精英们发挥作用的基础和创新的可能,创造了精英们产生与发展的土壤。人民,只有人民,才是人类历史发展的真正动力。

其实社会精英与普通劳动者一样都是社会中相互联系和依存的一分子,

谱和谐之韵　逐向上之梦
——构建和谐向上的学校文化

各有所长,也各有所短,他们也是由普通人成长起来的,这是人类和谐向上的一种必然趋势。有了这些普通劳动者的创造才有那些伟大的精英人物成长与发展的可能,精英是踩在普通劳动者肩膀上的巨人,社会的脊梁其实是这些普通劳动者支撑起来的,没有普通劳动者也就不可能有所谓的精英,因此普通劳动者一定要受到人们包括"精英们"的尊重。精英必须学习和吸收普通人的智慧,并引领社会科学和谐地通向幸福的彼岸,精英也才能得到人们的认可和爱戴。

"人往高处走",这是个人积极向上和社会向前发展的需要,然而"高处不胜寒"。高处的人在得到名誉、利益、地位等的同时,成为社会公众人物,社会影响力与作用力大必然成为众矢之的,担负着更大的社会责任和个人压力。人们对他们的期待和要求也更多、更高,他们也就缺少很多普通劳动者的乐趣,他们时刻都要摆正位置、注意言行,协调更多更复杂的关系,很多时间和想法已不是自己能把握的,受到很多"高处"独有的"寒冷"因素制约。

"水往低处流",这是自然规律促使物体下沉的基本原理,况且"低处纳百川"。低处的人们温馨平和并蕴涵了更为丰富的平民百姓情怀和平凡生活的乐趣,生活虽然清贫但也少了些为名为利的争斗与压力,有着广阔的生存自由度与随意自主的发展空间,可以成为真正的自己,更易于与家人和平民相互依赖与互相帮助。自由随意的无争生活容易协调和处理好各种关系,"低处"好像不那么风光,其实精彩无限,因为"容纳"了世界最平凡真实的民众生活。

我们学校有一位素质和能力都非常高的年轻副主任,在工作还很顺利的情况下,她竟提出辞去副主任而当一名普通老师的要求,大家都感到不理解。笔者就跟大家说,人各有志,适合自己的就是最好的,鞋子好穿与否只有自己清楚,勉强去做一件内心感到不适合的事其实就是不和谐,只有与家庭、自身心理与环境融洽自然的结合才是最好的和谐向上。不要为名利所累,名与利在适合、融洽、愉快、共享中得到才是最佳的和谐向上。

因此,不管精英还是平民百姓,重要的是要有平和的心态,努力争取,无须强求。平和对待人生的平淡与辉煌,积极努力为社会做更大的贡献,对名和利不要刻意追求,是你的就是你的,不是你的无须强求得到。心态摆好,精英也会有丰富多彩的生活;心态不好,平民也容易产生变态的做法。营造和谐的生活和工作环境,积极向上发展,创造幸福美丽的人生画卷。其实人的一生所得所失总体也是和谐平等的,努力了多少会获得多少,得到很多也会失去很多,一切都是有定数的,心态平和就会快乐一生。

水能载舟亦能覆舟,水很温柔又很坚韧。中国古代伟大哲人老子说:"上善若水。水,善利万物而不争,处众人之所恶,故几于道矣!"水的作用的深刻含义对我们人生及事业发展有重要意义。我们要用包容之心与平稳的心态来看待这汹涌澎湃的大千世界。只有顺势而为,并学习水势的和谐与坚韧精神,才能乘风破浪不断和谐向上发展。

因此,脑力劳动者和体力劳动者一样伟大,精英和普通百姓没有高低贵贱之分,都是人类社会丰富多彩的一分子。社会要发展,每个人都是不能少的,每个人都是重要的。我们应当提高思想境界,平静对待人生道路遇到的各种风风雨雨,平和乐观地看待社会生活中的潮起潮落就是一种向上的体现。

4. 条条大道通罗马

世界是多元的,社会是精彩的,社会的需求和发展必然是丰富多样的。我们的教育和对孩子的要求也应是多种多样的,这样才能适应世界和社会的发展需要,也才能使我们每一个人都有生存、生活和发展的空间,我们人类社会也才能与自然、社会和睦相处,也才能促进个人与社会的和谐向上发展。

我们每一个人都应当有理想、有希望,有自己的人生奋斗目标,这是人生和谐向上的原动力,更是社会发展的不竭源泉。孩子的理想信念需要我们因材施教并有针对性地教育与引导,再加上客观实际的熏陶而一点点逐步自然形成。大家都往一个道上走,这条道路将会被挤得水泄不通,矛盾重重;大家都想从一座桥上过河,这座桥肯定会被压塌,最终谁都过不去。条条大路通罗马,坐飞机、坐汽车还可步行与骑车,各有其特色,也会享受不同的景色与精彩,何必计较快慢与舒适,适合自己的就是最好的。顺应自然环境,自己适应满意,就能发挥自己的潜能,走好自己人生和谐向上之路。

我们面对的是智商、性格、爱好和知识能力迥异的孩子,我们的教育也应当是丰富多彩、人本与个性化的,必须因材施教,应当有教无类。都走一条路,都过一座桥,不是每个人都能适应的,人生也缺少了更多精彩,会摧残很多人才。丰富多彩的世界,要求我们培养社会需要的各种人才。教育就是挖掘人的本性资源,激发孩子自由自主发展,才能培养社会需要的各种人才,而不是把所有孩子塑造成一个样子。

世界有各种事物需要测量,我们就发明了各种度量单位,有测时间的年、月、日、时、分、秒等,有测重量的吨、千克、毫克等,有测距离的千米、米、分米、厘米、毫米等,还有测量容积、体积、面积等的单位。我们要根据物品特性需要来度量,不同的东西怎么能用同一种器皿来称量?我们的孩子更是千姿百态的,是能动和发展的人,教育和评价孩子不能用一把尺子来衡量,要立体和全面地评价,要重视现在的成绩,更要看未来的发展。不能过分重视一部分学生,更不应轻视另一部分学生。多彩和多元的世界要求我们树立丰富多样的人才发展观,未来的世界才能丰富多彩地发展,这样才能使我们的社会科学持续和更健康和谐地向上发展。

我们的希望在孩子身上,但不要过早地把希望的重负压在孩子的身上。世界是壮丽和多彩的,人生更是美丽和丰富的。少儿时代应是人生最灿烂和无忧的时代,过重的学习负担与单调无味的生活,对孩子本身的发展来讲是种损害,对他们的未来也容易留下阴影。因为孩子过早地承担过重的压力和责任,会压倒和压怕他们,会使他们逃避责任,会使他们厌倦社会生活,这也违反孩子成长的规律,影响孩子自身的持续和谐发展,还会使他们失去追求美好未来的信心。快乐、丰富和幸福的少儿时代,能促使他们更有信心探究未来世界和创造精彩幸福的人生。

责任心与抗挫折能力是一个人长久发展的重要素质,经风雨才能见世面,重要的是培养孩子敢于面对客观世界的问题和困难的勇气,学习和实践解决这些困难的方法和途径,在攻坚克难中正确评价自己,应为自己、家庭和社会担负起责任。个人的奋斗目标一定要与多彩的世界相结合,既要有远大的理想,更应当脚踏实地不畏艰辛地一步一步实践。实事求是地评价自己的能力和水平是个人和谐发展的需求,也是社会自然的要求。

高山的伟岸是因为小草的衬托,小草的可爱也因为有那些雄伟高山的呵护,都是高山这个世界将险峻可怕,都是小草这个星球也显得平淡无趣,高山与小草和谐互动,相互衬托,才更显出各自的特点与重要性。三十六行都是社会所需要的,只要能为世界添色彩,何必在乎是否是最红的那一条。色彩斑斓是世界和谐存在并互动向上的必然。

条条大道通罗马,何必挤在一条路;三十六行任你选,天生我材必有用。

三、社会是多彩的

社会是由人之间的相互关系组成的,并且还要适应人与自然界的相互作用并促进之。政治、经济、宗教、文化等交融互动,和谐人与人、人与社会、人与自然的发展,使我们人类社会精彩纷呈,唯有和谐融洽并各领风骚才能促进社会的向上发展。

1. 社会是大学,复杂才精彩

人类社会的发展史就是一部内容丰富的教科书,波澜壮阔的社会生活就是一所活生生的人间社会大学,每个人都从不同层面、不同地域参与社会大学的学习、生活与创造。高尔基没有上过正规的学校,但他在社会大学中学习、实践,得到了丰富的文化知识和人生感悟,写出了很多闻名遐迩的文学作品,成为世界著名伟大的作家。

社会这所大学,汇集着人们的愚昧与睿智、野蛮与文明、落后与先进的各种思想和做法,各种政治、经济、文化、宗教的思想理论交织在一起,影响着社会的发展,更影响着每个人的生活与思想,也综合促进着整个社会的前进步伐,它对各个国家、民族,以及整个人类文明的发展都起着,并永远起着现实和历史的重要作用。

我们要认真地收集观察和学习理解社会大学提供的各种教材,还要努力分析推理和判断,以得出客观正确的思想认识。因为这所大学的课程太广泛了,这所大学的教学内容太复杂和深奥了,有深层次的,也有表层的,有真理,也有谬误,有时会使我们很难判断,有时也会使我们误入歧途,因为我们只能经历和看到这所大学教材中的很少一部分,不可能看到全貌。同时我们人本身的局限和社会利益的诱惑,也会使我们做出不科学与不全面的判断。读书可以借助前人的经验扩展我们的见识,思考可以使我们得出正确的判断。

教育是提高孩子自身的修养,并让孩子掌握实现自己价值的金钥匙,让孩子透过云层和迷雾,排除粗枝烂叶,去粗取精、去伪存真,使孩子学会筛拣社会大学中的精华和真理。立德才能树人,不求人人成才,但求人人成人。在成长的道路上,我们要学会如何去学习,学习是一种方法,实践是一种能力,在学习与实践中能更好地体验生活。在成长的道路上,我们还要学会拒绝诱惑,我们要认识自己,要超越自己,实现自己的人生价值。

教育要为社会服务,要为人民服务,要同社会实际和生产劳动相结合。为此,教育要与社会、民众和实际生活和谐融洽,才能促进人与社会的科学发展。我们的教育不能脱离孩子的生活实际,更不能脱离社会实际,脱离实际将被现实抛弃。因为知识是社会实际中得来的,所以也必须在社会实际中得到验证,况且我们的孩子还要回到社会实际生活中去创造未来,知识与能力不能成为好看不好用的空中楼阁。因此,教育要求真,教育要务实,教育要紧紧与社会实际相结合,这样才能促进孩子与社会的和谐向上。

我们每一个人都学习、生活徜徉在丰富多彩的社会大学之中,必须自觉地融于浩荡的社会海洋之中,因为我们是这广阔海洋中的一滴水、一棵草。从历史的长河看,人的生命很短暂;从社会现实看,人的能力很渺小。但我们每个人都是这社会的必要组成分子,广阔的海洋由一滴滴水组成,汹涌的历史画卷由我们每一个人一笔一画合力写成。

社会这所大学,我们要了解她、学习她、顺应她、融入她,这样我们才能立足于社会之中,才能和谐地存在其中,从而理解她、改造她、促进她、发展她。

2. 矛盾是本质,和谐才向上

社会的发展不可能和风细雨、一帆风顺,平坦笔直的通天大道就不是我们人类社会了。然而社会必须前行,只有在和谐与规律的基础上才能向前发展,

谱和谐之韵　逐向上之梦
——构建和谐向上的学校文化

要不然就会碰壁。前途是光明的,道路是曲折的,人类社会就是探索、碰壁、前行,再探索、再碰壁、再前行,以此来不断探寻正确的和谐向上发展道路。

社会的精彩就是与其曲折和复杂紧密联系在一起的,社会上的任何事物的发生和存在都有其道理与规律,都有对立性与统一性。因不同而成为对立的双方,因对立而成为相互依存的共同体,因共处于统一体又需和谐相处,而且即使相距很远的事物也有千丝万缕的联系,它们都是生存与相互关联链条中的一个环节。因此,世界虽然纷繁复杂,但存在就有其道理,存在就有联系,就应和谐相处,在对立与统一的过程中探寻正确的发展道路。

再文明进步的社会也有阴暗面,再落后愚昧的事情都有其进步的因素。我们人类社会从落后和愚昧逐步走向先进和文明,落后与愚昧的事情必定催发先进科学文明的诞生,它是和谐向上的反作用力,也是人类社会内在前进的一个动力。事物的多面性证明发展的复杂性,社会的矛盾性与统一性是历史发展的内在规律,是和谐向上的一个过程,也正是社会的美丽和丰富所在,也是其内在斗争及优胜劣汰的社会发展根源。光明因阴暗的存在而夺目,美好因丑陋的对比而更令人向往。

我们看到当今一些贪官污吏被判刑,这些人罪有应得,群众拍手称快。同时我们也要看到,我国市场经济建设和各种法规制度措施的不完善也是造成他们犯罪的重要因素,也有社会环境和中国特有的人际氛围的影响。中国几千年封建社会的思想意识、家族亲朋互助理念,也都根深蒂固地影响着我们每一个人。他们的亲人、朋友,都不希望他们走到国家和人民的对立面,但却可能成为他们走向深渊的助推者。通过他们的案例,也促使我们的制度建设和法制建设逐渐完善,也警示和教育着后来人,因此有其积极意义。和谐社会的发展就是在社会发展的过程中不断矫正不和谐的因素才走向正道的,不可能一帆风顺。

掠夺和战争使人们渴望和珍惜和平,开荒种田和无序利用自然资源使人们明白保护环境就是保护自己,特权与霸道使人们认识到人性与平等才是人们最基本的权利,名誉与地位原来也会使人走向犯罪的深渊。很多现在看起来很简单的道理,其实是用无数的生命和惩罚代价换来的。

科学发明为人类快速发展提供了便利,但也会促使人们产生巧取豪夺和贪婪懒惰的心理;火药的发明对人类社会的进步与发展起着巨大的作用,但把它用于屠杀和战争又成为人类的祸害了;网络信息技术使生活与工作便利,极大地促进了社会发展,同时黄色、暴力、恐怖与欺诈等在网络的迅速蔓延也极大毒害了我们每一个人——尤其是青少年。我们必须认真解决由发展带来的不和谐因素,又不能因为害怕这些因素的发生而不努力探索向前发展,但我们绝不能为了发展无限度扩大不和谐因素,没有把控住将受到更大的损害,甚至于遭遇毁灭性的灾难。消灭我们人类的不是地球的爆炸或外星人的入侵,最有可能的就是我们人类自己的不当发展。

社会上的人和人之间的关系亦如此:有坦诚,有谦让,有奉献;有计较,有竞争,有超越;有对立,有合作,有统一。正义感和良好的风气一定要建立在公众的道德良知和规范的法律执行上,使人们公平、公正地进行竞争。有竞争和排斥,更有合作和包容,只有相互帮助、相互理解、相互促进,人们才能和谐共进,因为最终的幸福美好一定是全体的。社会矛盾的根源就是利益不均衡与权益不平等,但社会发展的根源与动力也是因为不均衡,在不均衡中努力寻找均衡与和谐的突破点而向前发展。完全的平均主义、大锅饭也不利于激发人与社会的上进发展。

我国的教育发展亦如此。为了发展新中国的教育事业,我们曾经集中人力与物力加大对中小学重点校和示范校的建设和评选,使一些学校迅猛发展并成为有影响力的名校,这些领头羊促进了中小学教育的快速发展,当然也同时产生了教育不均衡的问题。当下社会政治、经济、民主、法制的发展,使普通老百姓们的民主意识增强,对教育公平有更高的要求,这是教育发展过程出现的不和谐因素,我们现在一定要很好地保证教育均衡才能使我们的教育健康向上发展。

我们的教育应尽全力传授科学正确的文化知识,并适合孩子自身的发展规律,使孩子健康成长并有益于促进社会和谐向上。但毕竟教育者和孩子都是能动的人,知识的传授与能力的培养都是在人的思维作用下生成的,是否与社会实际吻合还有一个检验过程。知识是总结前人和现有的资料,是文字资料与理论的提升,与现实和未来发展是否和谐统一还要靠孩子自身的理解、实践、感悟与升华。教育没有绝对完美的,完美的教育是为孩子留下发展的空间;教育应克服急功近利、死压硬填,而应为孩子指明方向并让他们自由翱翔。

因此教育就是在教与学的和谐与不和谐中探寻和谐向上的发展之路。

我们生活、工作在天地之间,一要顺天时,金钱与地位要和谐争得,是你的就是你的,不是你的不要强求,强求得到了,可能还容纳承受不下,很可能使你失去更多;二要随地利,我们要多为大自然和普通民众耕耘奉献,使我们生活和工作有深厚的积淀与基础,得到更强有力地气的支撑;三要和人气:我们要虚心诚实地对待广大民众,多与他人交流互动,我们就会有众多"粉丝"捧场和支持。

人类社会要"和谐向上"地发展,"向上"不"和谐"必被惩罚,不能只顾快速地"向上"发展,在发展的过程中一定要注意和谐各方因素,产生了不和谐因

谱和谐之韵　逐向上之梦
——构建和谐向上的学校文化

素,应及时调和应对,不然可能受到相应的惩罚。人类的智慧一定能让社会科学和谐发展,让我们的地球载得下、转得好,人们更幸福。

矛盾是社会的本质动因,没有矛盾社会不能发展,有了和谐能促进发展,构建和谐就是为了减少不利因素,更好、更科学合理地向上发展。

3. 人性无善恶,教育真重要

"人之初,性本善;性相近,习相远;苟不教,性乃迁;教之道,贵以专。"这是《三字经》的开头篇。

其实人一出生无所谓善恶,他(她)是一杯无色纯净的水,他(她)在成长的过程不断欣赏和吸收世间各种色彩、品尝人间各种冷暖,在这当中逐渐形成自己的认知。因此,人先天有智商的差异,但没有道德的优劣,只有后天的各种教育和影响熏陶才对孩子的品行起到真正至关重要的作用。

向上很辛苦,必须鼓起精神奋发;向下很容易,只要随波逐流;中道要技巧,需要不断努力和谐各种关系。人其实都在调和各种关系,上下左右摇摆着前行,重要的是平衡好内在身心,才能不断助己和谐与向上。

每个人随着生存的历练和自主意识的增长,都在努力和谐各种因素,积极向上奋进;但同时社会上各种物质利益的引诱,也会激发出懒惰、贪欲等人性劣根。

市场经济激发了人的竞争意识,促进了社会经济的发展,但金钱的诱惑也刺激了一些人丧尽天良的贪婪秉性,这些人想的是享受和不劳而获,从而做出损害社会和他人利益的事。人们崇尚的诚实、善良和同情的良好品质,却经常被狡诈的人所利用,同情与信任有时付出的是血淋淋的代价,摔倒的老人要不要扶起都成为当今争论的话题。恐怖和色情的刺激,诱发人们的兴致、动摇社会的良知。人类社会就是这样一部美与丑、善与恶、真与假的曲折和充满活力的人性斗争史,洗礼着人们的灵魂,推进着人性和文明的发展。文明终究战胜野蛮,正义必定压倒邪恶,这是历史发展的必然,但野蛮和邪恶却不会"一劳永逸"地消亡,它将永远伴随着人们的生活和社会的发展而存在。

社会这本教科书有很多精彩而复杂的内容,她可以教人奋发与努力,也可以教人贪婪与血腥;她可以引导人们走向正确的人生道路,也可能引诱人走进黑暗的迷途死路。这不仅是因为社会的广泛而复杂,还因为人是能动的主体,人是有欲望和野心的,而思想素养会引领与决定人的取舍。

因此,教育不仅仅是传授知识与文化,更重要的是净化人的心灵,提高鉴别是非的能力和思想素养,决定人一生的和谐向上。

我们每个人接受的社会教育和影响是均等的,但每个人对社会教育和影响的"理解和接受"情况却千差万别,这受自身思想素质和辨别是非的能力限制。社会和身边发生的任何一个大事、小事和稀奇事,都有其多面性,我们都可以从中得到正面教育,也可以得到负面的影响。一方面是社会告诉你些什么,另一方面是你想学习理解和宣传些什么,这是你的思想意识问题,这是由你判断是非的辨别能力所决定的。

对于一部经典的古典小说,比如《红楼梦》,有的人看后觉得异常精彩,有的人看了却不知所云;有的人在书中得出人生和社会发展的深刻哲理,有的人却从中学到偷鸡摸狗和黄色淫欲的歪门邪道。社会是一部更为丰富多彩的古今名著,我们每个人的眼睛和思维就像是变幻莫测的显微镜、放大镜和"哈哈镜",我们从中可以得出各种不同的结论。

少年儿童,包括我们成年人都要提高辨别是非的能力,加强思想修养,保持平和心态,把握自身,树立和谐向上的思想,就会任凭风浪起,稳坐钓鱼船

一个人的思想素养可以净化人的心灵,决定这个人对社会的总体理解与认识,因此要加强思想素质,提高辨别是非的能力;而思想素质会随着学习经历、生活条件和社会地位的变化而发展变化。向下容易,往好艰难;同苦无奈,同甘计较;平和身心,和谐向上。金钱与地位有时会改变原来的价值取向。古人云:"富贵不能淫,贫贱不能移,威武不能屈。"不断锤炼和升华思想素养,就会在社会这所大学中学习和吸收正确和好的东西,排斥和批判不好的东西,不断矫正自己学习、生活和工作的方向。

4. 舆论是导向,共同来营造

人有嘴巴就要说话,人长耳朵就会倾听。舆论能把人捧上天堂,也能把人打入地狱。社会舆论有导向作用,能树立和谐氛围,增加正能量,也能助长歪风邪气。和谐社会呼唤健康正确的舆论导向。

当今社会是信息量倍增和信息传播迅速的时代,历史和现实社会中各种人生百态,以及大事、小事、好事、坏事和怪事的各种宣传报道,真的、假的、虚的、实的都通过大道、小道和传来传去的歪门邪道等各种信息渠道构成了对所有人的教育和影响,尤其是网络的传播更是铺天盖地,使人无所适从,晕头转向。这就是社会大学的教学方法和教育课程,有重要的导向作用,我们既不能回避,又要正确理解、学习和吸收,我们要去粗取精、去伪存真才能得出正确的判断。

我们要树立良好风气,营造良好社会氛围,使社会这所大学充满正能量,这是我们每一个人,包括少年儿童所需要的社会大环境。因为我们希望社会更和谐美好,希望少年儿童少受社会不良信息影响,更好地健康成长。

社会这所大学,任何人都在其中。我们既是学员,也是教员;既是编剧,也是演员,相互影响,相互依存,相互融合,相互促进。我们需要美好的自然环

谱和谐之韵　逐向上之梦
——构建和谐向上的学校文化

境,需要良好的社会氛围,我们希望社会环境清净、纯洁和美好,这是我们每个人辛勤工作和幸福生活的意义所在。构建民主法制社会,树立文明和谐风尚,建设一个良好的社会教育环境,是人民的期望,是政府的责任,也是每一位公民的责任、义务和需求,更是每一个公民和每一位少年儿童所需要的良好的社会大教育。个人的义务,家庭的责任,社会的要求,需要我们大家共同营造一个良好的社会大环境,使我们每个人在这个大学中学习和生活,同时也促进个人和整个社会和谐健康发展。

道德的沦丧首先是社会诚信的丧失,社会的各种现象就是一面镜子,照出各式各样人物的影子,也教育和影响着社会中的每一个人。

媒体宣传等舆论导向要把社会效应放在首位,歌颂真善美,批判假恶丑。文化影视节目就是形象生动的教材,编剧就是"教唆犯",可以教人学好,也可以叫人犯罪。有些东西要曝光,有些东西不能渲染,有些肮脏的东西密封在黑暗的角落里会自然消亡,把它暴露在阳光下却会泛滥成灾,因为人们有模仿和好奇、从众的心理。特别有的人会想从中得到一些歪门信息,以从事人们厌恶的偷鸡摸狗之事。美好的事物要宣传,但过分和虚假的渲染又会产生负面影响。全面客观的宣传报道,并正确评估报道后的导向作用,是舆论媒体应负的责任与义务,况且我们面对的是思想意识不同和判断能力各异的老百姓,以及涉世未深的少年儿童。

少年儿童是纯洁和幼稚的,他们的发展成熟是一个和谐渐进的过程,他们心地原本是纯洁的,但好奇心强,渴望学习和吸收各种知识和信息,他们喜欢仿效,但涉世不深,辨别是非的能力较差,抵抗各种不良信息的能力弱,很容易想入非非和误入歧途。各种文化宣传和舆论报道等要有意识地想到我们少年学生,想到可能对他们产生的负面影响。我们的家长、教师和民众应当监督社会舆论,让舆论成为社会和谐向上的传播者,营造良好的舆论氛围。

社会要注意舆论导向,营造良好的社会大环境。我们教育工作者和家长要尽量让孩子们接受正面和积极向上的教育,循序渐进地让孩子们接触和接受社会大学的各方面教育;把少年儿童封闭起来进行所谓的纯粹或纯洁的教育,不去接触和了解社会的负面影响,这不可能也没有必要。怎样使孩子既接触社会,了解并学习社会大学的丰富知识,又少受负面影响,这是我们教育工作者和全社会都要重视的大问题。社会中有些不好的现象是我们教育少年儿童可借鉴的反面教材,怎样适度和有效地利用负面现象,是我们教育工作者和全社会要研究的重要课题。当然,少年儿童还小,抵抗能力还非常弱,应树立正气,以正面教育为主,尽量少接触社会的阴暗面。

我们既要严肃认真地对待社会上各种负面的影响和教育,减少少年儿童承受不起的负面影响;但也不要过分紧张害怕,把社会的阴暗影响力过分夸大,使孩子成了惊弓之鸟。不让孩子接受一点社会的负面影响,这也不利于孩子全面和健康地成长。社会的细菌和病毒是五花八门的,既要让孩子远离这些病毒,又要适时地给孩子打预防针,教育孩子避免中毒的方法,提高辨别是非的能力,因为他们以后是要走向社会的,很有可能接触到各种社会的细菌和病毒的考验。温室里的幼苗是经不起狂风暴雨的,适时的放手也是为了他们更好地成长。经历过的都是经验,懂得思考和体会就会成为财富,反之则成为紧箍咒。我们要教育和引导学生能够正确地理解和判断社会中各种信息的能力,成为有辨别是非能力并有免疫力的少年儿童。

少年儿童向上成长就像一棵小树,他们将来必定要成为栋梁之材。我们既要精心呵护,增加必要的养料,又要让他们得到充足的阳光雨露,还要让他们经历风吹雨打。温室里长不出参天大树,我们一定要让孩子经风雨见世面,孩子才能长大成才,而自然界的风雨雷电和复杂的环境又有一定的破坏和腐蚀性,我们又要小心孩子的承受力,避免孩子被复杂的社会摧残。又归到一句古训:艰难困苦,玉汝于成。

社会这所大学,知识广博,思想自由,有阳光也有黑暗,有和风也有骤雨,但归根结底必定是和谐向上的。社会向往进步,人们向往和平,树立正确的舆论导向,营造和谐文明的社会大环境,使少年儿童在大家共同爱护帮助下茁壮成长,使我们的社会和谐向上向前发展。

第四章　和谐向上学校文化的内容与形式建设

学校的一切,都是建立在使命、愿景和核心价值观的基础之上的。所谓使命,就是学校教书育人的历史责任;所谓愿景,就是学校的发展规划与宏伟蓝图;所谓核心价值观,就是学校依据国家和社会的发展要求所制定的学校文化精神的本质内涵。我们应当把使命、愿景和核心价值观综合体现在学校的办学理念之中,使之成为学校文化精神的灵魂和导向。

福州教育学院附属第一小学是百年老校,有着丰厚的文化底蕴,我们把"和谐向上"作为学校精神的核心价值观,认真挖掘、积极弘扬学校文化精神,努力建设和谐向上的和谐价值观,并使之成为学校发展的愿景。

第一节　学校文化的传承与发展

文化是历史精华的积淀,具有代际的传承性。弘扬优良文化是未来社会发展的源泉与动力,因此,学校文化只有秉承历史的精华,并在学校人文物质环境中得到很好的树立与弘扬,才能促进学校持续稳定和谐向上发展,才能为学校的美好未来打下坚实的基础。继承和发展学校文化既是教育和强化学校精神的核心价值观需要,利于提升学校发展的软实力,推动学校和谐向上,也是教育和弘扬社会主义核心价值观的重要途径,推动社会主义精神文明建设。

一、传承学校文化

每一所学校的文化发展历史,其实就像一部情节跌宕起伏和内容丰富的长篇小说,每个学年就像书中的一个章节,一任校长的工作历程就算是这部小说的一个篇章吧。

学校文化就是内容精彩和主题鲜明的学校文化发展历史的力作,章章相连,节节紧扣,主线鲜明,和谐互动,精彩纷呈,回味无穷。这部学校文化发展历史的长篇小说,是由一代代师生辛勤耕耘、挥毫书写的,至于哪些篇章精彩,哪些学校文化建设内涵丰富、成效显著,都不是由校长自己说了算,而是由看这部小说的人,也就是社会、家长和后来人的评说才算数。

　　一年一年地设计,一页一页地翻过,一天一天地耕耘,学校文化既有社会历史发展留下的烙印,也有每位教职员工辛勤工作所留下的印记。铁打的学校,流水的师生。校长、教师和学生虽匆匆走过,但每个人都在这本书中扮演过不同的角色,都留下了属于自己的墨迹。走过的都是人生的足迹,留下的都是难忘的故事,到底我们每个人书写的怎样,自有后来的学生、家长和老师们来评说,我们自己也会反思和感悟,更有章节里动人的故事来证明。不要计较一时的名与利,和谐看待各种情与怨,大家都是有缘相会的角色,在历史的篇章一页页翻过后,重要的是留下和谐温馨的故事与向上进取的品质。每当学子长成后与教师谈起校园中的故事,每当退休后聊起书中章节里的设计,就像看小说一样慢慢地欣赏,细细地思量,有欣慰、有感慨,也会有沉思和懊恼的地方,但都是那样的惬意,因为我在这里生活、学习和耕耘过……

　　校长既是书中的一个角色,更是整本书中所在篇章的组织架构者:这个篇章与前面章节的衔接是否合理并有所推进?整个篇章主题线索是否鲜明且脉络清晰?各个小节的设计是否生动且和谐互动?每个人物的安排是否恰当且积极进取?学校的整体发展是否打下坚实的基础并为未来发展留下更为广阔的空间?所有这一切校长有举足轻重的作用。

　　一任校长的工作只是长篇著作中的一个篇章,既要与前面的篇章融洽相接,更要设计书写有自己特色的学校文化内涵,为后任夯实学校文化发展的根基。

　　学校要和谐向上地向前发展,就要秉承学校的历史文化,就要科学正确地对待学校的历史和前任校长的工作,就要认真科学地研究分析学校的现状,这样才能更好地继承和发扬学校文化,才能写好属于自己的篇章。"和谐"才能"向上","和谐"就是与以前工作平稳对接,"向上"就是在原有的基础上向前发展,并为后任校长夯实基础和留下丰厚的学校文化遗产。

　　1. 研究现状为现在定位

　　任何一所学校的发展都是历史文化的发展过程,都有以前学校文化的积淀,不可能跳过历史与现实状况凭空发展。我们校长接手一所学校,一定要认真调查、研究学校各方面的情况,科学诊断学校发展的历史和现状,做好衔接的工作,这样才能设计和做好我们现在的工作。

　　新任校长要对学校以前的历史有所了解,要对前任校长的工作思路有所研究,还要了解学校现有的班子建设和教师队伍的基本状况,以及学校与周边环境的关系等。没有调查,就没有发言权;没有研究,就不能很好地展开当前的工作。我们研究过去,是为了接手后学校发展的定位,是为了学校在此基础

谱和谐之韵　逐向上之梦
——构建和谐向上的学校文化

上更好地书写学校文化和谐向上发展的新篇章。

有一定社会知名度和历史积淀比较深厚的学校,是很多校长羡慕和向往的学校,因为这些学校的社会影响很大,教师队伍素质比较高,硬件环境的基础比较好,学校各方面的资源比较丰厚,当这样学校的校长名声也好听。其实在这样的学校开展工作,除了学校文化积淀好,有很多有利的因素,也有很多需要加倍努力才能进一步提升和发展的事物。因为这些学校基础好,定位和起点比较高,社会的期望值就更高,校长面临各方面的压力自然也比较大。这样的学校各方面的资源虽然很多,但挖掘和利用得也比较充分,才有现在的声誉,再向上发展需要有更为广阔的视野,是有比较大的挑战性和难度的。继承这样的学校文化并有新的突破,不仅要较好掌控已有各方面资源优势的能力,还要对教育管理和办学理念有更深层的理解和提升,以及在规划学校发展大局的定位上有更高更准确的考量,才能得到学校班子和老师们以及社会和家长们的充分认可,才能使学校文化建设百尺竿头更上一步。这样的学校,一般要有一定工作资历和办学理念先进的人来担任校长。

基础差、底子薄的学校,师资和物质等各方面的基础条件虽然不够好,但学校的发展空间较为广阔,新任校长如果认真挖掘学校潜力、学校发展规划定位科学、具体工作狠抓落实,就容易得到老师们的认可,学校各方面的工作也容易较快见效。当然,这样的学校因为学校文化、物质条件、师资队伍建设等方面的缺陷,也需要校长认真调研、全面协调、凝聚力量、克服困难、树立目标、勇于创新,很多年轻的新校长应到这样的学校大胆探索与实践,这对他们的成长和发展更为有利。当下国家大力推进均衡教育,一般学校也加大物质投入和师资力量配备的力度,校长和教师的轮岗都在进一步推进,设备条件也在进一步改善,这些学校是我们校长锻炼成长和大展身手的用武之地。

其实任何一位校长都是从经验不足、认真学习、积极探索、总结提高、逐渐成熟发展过来的,关键是我们校长要在学习和思考的基础上,开拓思维、大胆探索,努力在"管学校"的实践中逐渐形成自己"办学校"的思想理念和高效鲜明的管理风格,推动学校文化建设,在学校文化和谐向上发展的基础上办人民满意的学校,成就校长个人的事业发展。

如果是新建的学校,校长要带领教师们共同书写学校的创业史,谱写精彩的开头篇章,这更具有挑战意味和重要的历史意义。校长应当尽早介入学校的总体设计和教职员工的配备,同时对学校周围的历史和文化环境进行调查了解,洞察和把握教育改革的新形势,并根据现有的办学条件和教师队伍状况,以及周围环境对学校的要求,认真设计规划学校文化的主题线索,争取各方面的大力支持,新气象、高起点地展开工作,使学校马上融入教育改革大潮,成为本地区教育改革发展重要的新生力量,学校文化建设步入和谐向上的高层次。

校长接手学校,定位非常重要。城市有城市的优势,农村有农村的潜力,山区海岛更有其鲜明特点。每所学校都有其工作的难度和发展的空间,定位恰当就能站稳,规划学校的发展就会务实稳健,就容易在原有基础上和谐向上发展。

2. 立足现状为面向未来

学校的发展是学校文化历史发展的过程,不可能割裂以前的历史凭空发展,只有承接以前才能创新发展未来。虽然有的学校进行整合、搬迁或新建大楼等大的变新动作,其发展变化可能有旧貌换新颜甚至翻天覆地的感觉,但这只是学校基础环境的发展和变化。与以前的基础环境有较大不同,更需要我们认真调研掌握实情,开拓进取努力创新,但也需要学校历史文化的承接,只是内外部环境的变化才可以促使它有更新的定位,以更高的起点向前发展。

就跟新中国成立一样:我们推翻了压在中国人民头上的三座大山,开创了中国历史发展的新篇章,开始进行社会主义革命和建设的新征程;我们砸碎了一个旧世界,但还要在原有的土地和人文环境中建设一个新世界,历史是永远不能割断的,我们仍然要承接和发扬中华五千年的文化历史。中华文化源远流长、丰富灿烂,我们要承接以前历史中优秀的文化传统,摒弃与批判旧社会的糟粕,但所有文化都是历史的文化,都有历史必然性,就与我们当下的文化在未来历史长河中可能也有不足一样,因此我们要立足现在的基础,努力创造和发展社会主义建设时期的新文化。

我们新任校长在认真调研前任工作的基础上,要多了解和肯定以往的成绩,并以此探索我们的工作思路。一般不要轻易否认前任校长的工作,否定前任校长的工作,并不能提升我们自己的水平和威信,反而会被老师们看不起。要特别注意的是不要对学校以前的工作全盘否定,而另起炉灶重开张,这会增加老师和班子成员的抵触情绪,从而影响我们的工作基础。即使以前工作很平淡,不那么辉煌,思路不那么鲜明有特色,也要实事求是并充分肯定前任校长和老师们为教育事业所付出的心血。

从长远上来看,否定前任的工作,你的后任也会否定你的工作,所以否定前任就是变相否定我们自己现在的工作;从近期上讲,否认前任工作,也直接否认我们现在工作的基础,我们就会失去现在工作的根基。

前任校长工作中肯定有不够完善的地方,就如同我们自己将来组织学校的工作肯定也有很多不足一样。因为任何工作都受当时历史和客观条件所限,不能用现在的眼光要求以前的工作,应当放到当时的历史环境中来客观评

谱和谐之韵　逐向上之梦
—— 构建和谐向上的学校文化

价。当然也有个人工作思路与办学理念以及为人处事方式等方面的差异,既让它淡淡而过,不要追究计较个人责任,也要认真思考成因和客观因素,作为学校发展的历史经验来借鉴。和谐衔接、包容理解,我们就能较好地得到老师们的拥护和支持;积极探索,学校的发展就可以很好地在现有的基础上得以延续。

我们肯定前任校长的工作,是肯定过去学校文化的历史和优良传统,是肯定校长和老师们的辛勤耕耘,是夯实和提升现在工作基础的借力之举,是为了提炼出前任校长工作中的优点和好传统作为我们现在工作的基点,我们的工作只有在前任的基础上才能发展。因此,肯定前任的工作就是和谐融洽的接班,我们的工作思路和发展才有坚实的基础支撑,才能找出我们今后努力工作的方向。

3. 和谐向上才是硬道理

我们研究和肯定前任校长的工作,是为了在前任工作的基础上认真设计和规划我们自己的工作思路,更好设计和写好我们篇章中的每一个章节,很好承接并和谐向上发展学校文化才是我们的工作目标。

作为校长一定要牢牢记住:学校的发展一定是持续稳定的发展,学校的发展一定是讲究科学规律的和谐发展,学校的发展一定要按学校文化轨迹向前发展,学校的发展一定要与教师的专业发展和学生全面发展相结合,学校的发展一定要为未来的发展打好基础。向上发展不能破坏和谐校园的氛围,向上是为了学校更加和谐稳定发展,向上不能不顾以前和不想未来的发展。孩子的发展和教育是有规律的,发展是硬道理,然而学校的发展一定是按规律和谐向上发展的。

学校教育是实实在在的育人工程,要按教育规律办,不要好大喜功,不要急于求成,不要做表面文章,这样才能使内部的因素和基础和谐,踏实规律地向上发展。我们是在办学校,我们是在为国家和社会培养人才,我们需要广大教师们的聪明才智和大力支持,我们要赢得社会和家长的认可与信任,我们办学的真谛是孩子和谐快乐地成长。

我们所做的学校工作,只是学校文化发展这整本书承上启下的一个篇章。我们既要很好地承接前章的工作,又要很好地为后章打基础,不要做脱离实际和劳民伤财的形象工程。社会和家长对我们的认可,后任校长和老师们对我们工作的肯定,才说明我们校长设计和书写的篇章务实与精彩。

学校定位和方向明确了,就要认真设计和写好属于我们自己的篇章,既要承接更要创新发展。以学校文化发展为主线,以课程改革发展为中心,以教师专业发展为动力,以学生全面发展为目标,科学规划使学校持续稳定和谐向上发展。

　　学校工作不能东一榔头西一棒槌地胡乱碰撞,要在发展方向明确的前提下,理清办学思路,明晰办学理念,探索并执着地寻找到学校稳定发展的道路。探寻和开创道路是很辛苦的,但也一定是很幸福的,因为在探索的过程中我们会很充实,并且全校师生都会踏实地"和谐向上"发展。

　　我们福州教育学院附属第一小学(简称一附小)不仅有百年深厚的文化底蕴和优良的传统,而且在教育教学各项工作中都走在全市的前列,教师队伍素质高,社会影响力大,家长期望值高,继续向前发展是每一任校长的责任,也是历史赋予我们一附小人的光荣使命。

　　2001年笔者接任一附小校长后,就认真调研学校以前的建设和文化发展情况,树立"和谐向上"的学校精神,在办学理念和文化建设上进一步科学梳理,丰富和提升学校文化内涵,努力在以前的基础上进一步打造"五个一流"(一流的校园,一流的管理,一流的队伍,一流的设施,一流的质量)的省级名校。

　　这是我们的定位,引领着我们学校文化建设的发展愿景。

二、创新学校文化

　　学校文化是学校发展的生命线,生命是有血有肉并充满生机与活力的。"教育要面向现代化、面向世界、面向未来",要把全面育人与社会需求的和谐统一作为学校文化设计的中心。因此,学校文化的创新要有丰富的内涵与实际的意义,就要对以前的学校文化进行归纳梳理,科学诊断学校的发展现状,把握国内外教育改革与发展的基本趋势,学习借鉴各方面成功的办学经验,创新发展更加优秀的学校文化。

　　1. 制订规划,设计学校文化

　　历史是积淀,未来是希望,我们规划学校的发展要传承历史,开拓未来。因此,学校文化的设计不是凭空而来的,而是要依据学校的实际情况和学校文化发展的规律科学规划。

　　学校的发展规划一般主要由这样几个方面组成:学校文化环境和物质建筑设施的发展规划,教师队伍专业成长和课程改革的发展规划,学校德育工作和教学工作的发展规划,学校近期和长期奋斗目标的发展规划等。这一切都要以学生全面发展为目标,都要结合社会形势和教育教学改革的发展情况,并很好地围绕学校文化发展的主线和核心价值观来设计。因此,规划学校的发展蓝图应以承接和发展学校文化为主线,并不断形成和充实明晰的办学理念,制定明确的工作思路,促使学校持续稳定科学和谐地发展。

谱和谐之韵　逐向上之梦
——构建和谐向上的学校文化

规划就是实现学校和谐向上发展的总体设计，做好规划是校长重要的职责。只有规划科学、明确，学校才能和谐稳定地按照既定的道路和方向持续发展。邓小平同志是我国改革开放的总设计师，他凭借自己丰厚的革命经验和过人的学识魄力，根据当时国际国内发展的实际状况制定"一个中心两个基本点"的基本路线，走建设中国特色社会主义道路，提出"三步走"和"两个一百年"的振兴之路，先在深圳、厦门、珠海和汕头建设特区进行探索实践，并不断完善充实和发展改革发展的路径，然后逐渐推进各项改革，使我们国家走上全面改革开放的强国富民之路。从摸着石头过河，到顶层设计是一个艰辛探索的过程，但思想要明确，方向要正确，要不然摸再多的石头也过不了河。

学校发展的总设计师应当就是我们校长，我们要认真调查研究，并积极探索实践，理念要先进、思想要鲜明、方向要正确，才能设计探索并不断完善学校发展的科学道路。

校长负责学校规划的制订，但规划学校发展并不是校长一个人的事，校长要调查研究，要集中学校各方面的智慧，大家一起来思考和制订，全体老师共同来负责和落实。当然牵头人和领路人必须是校长，这是校长的职责。校长一定要多学习，多思考，多探索，多归纳，多提升。校长"办学校"体现在"办"字，就是在校长的教育思想和办学理念的指导下，汇集全体老师们的智慧和力量，设计科学合理的学校发展目标和规划，使学校文化得以和谐向上地平稳发展，使学校文化写下更为绚丽的篇章。

制订学校发展规划要站得高、想得深、落得实。

站得高：就是要认真学习和领会上级的精神，规划方向和目标既要符合政策法规又要领先务实，有很好的引领和激励作用，经过大家努力又能实现。想得深：就是要认真学习和掌握学校管理的科学理论，把自己的教育思想同学校发展愿景紧密结合，提出明确正确的办学理念和工作思路，并逐渐形成科学完整的学校文化体系，使学校和谐持续地向前发展。落得实：就是要在对学校的历史、现状和周边环境认真进行调查，对班子的水平和教师队伍的能力有实际的预测，对规划的实施有较准确的预判的基础上，不断矫正，积极探索，求真务实，和谐向上。

学校的工作千条万绪，社会的形势变幻莫测，但办学校是有规律的，要按孩子的成长和学校发展的路数前行。学校的文化发展必须有一个主线，有一个统领，有一个方向，这样学校才有凝聚力和前进动力。这个主线和统领就是学校文化精神的核心价值观，是学校和师生共同的发展愿景，它是学校文化发展的灵魂和导向。

我们确定一附小的学校精神："和谐向上"，它是从一附小长期学校文化发展的积淀中科学归纳出来的,它适应社会和学校的发展规律,是设计学校文化和规划学校发展的主线和统领,是师生共同遵守和追求的核心价值观与愿景。

2. 真抓实干,实践学校文化

从群众中来,到群众中去;从实践中来,到实践中去;群众是真正的英雄,实践是思想文化的源泉。学校的规划是认真调研汇总而来,是教师实践中总结提升的精华,不仅要引导实际工作,更要在实际工作中得到检验与丰富。实践是检验真理的唯一标准。

学校的规划不能纸上谈兵,更不是一种摆设,需要贯穿到学校的各项工作和活动当中,需要全体教师的理解与支持,并紧扣教育改革与发展这个中心工作,以立德树人和孩子的全面发展为目标,以提高教师专业成长和幸福指数为着力点,并与学校环境建设和物质文化建设相结合。

我们的设计与规划都要求尽量切合实际,但科学正确的规划也是一个不断完善和充实的过程。学校的规划要在实践中不断调整、归纳和提升,况且实际情况也是在不断变化发展的。因为规划只是我们在调研的基础上集中各种思路的综合体现,是主观意识的想象,是否符合教育教学规律,是否适合学校工作的实际,能否被广大教师所理解与接受,还要在实践中检验,还要在实践中汲取养分并不断得到完善。

学校工作要长计划短安排。长计划是学校的规划和方向,要有一个主线的分阶段目标;短安排是近期的具体落实,但一定要围绕学校长计划的主线。学校各部门在制订具体的教育教学工作计划时,要融合、落实和推进学校规划的落实。学校近期和临时的一些工作计划与落实,也应紧扣学校总体规划,要在办学理念的指导下,有明确的工作思路和努力方向,形成和谐统一的学校工作布局,成为学校整体规划的补充和完善。

我们一附小按照"和谐向上"的学校精神设计和规划学校的整体发展,学校3年发展规划主要是定方向目标、定步骤思路,每学期的学校工作计划由各部门的学期计划汇总并调整充实而成,近期还有《周工作安排》的落实和《月重点工作》的提醒,使学校各项工作在总体设计规划的基础上,长计划、短安排,具体协调互动与扎实推进。

因此学校发展的各项计划,都要在实施的过程中以学校的发展规划和核心价值观来引导,不断充实、调整和完善具体实施的科学性和实效性。校长组织和引导大家不断调查和收集各方面的信息,检查和督导各阶段计划的实施情况,使学校按着总体规划不断充实和完善,和谐向上不断发展。

如果学校的发展规划没有核心价值和方向目标,那工作起来就像是瞎子走路,忙来忙去,又回到原点了,还可能走回头路;方向和目标有了,各种计划

谱和谐之韵　逐向上之梦
——构建和谐向上的学校文化

安排没有配合与支持,贯彻落实不切合学校实际情况,没有与学校教育教学改革的实际相结合,那方向和目标只能是空中楼阁,忙来忙去,没有实际的意义。学校工作整体的和谐一致,既要看到远方的目标,又要落实于眼前的工作,并不断完善和充实规划与计划的协调一致,就能推进学校文化建设和谐向上发展。

只有这样,学校文化建设方向才能明确,工作才能落到实处,才能得到老师们的积极参与和拥护,并形成全体教职员工同舟共济的合力,学校文化建设才有生命力,才能真正提高学校的软实力。

我们一附小提出"和谐向上"的学校精神也是在实践过程中逐渐明晰起来的。因为一附小是百年名校,基础雄厚,享誉省内外,在建设和谐校园的过程中,为了激励全校师生,并继承与发扬学校老前辈留下的好传统,也考虑和提出过"一附精神,永争第一"和"和谐向上,止于至善"等口号精神。后来我们逐渐认识到,小学是打基础阶段,人的发展是一个和谐渐进的过程,"永争第一"和"止于至善"对老师和学生的要求没有错,但过于强求完美,其内涵与和谐校园本意有不够融洽的地方,很多师生不易达到,每个人在原有的基础上能够向上进步就很好了。

因此,我们认为还是"和谐向上"学校精神的核心价值观比较切合我们小学教育和孩子发展的实际,浅显易懂,便于记忆,理念科学,内涵深刻。

3. 全员参与,形成学校文化

学校的各项工作要靠全体教职员工才能完成,要充分集中学校所有教职员工的智慧,并调动教师们积极参加学校文化建设。要用教育思想和教育理念统一教师们的思想意识,要用学校文化精神凝聚人心,要用规章制度和人文管理团结教师,形成老师们主动为教育事业奉献的文化自觉,从而形成学校文化发展的软实力。

因此学校文化建设,要融合成一致的核心价值观与愿景,并内化为共同的行为自觉。不是你说你的我做我的,设计规划只是橱窗中的资料与文件,与学校教师具体工作无关,只要办公室职员或校长把它归纳整理就形成学校文化了,而是需要全体教职员工共同为学校文化发展出谋划策,用文化营造良好的工作氛围,所有学校成员都积极参与,形成统一的思想意识和共同的价值观,在共同的实践工作中推进和升华学校文化,以达到学生、教师和学校在学校文化的统领下共同发展的目标。

学校发展规划在研究制订的过程中,就要让老师们了解和参与;在实施的过程中,更要让老师们理解和执行。也就是说,学校文化建设的整个过程就应成为全体教职员工共同的责任与愿景。其实学校的文化建设老师们早已参与其中,他们实践的经验是我们设计文化的基本源泉,他们工作的实效更是推动和实施学校文化的主要力量。教师是我们的老师,群众是真正的英雄,只有依靠和相信教师,学校文化建设的实施和发展才能和谐向上。

我们一附小在建设和发展学校文化中有很多具体的工作思路,这不是校长凭空设想就能得出来的,一定要从群众中来再到群众中去,反复探讨验证才得到的比较科学的结论,并扎实推进。我们一附小的工作思路、"三风"建设内涵、学校精神等,校长都首先提出方向要求,然后由中层到基层几上几下深入讨论,最终形成共识后才定下的。

学校中层班子是学校贯彻和执行学校规划的关键,更应当对学校的办学理念、工作思路和学校文化发展有比较深刻的理解,必须直接参与讨论和商定,这样才能执行到位。学校的各项工作计划应在分管领导的组织下,根据学校总体规划和学校实际情况共同研究制订,这样班子的理解和执行就会到位,就更容易贯彻到教育教学改革的各项工作环节中,全体老师也就比较容易接受和支持。

校长是学校的第一责任人,在学校文化建设和各项工作中校长有最重大的责任,尤其是对于制订规划和谋划大局,校长一定要想在前,想得细,想得实。但校长不要认为自己重要、责任大,就什么都干,别人做什么事都不放心,事无巨细,什么事都要独揽,包打天下。校长一定要信任、依靠和调动学校中每一个人的积极性,这样才能发挥大家的积极性,大局才能谋得科学,才能建设和发展好学校文化。

学校是个集体,校长只是学校教职员工中的一员,学校每个成员都有自己的职责,都是为国家和人民服务的,都是为学生健康成长服务的。校长起着组织和引领作用,校长什么都管、什么都干、什么都不放心,这叫职责不清的不务正业,并且可能什么事也干不好。因为校长什么都去做,大家就被动地跟着你干,也不用想怎样干好,没有积极主动的创造思维,甚至等待、拖沓与推诿,学校工作肯定不能务实高效。

因此,校长的本事其实并不是自己会做多少事、能做多少事、做好了多少事,而是使学校中的每个人都去做事、都能做事、都会做事,都负责做好自己的事。校长最大的本事就是用好学校中每一个人的长处,调动学校中每一个人的积极性,使每个人都尽心尽职高效地干好自己该干的事。校长"办学校",体现在"办"字,就是要做好自己该做的事,组织和谋划学校发展大局,建设规范科学的工作体制,调动大家的积极性,很多具体的事要依靠行政和全体教师去做。大家都有展示才能的机会,让大家都负责,也就激活了个人的能动性,启发大家的智慧和潜能,成为共同的文化自觉与责任担当。

4. 认真总结，升华学校文化

学校的各项日常工作一定要根据学校的总体发展规划，抓好计划与落实，这样学校文化才能抓出成效。同时，我们还要注意过程的记载，以及工作完成后的归纳总结和提升，留下深深的文化足迹，这样不仅是给以后的工作提供借鉴，而且能进一步形成学校历史文化的积淀，充实学校文化的内涵。

(1)制订计划。学校的发展规划是总体的目标方向，引领和指导学期和各部门的工作计划；学期计划是学校一学期的工作布置，由学校全面统筹各部门计划并根据学校要求统一来制订；学校各部门的工作计划，则是落实和执行学校规划的分支，要科学、丰满和具有本部门的特色；各部门的计划是由常规要求和各个时间段的具体活动组成，每个活动也应有完善的方案。这些方案和计划完成之后要成为记忆和理性的提升，应认真总结回顾，梳理出规律和内涵等实质精华，为以后计划的衔接和提升打下坚实的基础。

(2)善于总结。学校各项工作不仅要认真实施，更要及时总结，这不仅能提高老师们的工作能力和文化素养，养成循规划、按计划、细方案、实落实、善总结的习惯，而且都是学校文化的积淀。学校组织各种教育教学活动要及时总结经验，很多好经验和理论提升是总结出来的，不及时总结有些会流失不见的。教师个人和学校课题研讨的文字材料，老师平常的经验体会、论文、公开课，以及教育孩子的反思体会，学校都要认真布置，老师们都应及时记载整理成文，这是教师个人学习进步的过程与记录，也是教师专业成长的足迹与证明，更是学校文化积淀的重要源泉。

(3)建章立制。学校的各项规章制度，包括校长、书记、副校长、主任等的职责，考勤制度，绩效考核，教师备课、上课、批改作业的要求等，都要细文规定清楚，并且随着学校的发展和形势的要求不断更新完善，及时梳理规范成册，便于学习、贯彻和执行，使之内化为教职员工的文化自觉和行为习惯。这些都是学校文化的重要组成部分。

(4)组织活动。学校大型的教育教学活动，包括元旦、六一文艺活动、体育节、艺术节、科技节、读书节、教育教学年会、家长开放日活动、校庆活动、重大的接待和联谊活动等，以及这些活动的计划、总结和相关媒体报道等都要积攒整理，还有学校集体和各部门在管理及组织活动获得的各种奖励和荣誉，都要及时整理归档，并记录在案。这些都是学校辉煌发展的证明，也是学校文化的重要痕迹和体现。

(5)记载表彰。师生是学校的主人，是学校文化建设的主体，他们在学习、生活、工作和活动中流下了辛勤的汗水。个人的成绩要记载，学校更要认可与归纳；学生成才、教师成名、学校荣誉、媒体报道等，都是教师个人和学校集体进步的例证,也是学校文化建设的发展脚印。

总之,凡此种种,都是学校的成绩,都是学校文化的积淀。学校应有意识地布置与收集这些学校文化,该归纳的归纳,该总结的总结,该宣传的宣传,该成书的成书,不断设计、提炼、创新、发展、总结,充实学校文化内涵。

第二节 学校文化的内容创新

胡锦涛同志在党的十八大报告中指出"道路关乎党的命脉,关乎国家前途、民族命运、人民幸福"。中国革命走农村包围城市的道路,中国改革开放走中国特色社会主义道路,实践证明这些道路是适合中国实际的正确科学之路。

我们也要找一条适合自己学校发展的道路,这关乎学校的命脉,关乎教师前途、学生命运和家庭幸福。

一附小以构建"和谐向上"学校精神为学校文化的发展主题,但要全面建设好和谐向上的学校文化,还要找到落实这些文化的路径。

一附小是百年老校,有着丰厚的历史文化底蕴,在福州市乃至全省都有较大的影响力。根据已有的学校文化历史积淀和社会与家长的要求,我们探索并研究制定了"德育首位的特色优势,科研强校的质量意识,以人为本的管理模式"(三个 shi)的工作思路。把握时代脉搏,抓住立人根本,全面和谐地推进学校教育教学改革的整体发展,深化学校文化的建设,德育、教学和管理三点支撑起"和谐向上"的学校精神,"和谐向上"的学校文化也引领着德育、教学、管理等方面工作,构建起学校文化建设的核心价值观与师生共同期望的发展愿景。

一、德育首位的特色优势

立人先立德,成才先成人,教育的根本任务是立德树人。

一附小有以长期坚持德育课题研讨为龙头,落实德育工作首位,并以此带动学校各方面工作的好传统,已经成为在省内外享有盛誉的特色鲜明和成效显著的德育传统优势。因此,继续坚持和发扬德育工作的传统优势是我们学校继续向前发展,也是承接和发展学校文化的重要路径。

我校的德育工作组织健全,落实到。德育处有主任(总辅导员)、副主任、两位德育专干、副总辅导员等组成,分工清楚,职责明确。德育工作已形成少先队活动、年段班主任工作、各学科渗透和家庭社会教育四条线和谐互动与整体推进的格局。

谱和谐之韵　逐向上之梦
——构建和谐向上的学校文化

1. 立德树人

小学德育是我国社会主义精神文明建设的奠基工程，是培养和造就合格公民的起点。学习做人，学会做人，德育为首，全面发展，培养有理想、有道德、有文化、有纪律的一代新人，一直都是我们学校培养社会主义合格建设者和接班人的首要任务。德育是孩子和学校能和谐向上的首要工作。

我们努力从近一点、小一点、实一点的地方落实孩子的思想教育。

比如升旗仪式。每周一的清晨或学校师生大型集会，隆重庄严的升旗仪式应准时规范进行。红领巾管乐队的同学吹奏催人奋进的出旗曲，鲜艳的五星红旗在旗手和护旗手的护送下，徐徐行进；雄壮的国歌声中，两千多名学生身着统一的服装，排着整齐的方阵，高举右手，向着冉冉升起的国旗行队礼，两千多条鲜艳的红领巾像热情的火苗在他们胸前燃烧、跳跃；继而唱起庄严的国歌《义勇军进行曲》和旋律优美的校歌《永远桃李芬芳》……学校根据形势和学生教育的需要，认真做好主题鲜明、形式多样、内容丰富的国旗下讲话，有请校外专家、领导进行主题宣讲，有学校领导、老师针对形势和孩子的要求进行演讲，还有师生同台生动活泼的表演汇报等形式，促使孩子对教育的内容入耳、入脑、入心。

升旗仪式不仅要在内容上丰富多彩，方法上我们也进一步做细、做实、求新。我们充分发挥升旗仪式的重要教育功能，认真设计并探索教育的前伸和后延内容，使之发挥更佳的教育效果。

"光荣的升旗手"是学校长期坚持并行之有效的教育手段。学校每周星期一升旗仪式上的升旗手和护旗手是各班同学争取得到的，各班同学要在学校平常的学习和工作中努力进步，得到同学们广泛认可后才能获得"光荣的升旗手"的称号，并在星期一升旗仪式上，当着全校师生的面亲手升起五星红旗，这是多么自豪的事！争当"光荣的升旗手"，向"光荣的升旗手"学习，竞选"光荣的升旗手"成为激励一附小每个孩子学习进步的一种有效方式。

学校的升旗仪式，全校师生不仅要齐唱国歌，还要一起高唱校歌，教育孩子爱祖国要从爱学校做起。升旗仪式的最后一项，是本周在校园轮值的班级"小白鸽护绿队"上台，轮值班二十几位同学用表演和响亮的口号告诉全校同学：我们是本周校园护绿队，让我们一起"从我做起，从身边做起"，保护学校的环境卫生。"勿以善小而不为，勿以恶小而为之。"一个学期下来，全校中、高年级各班全部轮过护绿活动周，以此来训练和培养全校学生良好的生活和环保习惯。

学校就是要抓住各种契机和运用各种方式教育每位孩子——培养爱国主义，培养帮助他人，培养学习做人……这就是——立德树人。

2. 德育研讨

德育工作是一件操作性很强的实际工作,一定要探讨科学有效的方法、内容和途径。我们以德育课题探讨和研究为龙头,全面引领和推进学校德育工作,这是我校思想教育工作的显著特色。

早在20世纪六七十年代,一附小相继开展了"学习雷锋好榜样""川石岛学军实践"等在福州市有影响力的德育活动,在德育工作的方法和途径上进行大胆探索,取得了很好的实践效果,积累了经验。

到20世纪80年代,我校开始系统地进行德育课题的研究探讨工作,进行了"寓德育于学科教学","小学德育管理""小学生德育考核"等国家级"七·五"子课题的研究,取得了很好的成效,并得到国家基础教育司领导和很多德育专家的肯定。90年代初,我校承担了全国小学"八·五"德育课题《小学生孝敬父母道德启蒙教育系列研究》,取得更为丰硕的成果,1995年顺利结题,《光明日报》《中国教育报》等多家报刊进行了报道。由于成效显著,我校荣获全国首批4所全国"小学德育实验校"之一的称号,成为在全国小学中德育研讨和实践工作上颇具影响力的小学。之后,我校的德育课题研讨工作不仅没有放松,而是更加规范和富有实效。我们又接连承接了国家级"九五"德育课题《开展环境教育培养环境道德启蒙教育》、"十五"德育课题《小学生道德行为实践能力培养的系列研究》和"十一五"德育课题《小学生遵纪守法知荣辱养成教育行为研究》等国家级小学德育课题,每一次课题的选题都依据当时的形势和学生教育的实际申报全国小学德育研究会,得到充分的认可和指导,并都取得了丰硕的研讨成果。国家基础教育司原司长、全国小学德育研究会会长姬君式对我校德育研究工作非常认可,分别为我校"八五""九五""十五""十一五"的德育课题的成果汇编书作序。

姬君式会长在为我校国家级"十一五"德育课题《小学生遵纪守法知荣辱德养成教育行为研究》的汇编"序"中写道:

> 福州教院一附小的德育研究工作求真务实、持之以恒、与时俱进。从某种意义上说,对小学德育研究起了一定的引领作用。仅以《小学生孝敬父母道德启蒙教育实验研究》为例。有心人都会注意到1981年8月26日教育部颁布的《小学生守则》共十条,没有"孝敬父母",只有"尊敬师长,团结同学"。因为当时一些人对"孝"字颇有异议。教院一附小根据当时的社会背景、学生的家庭情况和小学生的实际,从理论到实践进行了两年多的实验研究,效果良好,深受广大家长的欢迎,受到省委领导的重视,研究成果在《福建日报》《光明日报》《中国教育报》等媒体上都做了专题报道,肯定"孝敬父母"是中华民族的传统美德。这一研究成果为政府决策提供了理论依

谱和谐之韵　逐向上之梦
——构建和谐向上的学校文化

据和实践经验。教育部于1991年8月20日颁发的《小学生日常行为规范》和1993年颁发的《小学德育纲要》中都明确提出"孝敬父母"……

我们一附小不仅抓大的课题研究,就是平时各项德育的具体工作也都科学严谨,认真探讨其科学性和有效性。

德育研究工作的务实深入,不仅使德育研讨取得了丰厚的成果,重要的是带动了我校德育工作和其他各项工作的开展,同时极大地促进和锻炼了教师队伍,无论是师德素养、研讨水平,还是教师专业能力都得到了很大的提升。德育研讨及德育工作在学校各项工作中起到了龙头作用,也丰富了学校文化建设。

3. 立体推进

德育工作重在落实,学校各项德育工作的出发点和落脚点都在一个"实"字,要全面扎实推进才能出实效。

少先队工作是推动学校德育工作的主要途径。我校少先队大队部有150多平方米,是学校德育工作宣传教育的重要阵地,也是少先队大队委和各中队开展活动的重要场所。每年的建队日,学校少先队都召开隆重的少代会,少先队大队长做年度工作报告,少代会代表汇总提案,校长解答代表提案,竞选和选举产生新一届大队委等,流程规范,形式活泼,教育和训练学生民主意识与各方面的能力。

少先队还组织开展了很多系列教育活动,加强和培养孩子的良好行为,如创造杯活动、雏鹰争章活动、环保小卫士活动、争当"四有"好少年、学雷锋好榜样、学习少年英雄张高谦、寻找林则徐的足迹、五好少年在行动、小学生文明礼仪等,效果都比较好。我校少先队工作多次获得省市和全国的表彰。

班主任、辅导员是进行孩子思想教育的最直接和最重要力量,我们认真抓这部分德育队伍的培养与建设,不仅每学期都要认真组织系列的培训和经验交流活动,而且将组织检查和培训工作渗透到每次的班主任、辅导员例会上,专家思想引领、典型经验汇报、成功方法交流,使班主任经验体会得以提升,成功案例共同分享,破解孩子思想教育难题。

学生的行为习惯养成教育是孩子良好品行的基础教育工作,我们从行为规范抓起,持之以恒地教育训练。从孩子上学进校到放学路队,从课间活动到听课习惯等细小方面抓起,我们制定了《一附小学生一日常规》《四项评比细则》等制度。班会(班级民主生活会)、段会(段长学生情况点评会)有针对性地经常进行,加强学生思想行为的训练。

"四项评比"月月表彰,学生表现周周点评,班级卫生天天公布,安全意识时时提醒,促使孩子成为文明守纪的好少年。

福建地处台湾海峡西岸,为了海峡两岸和谐发展,海西理念已成为我省唱响两岸合作发展的重要内涵。两岸教育交流与合作不仅是两岸交流的重要内容之一,而且成为当前两岸交流中最活跃、成效最显著的领域之一。我们紧抓时机,把与台湾有关的内容融进学校德育工作和各项工作中,使我校成为福州市接收台籍孩子学习的定点学校之一。

2004年,我校在福建省台湾同胞联谊会的牵线搭桥下,与台北丽山国小建立了姊妹校关系,丽山国小的吴惠玲校长单独或者带领台湾小学的校长、老师多次到我校参观访问,笔者也带领学校老师和同学专程到台北丽山国小参观访问。

2006年12月,应台湾大陆文教基金会的邀请,中国宋庆龄基金会、文化部中华文化联谊会、福州市教育局委派我校"繁星艺术团"赴台进行文化交流。这是福州少儿艺术团第一次访台,也是我校师生第一次访台演出。12个精彩节目中有展示闽南风的群舞《惠安女》、活泼诙谐的传统相声《逗你玩》、节奏明快的二重唱《我们在福州长大》等。我们先后在台北市明湖国小、桃园县林森国小、南投县炎峰国小、高雄市文山国小4所小学访问演出。海峡两岸的少年同台演出,密切了两岸的文化交流,推动了中华优秀传统艺术在两岸的传承与发展。我校"繁星艺术团"的师生还参观了台北市101大楼、台湾海洋生物馆、台湾"故宫博物院",还到南投的日月潭取回碧水,到嘉义的阿里山取回沃土……在回校后举办的一年一度的"心有多大,舞台就有多大"元旦迎新联欢会,笔者向全校两千多位同学展示了千里迢迢带回的日月潭水和阿里山土,以及台湾宝岛的一些相关资料,让全校同学亲感祖国宝岛的风土人情。为使我校与台湾孩子的联系和友谊长久持续,也期待祖国早日和平统一,2008年的3月12日,我校开展了"两岸少年心连心同宗同根育新苗"植树节活动。我们在校园的东南角——也就是面对台湾岛的方向——选了一个地方,海峡两岸的师生及家长用阿里山的沃土与日月潭的碧水一起在操场上种下一棵"同心树"。每天,两岸学子一起为"同心树"浇水;现在郁郁葱葱的"同心树"沐浴阳光茁壮成长,成为校园里一道亮丽的风景线!我们期盼海峡两岸的情谊就如同这课"同心树",同心同德,和谐合作,茁壮成长。"同心树"也寓意海峡两岸的少年儿童同心企盼祖国繁荣昌盛,早日和平统一。这棵"同心树"和我校大门口内的百年大榕树一起丰富了学校文化的内涵。

2010年11月,我校举办140年校庆活动,笔者请台北吴惠玲校长以及二十几位台湾教育同仁同台演唱《好大一棵树》,共同表达两岸教育工作者同心同德的美好愿景:中华大树根深叶茂,两岸情深地久天长,盼望祖国和平统一,美好愿景振兴中华。

4. 全面育人

学校的根本任务是培养全面发展的合格接班人,德育是首位,但德育工作不是孤芳自赏,德育工作与教学工作是全面实施素质教育的和谐整体,不是你谱你的曲、我唱我的调的"两张皮"。不要认为强调德育工作就是实施素质教育,强化教学质量就是推行应试教育。德育首位,立德树人,不仅体现在教育孩子热爱祖国、诚实守信、文明有礼等方面的道德品行上,而且要落实到训练孩子为中华之崛起而刻苦读书、坚忍不拔、吃苦耐劳等方面的意志品质上,更要落实到培养孩子勇于担当与能够担起的责任意识和各种能力上。因此,学科渗透思想教育是德育落实的重要途径,我们要求各科老师根据教材和孩子的思想实际,紧紧抓住结合点有机渗透思想教育,充分体现全员、全程、全面育人的要求。

德育工作也应服务于教学工作,要促进教育教学各项工作扎实有效,引领素质教育的全面推进。德育工作要在孩子学习目的、学习态度、学习习惯等方面配合支持教学工作,还要培养孩子动手劳动与实践创新能力,使德育工作成为孩子全面发展的有力抓手。只有这样,德育工作才有生命力,德育工作才能赢得广大师生和家长的拥护,德育工作与教学工作结合并相互渗透才能使德育工作真正摆正位置,起到领头的作用。

我们学校开展的各项德育活动都紧密结合孩子各方面成长的需要,渗透到各个学科里,贯穿到各项活动中,促使孩子各方面都得到发展。

星期三下午一个小时的综合实践活动,我们学校打乱原来的班级组织架构,根据学生发展的需求和兴趣,组织了四十几个综合实践活动组,有校级的田径队、篮球队、绿芽书法社、小茉莉合唱团、武术队、健美操队、舞蹈队、绘画组、管乐队、英语组、科技组、电脑组、心健组、小记者团等,还有年段组织的朗诵、写作、数学逻辑、写字、剪纸、手工等,培养孩子的个性特长。这项工作我们学校持续组织了十几年,深受孩子们的欢迎,效果非常好。

学校按时间季节和形势需要组织丰富多彩的各种活动,全面培养孩子们各方面的能力。六一、元旦的文艺庆祝游园活动,四月份的读书节,五月份的艺术节,十月份的科技节,十一月份的体育节,班班有歌声,班班有美展,还有春游秋游和社会实践活动等,开拓学生眼界,训练学生各方面能力,培养学生集体主义和爱国主义精神。

"每天锻炼一小时,健康快乐一辈子。"这句话不仅成为我们全校师生增强体魄的口号,而且师生已付诸行动。我们不仅认真组织好全校学生的体育节和运动会,而且强化落实到每位孩子日常的体育锻炼上。早操时,全校同学做完国家规定的广播体操后,还要做一遍我们学校教师自己设计的《一附小健美操》;学校还为一、二年级孩子专门开设了形体课,使所有孩子从小打下较好的形体健美基础;班级的健美操队和学校的健美操队经常展示活动,增强学生的体育素质和艺术素养,健美操已成为我校的一个特色品牌。

学校每月一次的年段体育小竞赛,突出孩子年级的特点和需要,进行跳绳、篮球、踢毽子、健美操、竹竿舞、拔河等竞赛,激发孩子的体育兴趣,促使孩子在小学掌握几项体育健身的基本技巧和能力。

为了保证在校学生每天的体育锻炼时间达到一小时以上,我们组织本天没有体育课的班级参加学校安排的指定地点和内容的半小时早锻炼活动,每天早晨学校的操场上,有的打篮球、乒乓球、羽毛球,有的跳绳、踢毽子、仰卧起坐、立定跳远,有的接力跑步、爬攀岩墙、玩体育器械等,井然有序,朝气蓬勃,使校园充满生机和体育锻炼的氛围。

发扬一附小德育工作的优良传统,继续保持和发扬我校更加鲜明的德育特色,是我们学校最重要的办学思路。我们要继续以德育课题的研究为龙头,深入探讨德育工作的新内容、新途径、新方法,把德育工作放在学校各项工作的首位,重视学生的养成教育和常规训练,立足学校,放眼全国,注重试验,讲求实效,使我校德育工作的特色优势更加显著,促进学生全面发展。

二、科研强校的质量意识

德育是首位,教学是中心。教学质量是学校的生命,是学校和谐向上的根本工作,校长任何时候都不能放松质量这根弦。学校推进素质教育,提高教学质量是学生素质教育的重要内容。教学质量怎样提升?要靠科学研讨。

1. 强化研讨,向科研要质量

一附小是百年老校,社会知名度非常高,社会和家长对学校的教学质量寄予厚望,我们绝不能放松。

教学质量怎么提升?不是加班加点地加重学生的课业负担,而是向教育科研要质量,向提高教师专业素养要质量,向科学管理要质量,向提高课堂40分钟效率要质量。我们要牢固树立用教育科研提高教育教学质量的意识,这是学校科学发展之基,也是推进素质教育的保证,更是孩子和谐向上发展的根本。一附小教师素质高,业务能力强,敬业精神好,但在社会的发展、家长的需求和教育改革的要求下,我们仍然要不断引导教师刻苦钻研业务,向科研要质量、向科研要方法、向科研要效率。

教学是老师的本职工作,教学质量是老师的生命,要使我们老师的工作和生命充实和灿烂必须提高教育教学效率,只有靠提高教师素质,只有靠研究实践才能真正提高教师的素质。人人都是教育科研者,人人都要参加课题的研

谱和谐之韵　逐向上之梦
——构建和谐向上的学校文化

讨,在研讨中钻研,在研讨中互动,在研讨中增加情感的交融,在研讨中促进个人和学校和谐向上发展。

教学课题的研讨,重在解决教育教学中实际的问题,要求真务实,不是只图名声的花架子。平时的教育教学管理,日常的常规检查,研讨课、师徒挂钩课等,都要认真钻研讲究科学,交流研讨深入规范。每学期一次的"课改开放日",每学年一次的"教育教学年会",都是展示学校科研成果的时机,我们都会向福州教育界的同行和我们的联谊校教师,以及学生家长们展示学校在教育改革和创新方面的成效。

我校德育课题系统扎实,成果明显,培养了一大批爱岗敬业、勤于钻研的优秀教师。同时,我们还在语文、数学、英语、音乐、美术、信息、科学等学科广泛进行教育研究,也都申报了省和市级的课题,并且都获得了非常好的教研成果。

例如,语文学科的"阅读教学中读写结合有效性的行动研究"、"基于语文实践的有效教学模式研究"和"小学语文读与写实践能力实践研究",都是省级的课题,不仅研究过程务实有效,而且成果喜人,老师们的素质得到很好的提高,语文课堂的教学活力明显增强。"小学语文读与写实践能力基本要求分解表",从小学一年级到六年级的语文基础知识基本要求分解得科学细致,得到省市普教室教科研专家的高度评价,成为很多学校语文教师学习和参考的范本。黄秀兰老师在学校课题引导下,认真扎实进行"低年级说话写话有效性研究",出版发行了《趣味童话拼音教与学》《看图说话写话教与学》等书,深受老师和家长们的喜爱。

数学学科的"在问题解决中培养学生数学思考能力的研究"、音乐学科的"欣赏、唱歌教学中师生多向互动的行为研究"、英语学科的"中小学英语教学衔接研究"、体育学科的"小学体育教学渗透心理健康教育研究"、美术学科的"纸艺教学与小学生创造性培养策略研究"、信息学科的"合理运用信息资源为城市小学教育教学服务的研究"等省、市级课题,都科学有序地开展了教科研活动,并取得了很好的实际效果。

当今社会是信息化社会,多媒体网络发展迅猛,学校现代化和信息化成为发展的方向。我们学校不仅把现代化的信息手段引到办公系统和各项管理中,而且培养和教育老师们充分运用多媒体教学和信息化的思维进行教育教学。我们学校给教师组织了各种信息化培训,学习和运用信息化手段进行教学和管理成为老师们教学和工作的要求,学校还综合开展了"信息技术与各科深度融合的行动研究"的课题研讨,也取得了很好的成果。

学校的信息化发展和社会的网络影响不以人的意志为转移,将对学校管理和教师教育的方式方法造成很大影响与冲击。

我们用科学的方法规范学校教育教学管理,狠抓教育教学规律研究,以课堂教学改革为主线深入进行各项课题研讨,改进课堂教学方法,讲求实际教学效果,促进学生全面素质的提高,从而扎实有效地提高教育教学质量。

2. 强化培训,实施名师工程

学校的发展、教育教学质量的真正提升,关键还是教师队伍的建设和培养。要成为社会上有影响力的名校,不是自己说出来的,要有校长先进的教育思想和办学理念来引领,要有一批有影响力的名师来支撑,要有教育教学质量来保证。我们学校采取科学规范的有效措施,加强教师队伍的专业培养,教师队伍呈现出互相学习、共同进步、名师辈出的良好局面。

青年教师是学校的未来,学校特别重视青年教师的培养,用培养青年教师的方法途径引领和规范教师队伍的建设。经过多年的实践与探索,我们学校制定和实施了"1358 工程",使青年教师的成长更加规范落实。所谓"1358 工程",就是要求年轻教师 1 年"适应"——新来教师用 1 年时间全面适应学校各项基本工作,3 年"出师"——跟师傅学习 3 年后能独立完成学校教育教学工作,5 年"成才"——经过 5 年的培养应成为学校各学科教育教学的骨干,8 年"成名"——8 年要努力成长为省市的教学骨干或学科带头人。学校制定了具体各分段的要求和指标,并把"1358 工程"融到青年教师各项教育教学工作的研讨和考核中,促使青年教师专业成长。

我们为每位教师建立了业务档案,每位教师都要科学规划自己的专业成长。对教师的专业成长,学校不仅加强检查和指导,还定期进行交流学习,搭建平台,互动提高。例如,师德或专业成长的演讲会、教师基本功的培训与展示活动、课件制作的学习与评比、青年教师的思想汇报和考评课、教学反思和教学论文的评选与交流等,促使每位教师专业全面成长。

我们学校还开创了双导师负责制,即一个徒弟由两位师傅帮扶指导。两位师傅,一位是经验丰富的老教师,一位是业务能力强的中青年教师。俗话说,"三个臭皮匠顶个诸葛亮",师徒三人进行备课和教学研讨,不仅氛围浓厚了,而且研讨的内容也更加深入和有成效。两位师傅各展所长,师帮徒,徒促师,相互帮助共同提高。我们学校的教学示范课、年会观摩课等,名师或师傅都要开课展示。学校开展送教下乡活动,名师和优秀的青年教师都要开讲座和送课,展示自己的风采,引领青年教师成长,也促进自己尽快进步、成名。

在厚积薄发的教师专业培养下,我校一批批省市骨干教师脱颖而出,各级名师辈出,学校的声望也随之不断提升。

近十几年来,我校培养了十几位校级领导,七八位省特级教师,一位正高,

谱和谐之韵　逐向上之梦
——构建和谐向上的学校文化

省学科带头人和中学高级教师(小中高)也有二三十个,成为福州市小学领导和名师的摇篮。

2008年,由我校林莘副校长领衔的"福州市语文名师工作室"在我校挂牌成立;2010年,由我校教导处林琴主任领衔的"福州市音乐名师工作室"也在我校挂牌,使我校名师的培养更具影响力。林莘老师和林琴老师刻苦钻研迅速成长,带动了我校和福州市的一些教师成名,其作用已超越福州市,影响辐射到全省,在全国也小有名气。

学名师、赶名师、当名师成为我校老师和谐向上的动力和方向。

3. 强化管理,提高教学实效

教师的战场在课堂,减负提质要向课堂40分钟要质量。要提高课堂的教学效率与质量,就要全方位提高教师的专业素质,还要有细致规范的教育教学常规管理等具体内容。

我们学校不仅开齐、开足、开好所有国家规定的学科,把学生各方面的基础知识打牢,形成科学和谐的有益互动,促进学生全面发展,而且制定了各学科、各年级教学年段过关的目标要求,有各年级作业书写格式与批改的质量要求,有对教师教案书写和课堂反思要求,有听课记录和课后评课要点。教导处和教科室定期下年段、进班级进行相关教学内容的检查与评估。

学校还非常重视其他渠道反馈的信息,了解和监控老师教育教学质量情况。每学期至少要进行一次家长和学生问卷,家长开放日和教学年会全面向家长和老师开放,请家长和听课老师提出建议和意见。同时建立学校网站,开辟学校与社会、校长与家长的沟通渠道,及时把控年段老师的教学过程和实际效果,及时提出指导和整改意见。

学校还实行了巡课、走课、听课的制度,校长和主任每天上、下午至少进行一次对学校所有上课教室的巡课或走课,了解每天全校教师整体的教学常规和学生的学习状况。学校领导在走课时,可以任意推开每一间教室的门,了解教师和学生的上课情况。师徒挂钩的徒弟汇报课,每个月要有一次;徒弟的学期末考核课,要规范严谨,全面考查年轻教师课堂教学水平和能力。对教师触动和影响较大的是课后的评课,我们要求听课教师填写听课反馈登记表,并在课后要有针对性的简要评课,真实直接地提出建议和要求,这对双方的专业素质的提高都有很好的促进作用。

我们学校每学期一次的家长开放日,各年段按平常教师的课表上课,学科的老师向家长展示平时上课的真实状况,让家长全方位了解学校的教育教学情况,更利于家长全面配合学校的教学工作,并全面了解家长对班级和学校教育教学的意见。

知识来不得半点虚假,学校不仅重视日常的各项教学质量监控,而且每学期一次的期末质量考试,学校从出卷、监考、改卷、评分到质量分析,都非常严谨规范,结合孩子平常的学习成绩,真实了解老师的教学情况和孩子的学习状况,掌握第一手资料,有针对性地进行教育改革,全面提高教学质量。

常规管理无小事,细节决定成败。加强教学常规管理,促使教师认真抓好教学工作的每一个环节,关心每一个孩子的健康成长,教师的专业素质也得到很好的提升。

4. 强化交流,锻造教师队伍

这些年来,因为我校办学成效比较显著,影响力越来越大,在上级的牵线和学校间相互的联络下,与我校手拉手联谊的学校不断增多。除了北京、上海、香港、四川和台湾的学校外,福建省内的福安、寿宁、平潭、罗源、永泰、闽侯、马尾、福清和福州本地等几十所小学也与我校建立手拉手联谊关系。我们学校积极组织老师到这些学校参观交流、学习考察、送教下乡、轮岗支教,不仅扩大了学校的知名度和影响力,也给我们老师提供了一个很好的学习展示的平台。

在送教下乡的过程中,不仅促进了当地学校的教育教学工作,共享优质教育资源,推进均衡教育,同时双向互动也极大地锻炼和促进了我们老师教育教学水平的提升。据不完全统计,这十几年我校送教下乡讲座一百多场,送课三百多节,受益教师达几万人次。

我们送教下乡活动,有语数英等学科全面开花,有语文或数学单科上课再加评课、讲座,有两校教师同课异构,共同探讨一个课题。每次送课,基本都成为当地县或学区的大型教研活动,影响力和覆盖面非常之大,有时听课人数达几百上千位。

特别是我们学校与福安师范附属小学的联谊,成为我们联谊交流的典范。两校都是师范附小,1988年两校的校长在师范附小联谊活动时开始建立联谊校关系,两所学校的校长换了几任,但二十几年来,我们的联谊活动从没有间断过,每年我们学校都派老师到福安附小开讲座、上示范课,我校每年的教育教学年会和重要的教育教学活动,都请他们学校派领导、老师到我校参观听课。福安附小在我们的帮助下已成为福建的名校,在闽东和福安地区颇具影响。福安附小在我校获得全国小学德育实验校之后,也成为全国小学德育实验小学和省示范小学,教育教学成果斐然。我们两所学校互动共进,友谊天长地久。

根据上级的要求,为了促进均衡教育,这几年我校派出去轮岗支教的老师有六十多位,占我校教师总数一半以上。我们学校也接收了农村和薄弱学校

谱和谐之韵　逐向上之梦
——构建和谐向上的学校文化

的六七十位老师轮岗或跟岗学习。我们没有感到这是负担，反而觉得这是一个机遇，是提升学校影响力和锻炼我校老师成长的大好时机。

近五六年，我们学校每年出去轮岗支教的老师都有十位左右，在出去之前，我们都集中这些老师开会，讲明支教工作对均衡教育和支持当地学校办学的重要意义。特别强调：一年的时间很快，我们是福州一附小的老师，到哪所学校就要听从所在学校领导的安排，虚心学习，积极适应，一附小教师的工作精神和水平要充分展示。我们不是到那里镀金的，而是到那里工作、学习和锻炼的，要扎实工作和认真总结，每学期都要回到学校汇报思想和工作。我校这些去支教的老师，基本都是毕业分配时就到一附小工作，没有离开过福州学习与工作，更没有在艰苦的地方生活和锻炼过，要把这次支教当成人生的一次历练，真心实意沉下身子去扎实工作，就一定会有大的收获。

我们一附小的老师也的确是好样的，每一位老师都听从所在校领导安排，认真工作，吃苦耐劳，深入课堂，融入学校，当地的学校领导都非常敬佩我校老师的敬业精神。胡老师是一位年轻的数学女教师，她单独一人到罗源白塔小学支教一年，孩子还在哺乳期，她每天差不多天不亮或天已黑坐公交车往返于福州与罗源之间，而且工作非常认真，深受白塔小学师生的爱戴。她完成支教任务要离开学校时，当地的老师和学生都哭着不让她走。

我们每学期的期末，各轮岗点的教师都要回到学校汇报一学期轮岗支教工作的经验体会，他们从生活、工作、学习的亲身感受等方面对自己进行全方位回顾总结。我们每一次的支教老师的汇报会，很多汇报者和听众都感动得热泪盈眶，这真是心灵的触动，思想境界的提升，老师们都受到了很大的人生与事业的思想教育。

赵老师在闽侯祥谦中心小学支教，班级中有一位得了尿毒症的男孩，因为吃药，脸肿得跟西瓜一样，班上的孩子们都会笑他。赵老师就到孩子家进行家访，才知道学生家的经济非常困难，因为治病就更困难了。赵老师在汇报时给我们展示照片，在破旧的矮房里，一位脑袋大大的孩子吃着咸菜拌饭，情景很令人伤感。赵老师把孩子的情况告诉班上的同学，号召同学们关心帮助他。虽然师生的帮助不能解决孩子家庭经济的根本问题，但孩子更加乐观地面对生活和学习，学习认真刻苦，成绩一直很好。老师又与学校和县里相关部门联系，得到了社会更广泛的关心和援助，孩子和家人非常感激我们支教老师的爱心。赵老师在汇报中说，通过帮助这个孩子，自己的心灵得到了很大的洗礼，这是她永不忘却的记忆，是一生中最大的收获之一。

我校的轮岗支教工作，也受到所在学校的大力支持和配合，因此各学校的提升和进步也是非常大的。

闽侯祥谦中心小学在我们学校连续几年的支教帮扶下,变化非常大。笔者第一年带老师到这所学校支教时,就与祥谦中心小学的刘校长说:你们名为祥谦中心小学,学校里却很少有祥谦烈士的痕迹和学校文化内涵,你应当在这方面动些脑筋。笔者给他们提了一些建议,支教老师们也协助他们在学校教育教学管理、教师队伍建设、校园文化建设等方面积极出谋划策。刘校长非常信任我们的支教教师,根据需要和支教老师的能力,刘校长任命有的支教老师为学校教导处或教科室的副主任,直接参与他们学校的教育教学管理。现在的祥谦中心小学,以"立"为学校文化精神,并形成了一系列学校文化内涵,同学们向林祥谦烈士学习,"立德、立志、立人"地发扬祥谦精神。同时,由于学校各方面管理的加强,教风、学风明显改善,教育教学的质量也得到很大的提升,得到上级领导的充分肯定。

祥谦县教育局的领导和刘校长经常对我说:谢谢萨校长!谢谢一附小的老师!没有一附小这几年不遗余力地帮扶,祥谦中心小学不会有今天的发展。我说:我们开展支教工作,你们学校受益,我们学校也受益,是互动双赢的。有了支教,我们这些老师的职称晋级才有可能;有了支教,我们这些城市的老师才有锻炼进步的可能;有了支教和你们学校的发展进步,我们一附小的名声才能得到更大的提升。

和谐向上的教育观应是大教育的视野,应是均衡与共同发展的教育理念。我们作为省城的名校也要在扩大影响力的同时发挥更大的作用,要有更大的教育视野,需要走出校门,走向更广阔的平台,而支教工作就是一个走出学校的大舞台。所以支教工作不仅为均衡教育做出了贡献,而且我们双方学校的老师和学校都成为大赢家,都得到了发展,为均衡教育,为两地的教育事业和社会和谐发展做出贡献。

我们学校的教师交流活动还到了更远的地方。四川大地震,我校林振忠老师积极申请到四川彭州实验小学支教一年,并且成为福建省派四川支教教师中获得最好成绩的老师之一。我校游利瑛老师受省教育厅委派到香港小学访学交流,原来只定一年,因为工作积极、理论素质高,并且教学效果好,香港方面又挽留了一年。这两位老师走出福建省,得到了更大的锻炼,同时也扩大了一附小的知名度。

同时,我们对来我校的轮岗和跟岗教师也非常重视,把他们当成自己的教师严格要求和全面培养。我们学校为他们配了两位师傅,在生管和教学方面同步帮扶,同年段教师还手把手地与他们共同备课和批改作业,传授并与之交流教学经验与方法。他们与我校青年教师一同进行教学基本功训练和各项业务培训活动,并很快适应我校的各项教育教学工作。一年下来,他们每个人都

谱和谐之韵　逐向上之梦
——构建和谐向上的学校文化

要开七八节师徒挂钩课和考核课,我校每次的年会都有轮岗教师的展示。他们普遍感到,在一附小工作虽然很紧张,但学校和谐融洽,收获巨大。同时,师傅们也得到锻炼成长的机会,他们要很好地钻研和交流,共同得到提高。

这几年,随笔者跟岗学习的校长也有五十多位,短的一两周,长的一个学期;远至北京、四川、西藏、云南、甘肃,近到厦门、泉州和福州本地区。笔者在各种校长培训班上做了几十场的讲座,在与校长学员们的互动交流中,笔者也从他们身上学到了很多好的教育理念和办学思路,促进笔者理清教育思想,同时也提升了我校的办学效益和学校声望。

因此,轮岗、支教、跟岗等工作不仅使学校教育教学与管理工作得以交流互动,促进了均衡教育,也使我校在示范和辐射方面取得了突破性的进展,进一步锻造了我校的教师队伍,一附小的品牌也进一步树立并得到认可。

5. 强化活动,争当科研强校

学校必须扎实认真组织好校内日常的各种教研活动,抓常规,抓规范,夯实学校科研的基础,提升教师们的专业素养。学校还要抓住机会,积极组织教师参加校外各个级别的教学竞赛、观摩活动,为教师搭建更高和更为开拓的教研活动平台,促进和激发教师的钻研精神。同时也提升学校知名度,增添学校文化建设的光彩。

组织教师参加各级别的竞赛、观摩活动,是促进教师专业成长的重要手段。我校每一次送教下乡活动的开课,或参加各级别的观摩竞赛课,绝不是一两个人单独作战,都是一个团队精心组织、共同研讨、协调作战,集体的智慧最终集中到一位开课教师身上展示,最后大家共同总结提高。因此一节公开课是和谐向上的体现,得益的不仅是授课者,还是整个研究团队,更是学校集体的收获。

每年一次的教育年会是学校一学年教育教学工作的汇报和总结,我们学校可以说本年的年会一结束,就开始着手明年年会的内容和形式了,并贯穿到学年的各项教学活动中。一本经过筛选评比的教师年会论文集,各学科课题研究的阶段总结或结题,一册学校年度师生《教育教学成果汇编》,以及几节精心准备的名师观摩课和外请的专家讲座等,为校内外教师提供一盘丰美的年会大餐,共同交流、学习和借鉴。这些都是老师们教育科研的成果,也是学校文化的积淀。

例如,2013年的教学年会,因我校林莘副校长刚调到四附小当校长,祥谦中心小学仍有七位教师在我校轮岗,我们就创新形式,由一附小、四附小和闽侯祥谦中心小学联合举办。第一天开幕式及活动在我校,研讨的学科是数学和音乐,分别由我校、四附小和祥谦的老师开课,并请香港和上海的专家开展数学和乐音的讲座;第二天活动和闭幕式在四附小,教研的学科是语文和英语,仍由我们三所学校的名师上课,还清了台湾的专家上课和开讲座,影响面大,收益人多,活动的效果非常好。

校庆活动是学校年会的升级版,是汇集学校各种资源的大展示,更是学校文化的一次大梳理和提升,学校一定要重视校庆活动的组织,使之成为学校文化的提升总结与充分展示。当然,无论是年会还是校庆活动,重在活动的内容,重在文化内涵的提升,不要为形式而形式,不要做劳民伤财和费力不讨好的事情。

2010年,我们一附小迎来了140周年校庆,我们缜密筹划,精心准备,书写了一附小学校文化发展史的新篇章。

以下是笔者在校庆结束后全体教师会上的讲话稿摘要:

尊敬的各位老师下午好!大家辛苦了!

经过一年的精心规划,半年的科学运作,一月的全力冲刺,一周的完美展示,以《和谐校园,美好未来》为主题的建校140周年庆典活动圆满结束了。这是集体智慧的结晶!这是和谐团队的体现!这是学校文化的辉煌展示!

感谢各位老师以主人翁的精神,辛勤工作,完美表现!

我说过,校庆活动是一项系统工程,对校长是考核,对班子是考核,更是对我们全体老师和谐团队精神的考核。考核得怎样?

郑勇(福州市教育局)局长认为:一附小作为福州市各小学的领军学校,将校庆作为契机,构建一个更高层次的教育教学平台,把全市教师的培训、展示及交流挂钩,同时也能将一个学校的实力进行全方位的展示,这是一种创新的尝试,值得进一步探讨与借鉴。(原刊于《福州晚报》)

林学舜(一附小老师)老师为一附小的题词是:"旗舰"。

"领军学校"也好,"旗舰"也罢,这是领导和同行对我们的赞许,也是我们一附小要和谐向上发展的方向。

很多参加校庆的领导和老师都说,参加过很多小学、中学和大学的校庆,没见过一附小这么完美的校庆活动。

可以这么说,这次校庆活动我们是精心设计,认真组织,全面展示,才有这样精彩的效果。可以用这样几个词表述:

大手笔。一周的校庆活动,来参加的客人3000多人次。上至老省委书记、省长,省教育厅、市政府、市人大、市教育局等相关单位的领导上百人,下至家长、校友,以及兄弟学校的领导老师,海内外、省内外同行几千人。

全方位。一至五年级家长开放日,全校开90节课,1000多家长听

谱和谐之韵　逐向上之梦
——构建和谐向上的学校文化

课;海内外名师11节展示课,1000多人听课;校长论坛,8位海内外校长、专家演讲,100多位校长专家聆听;校内庆祝活动,全校2000多位师生参加;庆典大会,300多位学生演员、30几位教师演员参加演出,几乎每个节目都是我校师生同台表演,1000多位领导、校友、家长、同行参加。一周的活动,一步步推向高潮。校庆活动的邀请函,来宾们的胸花,各个会场和校园的布置,等等,都是我们自己独具匠心的设计,都是对学校文化内涵的创新。

高质量。每项活动井然有序,项项精彩,内涵丰富,令人感动。我们亲身参与是一种幸福,是一种感动,是一种难忘的经历;来宾参加活动是一种享受、收获和震撼。名师展示课和校长论坛,我们邀请了北京、上海、台湾、四川、香港和马来西亚等海内外的专家和校长参加,他们都是与我校长期联谊的教育专家和学校领导,说明我们学校的平台高,影响力大,而且我们的名师与海内外名师同台PK,这个意义就大了。

为什么校庆会取得这么好的效果,我认为主要是我们的指导思想非常明确:传承历史,务实高效,凝聚力量,和谐向上。并且,指导思想不是喊口号,只在会议上强调,而是落实在校庆的全过程。我经常讲:我们不是为校庆而校庆,劳民伤财的事不能做,要有意义,要有内涵。这是我们自己的校庆,立足自己,展示自己,提高自己。节俭校庆,务实校庆,和谐校庆,辉煌校庆。我们没有请大腕来主持节目,主持人是我校师生;我们没请重量级演员来吸引眼球,演员也都是我们自己,师生同台,展示素质。重过程,过程成功了,结果肯定是圆满的。

我参与,我贡献,我发展。通过校庆,聚心,聚力,聚情,聚智。增强了团队精神,提高了教师素质,推进了学校文化。不说3位校长亲自动手写文章,亲自上台表演节目,身体力行地组织各项工作,抓每一项工作的具体落实。大家更看到我们的行政班子,全心全力组织每一项工作,精益求精,我们的每一位教师热情、主动、全身心地投入校庆的工程中。我们出了几本书:全国十一五德育课题结题——《小学生遵纪守法知荣辱》《教师论文集》,校庆画册——《岁月流淌的歌》《名师风采》《学生手册》《管理手册》《学生作文集》等,共150多万字。字字都有大家的汗水,本本都是凝聚集体智慧的结晶。

经历就是财富。通过校庆,学校文化得以充分展示,学校的品牌进一步树立,在这个过程中也锻炼了我们自己,提升了我们自己。

各位老师,一附小的这次校庆很成功,我们要为自己努力得到的成就感到自豪和骄傲,要感谢前辈,还要感谢各方的大力支持,也要感谢我们自己。然而,在享受成功的喜悦之后应清醒,在一片赞扬声中更要冷静,不要飘飘然,要谦虚谨慎,戒骄戒躁。上级和社会对我们的期望值更高了,我们要以更高的水平和质量干好我们的工作。过去的已成为历史,作为学校文化的积淀,更重要的还是立足眼下,我们要总结成功的经验,寻找我们的不足,务实地做好以后的每一项工作,使我们和谐的校园更加向上发展、灿烂辉煌。

最后,以老领导、省委前书记袁启彤在我们给他请柬上写的"观后感"作为结束语:小舞台做出大文章,有水平有特色有影响,好得很!明天会更好!

再次感谢全体老师!

三、以人为本的管理模式

德育是首位,教学是中心,而学校这些工作的落实要靠科学的管理。我们学校确定"以人为本的管理模式"的思路,努力营造良好和谐向上的人文氛围。

学校管理,不仅是管,讲制度、讲规范、讲要求,按规章制度办,而且要讲理,讲道理、讲情理、讲心理,做到通情达理,使人心服口服。这就是以人为本,这才能凝心聚力,建设"和谐向上"的学校。

1. 树立正确导向,营造融洽校园氛围

小学教育是义务教育的民生工程,是政府兴办的公益事业,学校的办学行为必然成为社会、家长和民众的关注热点;教师教育着我们的下一代,家长和社会对老师抱着极高的期望,因此老师的言行注定要成为人们关心的焦点。正确的舆论导向,和谐融洽的育人氛围,才有利于教师们努力工作和孩子们的健康成长。

从学校来讲,以人为本的核心就是学校管理以教师为本,教育教学管理以学生为本,促使师生和谐融洽地学习和工作,最终的目的就是学校、教师和学生都得到和谐向上的发展。建设和谐向上的校园,落脚点是学生持续稳定的发展,"一切为了学生,为了学生的一切,为了一切学生",学校的各项管理措施的目的都是为了所有学生的全面健康主动和谐地发展。学生要主动地发展,教师是促进学生主动全面发展,教师也要与学生共同发展,只有教师主动发展,学生才能主动和谐地发展。因此教师的人本管理是学校构建和谐校园的关键。

教师职业是高尚的,理应受到人们的理解和尊重。我们教师是生活在社会中的人,他们不是"全人",更不是"圣人",他们应当努力做得更好,但他们永远也不能成为做得最好的"全人"或"圣人",他们永远也不能完全满足社会、家

谱和谐之韵　逐向上之梦
——构建和谐向上的学校文化

长和孩子们所有的要求。这不仅因为社会经济发展的变化性和家长们对孩子要求的差异性，还与孩子成长的复杂性和教育改革的发展性紧密相关。这其实也促使和要求教师要不断学习进取，推动教育事业、学校管理和教师专业的不断向前发展。

我们学校也应理性看待社会、家长的求全要求和教书育人的复杂性关系，营造和谐融洽的育人环境。紧绷的神经、对立的情绪、猜疑的目光、压抑的工作环境，不仅不利于调动老师们的积极性，也不利于营造良好的工作状态，更不利于激发教师们的心智从而有智慧地完成教书育人的使命。学校应当全面正确了解社会、家长等各方面的信息，做好引导和沟通工作，根据办学规律和学校的实际情况，促使教师们坦然面对各种压力，增强心理素质，加强师德修养，提高专业素养，积极搞好各项教育教学工作。

教师不是生活在真空中的完人，金无足赤，人无完人，他们是我们社会中的普通人，也受到社会中各种思潮的冲击，他们要养家和处理生活与工作中的各种繁杂事物，他们有七情六欲，他们有自己的兴趣爱好，他们也会有自己的隐私和不足，我们必须对教师严格要求，但也要尊重、理解和允许教师有不足。当然，这不是放任，这是人文的和谐管理，要给他们以改进和发展的机会。

社会上有的媒体以及一些家长对教师有时会求全责备，特别喜欢聚焦教师的不足，甚至于炒作以扩大影响，使教师在无形中产生巨大压力。作为学校要了解教师的难处，体谅教师的苦衷，从身心上多关心教师，把他们当成一个普通的人。每个人的成长进步都有一个过程，尤其青年教师的成长更需我们全社会的关心爱护与扶植，良好的尊师风尚，需要我们鼓励鞭策教师，不足的地方提醒一下，前进的路上推动一把，而不是动辄上纲上线，用大帽子吓人，或一棒子打死。

笔者知道有一位语文老师，原本是位很有发展前景的优秀教师，因为孩子作业未完成而心急，在课堂上讲了一句不应讲的话："滚下去。"因孩子家长在社会上有一定的活动能力，就不依不饶，联系了多家媒体到学校追踪报道，还一直追着这位老师进行采访，一定要向学校和老师讨个说法。这个老师躲了一个月，身心受到极大的伤害，得了一场大病，从此身体每况愈下，只能提早病退了。

我们的社会和学校应当为教师营造良好的氛围，教师很辛苦，但教师更怕"心"苦。教师不应成为社会的众矢之的，他们有不足是正常的，我们要像对待学生出现的错误一样：允许他们有不足，也应允许改正。我们的学校，我们的社会要真心地关心和帮助他们，使他们在和谐融洽的氛围中更好地成长与进步，使他们更好地教书育人，为学校、为家长、为社会服务。

当然,当教师也是有底线的,违反师德和损害孩子身心健康的言行必须严肃教育,情节严重或屡教不改的必须被清理出教师队伍,并作为反面教材教育老师们。我们的社会和学校应当很好地营造融洽的气氛,对各种影响教师的事情进行正面引导,矫正教师中不好的言行,帮助我们的教师成为一名合格的教师,做一名优秀的人民教师。在人生的道路上,在教师的生涯中,在与家长、社会以及领导、同事的交往中,都会遇到各种赞扬或批评的情况,有时学校领导的一句话、同事交流的一个脸色、学生家长的一个态度、社会舆论的一种看法,都可能对我们的教师的思想产生较大的影响。

因此,树立规范、正确和良好的社会舆论氛围,对整个教师队伍的和谐向上培养、对教育事业的和谐向上发展都有重要意义。

2. 关心教师身心,树立主人思想意识

我们广大教师投身到教书育人这个崇高职业中,就决定了准备为这个事业努力奋斗,并希望得到学校、社会、家长的尊重和认可,这就是教师积极向上的内在因素。但要筑牢教师的专业思想,还需要他们在教育教学工作中不断历练,需要我们学校在身心上关心和帮助他们,使他们感觉到学校是他们可以依靠的家,他们就会爱岗敬业,全身心地爱我们的孩子。

一附小是一个和睦的大家庭,互相关心帮助才能建设和谐向上的学校。我们校长也应当尽心尽力关心教师生活,帮助他们树立主人翁的思想意识。

我们一附小青年教师结婚不仅是个人的大喜事,也会成为学校和老师们共同的喜事,很多教师一起帮新婚教师出谋划策,共同参与婚礼仪式的各项筹备工作,包括新人化妆和训练童男童女等,有的结婚典礼还由我们学校的教师自己来主持,很多老师直接参与婚礼仪式中节目的排练和演出。共同参与,互相帮助,一个人的喜事传递给大家,大家一起助兴,喜上加喜,更加热闹,和谐融洽的集体促使大家更加团结友爱。

我校青年教师结婚时一个很大的愿望就是请我这个校长为他们做证婚人。他们普遍认为:我的祝婚词激情、美好、风趣,令人印象深刻。十几年来,笔者已为我校五十几位青年教师送去美满婚姻的祝福。虽然这个讲话对我本人来讲是一个负担,但我非常高兴和愿意去做这件事。我觉得,这是我作为校长和长辈对学校青年教师人生关键路途上的关心与爱护,是对他们在学校教书育人工作的肯定与鞭策,也送去我对他们未来生活的美好祝愿。同时,为青年教师做证婚人,他们一定会感激我,感恩一附小,在未来的工作、学习和生活中会更自觉地支持我和学校的各项工作,这是一件和谐向上与凝聚人心的美好事情。

下面是笔者给一对新人的祝婚词:

谱和谐之韵　逐向上之梦
——构建和谐向上的学校文化

尊敬的各位女士、先生，各位来宾，大家晚上好！

今天是个特别的日子，是我们的伟大领袖毛泽东同志的诞辰日。在这值得全国人民纪念的日子里，一对新人在这里走上了结婚的殿堂，在此，谨让我代表教院一附小全体教职员工，对他们的完美结合表示最美好的祝愿！

今天的日子特别，这一对新人也很特别，他们有许多共同点：第一，他们同姓，对不起，不是性别的性，而是姓名的姓，他们都姓王。第二，他们同工作，现在都在我们一附小工作，新郎是我校的教师，新娘是三附小来我校轮岗的教师。第三，他们同趣，都爱音乐、爱跳舞，共同的兴趣爱好和共同的革命目标、生活目标使他们走到一起来了。新郎特别有才，而且是个全才，教过语文，教过电教，现在是我校教音乐的形体教师，特别喜欢跳舞，每次学校组织文娱活动，不仅他培养的学生在台上表演，他自己也亲自登台，并代表学校参加市里的武术、健美操、师德小话剧等表演比赛。他不仅都是主力，并且还是编导，为学校争得了许多荣誉。

在这特别的喜庆日子里，我也借用毛主席他老人家的几句话，送给一对新人几句特别的祝福：

结婚是人生之路新的开始，但要牢牢记住："前途是光明的，道路是曲折的。"现在只是"万里长征的第一步"。对老婆好要坚持，因为"一个人做点好事并不难，难的是一辈子做好事，不做坏事"。做到这一点是不容易的，但"世上无难事，只要肯登攀"。捷径在哪里？"虚心使人进步，骄傲使人落后"，只有谦虚才能做到"好好学习，天天向上"。

当然生活之路也是有法宝的，就是要生育好下一代，"一万年太久，只争朝夕"。优生优育的关键是什么，"枪杆子里面出政权！"

最后祝各位来宾身体健康、家庭幸福、万事如意！

我们教育孩子要全面培养德智体，注重身体健康。我们老师也一定要注意身体健康，重视家庭和谐。自己不重视身体健康，怎么能懂得和更好地关怀孩子的身体健康。教师不要因为工作损害自己身体健康和家庭和睦，当然也不要过分强调自己的身体和家庭因素损害学校集体的利益，和谐共进是我们的目标。

有一天半夜，笔者接到班主任刘老师打来的电话。她很难为情地说："开学初就发现脖子下长了一个小肿块。我是班主任，刚开学老师们都很忙，实在是不好意思向您请假。上周又迎接省素质督导评估，也不敢请假。本想下周文明学校检查完后，国庆长假时再请假开刀，这样学校工作影响不多。可是今天下午我到医院复查，医生说我必须马上开刀，时间长了可能会变坏，您说……"我马上打断她的话说:"你的工作精神我们很感动,但身体不好了将一直影响工作和生活。你明天必须马上住院开刀,我们学校这么多人,我会安排好的。"刘老师只好乖乖听话去住院。在本周的教师会议上,我就把刘老师的事与老师们讲了,我说:"刘老师的精神可嘉,但我不喜欢这样不爱惜自己身体的老师。我们每位教师都有自己的家,更有自己宝贵的身体,教师要成为学校工作的积极分子,还必须成为和睦家庭中的积极成员,而首先要爱惜自己的身体。老师们真的有事一定要与学校讲,我们这个大家庭一定会尽力帮助。我们不需要工作狂,不热爱家庭的人也不可能很好地热爱教师这份工作;不爱惜自己身体的老师,也不可能乐观长久地干好教育工作。我们需要的是懂得工作、懂得合作、懂得生活、懂得快乐的身心健康的教师。"过了几天我去医院看她,她非常感激学校对她的关心,身体也很快恢复了健康。

不懂得生活就是不懂得工作的意义,不懂得合作就不能体验快乐的真谛,不懂得快乐就不能真正理解幸福的含义,而这一切都是建立在健康体魄上的。现代教师应当认识到,我们自己的幸福指数是与学校和整个社会的和谐融洽紧密相关的,自己的健康幸福也是学校和社会和谐幸福的一部分。

教师来到学校,迎接他们的是张张的笑脸,听到的是同事和学生的声声问候,看到的是温馨的校园和工作场所,得到的是互相关心和帮助,工作起来是和谐的交流与幸福收获,再苦再累心亦甜。

3. 执行规章制度,建立平等规范平台

学校是一个大舞台,要和谐相处,要平和相待,但也要向上发展,因为党和人民赋予了我们光荣而神圣的责任。因此学校各项工作要有评比和竞赛的平台,这是学校活力和师生积极向上的表现。然而,学校不应成为你输我赢的竞技赛场,而应成为同舟共济和共同进步的幸福家园。

规章制度是学校各项工作能正常进行的基础。学校的管理要以人为本,强调人性化,但并不是什么都要依教师个人的意愿做,因为每个人自己的想法和利益是不同的,必须以规章制度为基础,严格规章制度才能保证全体教师的工作在公正的平台下正常运转。这才是真正的"以人为本",以全体教师共同的利益为"本"。以损失大多数人利益维护个人的"本"是不公平的,关键是我们的制度是以人为中心的,制度不是为了管人,而是为了给大家一个平等的约束,调动所有老师的积极性,什么是该做的,什么是不能做的,给人以公平合理的竞争平台。

从学校的管理情况来看,有时总会出现个别教师违反学校的有关规章制度,或上班迟到,或不及时认真地批改作业,或对待学生简单粗暴等。正因为学校教师还有不完美的地方,才需要我们统一规范教师的言行,加强和谐校园

谱和谐之韵　逐向上之梦
——构建和谐向上的学校文化

的管理和建设。从某些方面讲,学校的规章制度就是为这些不够自觉的教师制定的,并约束教师中出现的不好的行为。但是学校领导不能用这些制度来卡和压这些教师,使自己站在这部分教师的对立面上,那样教师虽然屈从,但心里不服、心里不快,最终还是会影响工作的。

我们教师处于心理安全和愉悦的氛围中,便会产生一种向上的心理趋向,生活和工作的质量与效益的提升就有了真心真情的精神支撑,就会内化为教师的文化追求,成为和谐向上的软实力。

制度面前人人平等,该处罚就要处罚,但我们不能简单处理,使教师感到生硬不近情理,要关心教师犯错或不足的原因,让教师感到体贴与温暖。可能是工作态度原因,我们要耐心做思想工作,以事业和孩子的成长要求教师按规范做;可能是身体或其他家庭等临时困难原因,我们要关心教师的困难,为他们排忧解难。要使教师们理解,学校的规章制度既是为了规范教师行为,也是爱护教师成长、维护学校整体利益的措施,我们教师要自觉、认真遵守。

我们的对象是学生,我们的疏忽很可能对学生身心造成伤害,使学校的名誉受损,最终损害的还是我们教师本人。因此我们制定制度并严肃纪律是为了学校工作的正常运转,是为了保护学生的身心健康,同时也是保护我们教师自己,使我们的学校健康发展。加强师德建设,培养教师的责任心是教师自觉遵守制度的关键。大道理要经常讲,好典型要不断宣扬。当然制度是死的,人是活的,教师在面对繁重工作和顽皮的学生时,使用不完善的方法也是正常的。对教师的偶尔失误不要讲死理来卡教师,要站在教师的角度分析原因,吸取教训,使之以主人翁的精神充满信心地工作。

学校管理以教师为本,教学管理以学生为本,促使学生、老师和学校都得到和谐的发展。制度管人不是为了"框"人身,而是为了"聚"人心,只有平等公正对待每一位教师,才能让大家信服,才能凝聚人心,使教师真心真意爱事业、爱学校、爱同事、爱学生,共同维护学生的利益,维护学校集体的利益,维护我们每一位教师的利益,维护学校的名誉。

我们学校有几位教师,由于个人的发展志向和学校工作的制度约束等因素,辞职自谋职业。笔者一方面好言相劝:外面的世界很精彩,外面的路途很惊险,要迎接更大的挑战,要做好吃很多苦头的准备。另一方面鼓励祝愿:人各有志,祝他们未来更美好,一附小是你工作过的地方,永远是你的家。同时笔者也说:我是你们的老大哥,随时与我交流和汇报思想、工作和生活。他们都生活和发展得很好,也很留恋一附小,时常回来与笔者交流思想、汇报生活和工作情况,成为笔者终身的好朋友。

创设适合学生年龄特点的有人情味的校园和班级环境氛围,制定和完善合情合理的规章制度,建立公开、平等的竞争平台,培育合作互助的团队精神,让教师愉快并努力地工作,让学生愉快并努力地学习,校园充满和谐,校园充满激情,校园充满欢乐,校园充满幸福。

4. 理性对待事件,稳定和谐向上局面

学校的各项工作应当规范严谨地进行,严格执行各项规章制度,为教师提供公平、公开、公正的竞争平台。但世界上没有绝对公平的事,教师面对个人的利益容易站在自己的角度看问题,甚至于因为个人因素而做出一些不合公理的事情。我们学校领导和教师都应理性对待自己和身边的各种不和谐现象。因为绝大多数的不当事情都不是老师有心有意特意而为,而是在无心或一时疏忽的情况下发生,我们要因势利导,理性耐心地教育与疏导。

理性是人性和公理的辩证统一判断,是人们在正常思维状态下有自信与勇气地遇事不慌,且能够全面了解和总结并分析后和谐恰当地操作或处理,以达到事件稳妥解决的效果。理性也是对自己和社会公众负责的一种涵养与素质的体现。

教师上课面对的是几十个学生,家长可以直接看到自己孩子的状况。一种作业量,有的家长说刚刚好,有的家长却说太多,有的家长还说太少;一种教育方式方法,对有的孩子有效,有的孩子在领会,有的孩子无动于衷。我们只能总体把握,有教无类、不要急迫,因材施教、个别调控,因势利导、逐渐推进。

人生总会遇到很多不平事,你都想摆平是不可能的。如果每件事都计较得那么认真,生活和工作会很累的,只有平和理性对待并包容礼让,才能真正摆平,才能和谐向上。想着别人的好,舒心又快乐;记住别人的坏,添堵又苦恼。

教师面对家庭生活和学校教育教学工作的各种压力,每个孩子又各具不同的特性,家长有时会求全责备,难免有时会有个人的情绪激动,我们要理性思考,平和对待。教师既要认真严肃按规范教育学生,当批评则批评,该惩戒就惩戒,又要把握分寸,不要简单粗暴,不要体罚和变相体罚学生,以至于引起不必要的矛盾纠纷;在与家长产生意见纷争时,真诚解释,分析厉害,包容理解,坦诚豁达。退一步海阔天空,让一下和谐融洽。都是为了孩子的成长进步,家长、老师和学校会达成一致的认识。

作为校长,对待教师当中出现的各种不协调情况更应当和谐理性地分析与处理,不要揪住不放,要用诚心和爱心关心帮助老师,协调各方关系,放下心理积怨与包袱,促使事态平稳和谐发展,促进教师和学校工作和谐向上发展。

谱和谐之韵　逐向上之梦
——构建和谐向上的学校文化

下面是笔者记录的一则案例：

2007-12-14 阴雨

这是三天前的事情，今天记一下也很有意义。

中午我已吃完饭要休息了，年轻教师××情绪低沉地走到我的办公室，对我说："今天上午放学排路队时两学生吵架，不听我的告诫，我一时性急用手碰了学生的脸一下，其实没有真打，但孩子家长很激动，刚才与家长沟通没解决，家长说下午一定要来找你，给校长添麻烦了。"看到老师眼泪汪汪的内疚样子，我知道老师很后悔，相信她会改正自己性急的毛病。

我说，对待调皮捣蛋的学生，我们要严格教育，但不要性急，千万不能动手，一动手就越线了，相信你会吸取教训。下午我来做家长的工作。

下午家长果真来了，并且还带来一位某报社的记者，一见面记者就把记者证亮出来说："我知道你是萨校长，是很有名的校长，你们学校也非常好，我们报纸经常报道你们。"看来这位家长是有备而来。

家长一坐下来，就极为严肃和激动地说了一大通，总体意思是这样：孩子中午回到家一直哭，说××老师打了他一巴掌，爷爷奶奶也陪着哭，父母也很难受，虽然与老师沟通了一下，但大家商量下午一定要找校长明确解决。家长方面提出三点要求：一、你们学校教师是不是有体罚学生的现象，学校有否教育教师，校长是否认可体罚学生的现象，以前有没有？现在已经有了，以后能不能杜绝？你们这样的名校还有这样的现象，如果杜绝不了，我们就请报纸报道。二、我们对学校其他教师都没有意见，就是对这位教师的师德和素质不满意，为了扫除孩子心头的阴影，教师必须向孩子道歉，并在一定范围内消除影响。这位教师教我们孩子我们不放心，我们家长一致极力要求更换教师，不换老师不行。三、我们是奔着一附小的名声来校读书的，校长要把处理决定告诉我们，如果校长满足不了我们上面的要求，我们随时可以转学到其他任何学校。

母亲几乎是含泪诉说，父亲偶尔插几句严肃和肯定话。

我请那位犯错的教师来，当面向家长道歉。然后我也代表学校向家长表示歉意，希望家长把气消下来。

接着我说，现在我谈一些个人看法，并回答您前面提出的问题，不对的请您指正。如果您想报道或转学这是您个人的权利，我不干涉，但我希望您别这样做。

首先，这位老师打学生是不对的，前面已向您道歉了。我们学校以前也偶尔有教师体罚学生的现象，我不否认，但学校一直都在对教师进行严肃教育,这是我校长的职责。我们教师总体是非常好的,才有学校的好名声,你们家长也是认可的。但教师是有情感的人,对待非常顽皮的孩子,有时也会激动和控制不住自己的情绪,特别是刚工作的年轻教师,他们年轻气盛,但对孩子和工作还是负责的,当然体罚学生也是绝对不行的。但他们犯一些错误我们要关心和帮助他们,让他们汲取教训,使他们改正过来并成为优秀的教师,而不是一棒子打死。任何一位优秀的教师都是经过吸取各种经验教训才成长起来的。所以,我不敢说今后一定会杜绝教师体罚的现象。

其次,×老师是刚参加工作几年的青年教师,业务素质非常高,当然也有很多的不足,我们校长和家长要爱护和帮助她,我也相信她将来一定会成为很优秀的教师。我们对教师重教育轻处理。现在换老师肯定是不行的,一方面现在换了老师,孩子与教师的问题没解决,阴影一直在,对双方都没有好处,另一方面,如果家长对教师有一些意见都可以换老师,学校就乱套了,学校怎么管理?我希望家长给老师一周的时间来处理这件事,我相信一定会消除孩子的恐惧感。如果一周后孩子和家长还不满意,我们学校将严厉处置。

再有,我认为家长在孩子遇到委屈和挫折时,要合理科学把握,这是教育和引导孩子正确对待自己与别人不足的一个良好教育机会与教材。教育得法,孩子今后会坦然面对人生遇到的各种困难与委屈;引导不好,顺着孩子的思绪添油加醋,将来孩子在社会和生活中再遇到类似的情况,就不会和谐处理这些复杂的事情。

最后家长同意我的意见,我也要求这位老师用爱心全力弥合自己的过失。两天之后,老师拿来手机说,家长发来短信说,非常满意教师的工作,并感谢校长的谈话。

天阴小雨,时现阳光;记录此事,作为案例。

第三节 学校文化的形式塑造

学校文化建设是一项长期的系统工程,要全面规划、精心塑造,要贯穿到教师教育教学的实际工作中,要提炼、升华与浓缩成一定的语言文字形式以便于记忆与传颂,并采取各种形式和方式物化到学校物质环境建设中,使之与自然环境融合为一体,这样校园中的人们才能更好地入耳、入脑、入心,从而成为学校重要的教育教学资源,凝聚成全校师生和谐向上的道德认知与核心价值

谱和谐之韵　逐向上之梦
——构建和谐向上的学校文化

观,形成师生的文化自觉和学校的软实力。

一、树立校风

校风是学校的总体风气,主要由领导作风、教师教风和学生学风共同组成,是学校精神的内涵与行为的重要表现形式。校风从各个层面展现校园中人的精神风貌。

1. 校　训

校训是校风的核心内涵,是学校师生发展目标和核心价值观的集中体现,是广大师生共同遵守的基本行为准则与道德规范。它既是学校办学理念、治校精神的反映,也是校园文化建设的重要内容;它不仅能够体现一所学校的办学传统与文化,也能够反映这所学校的追求与方向,是激励师生积极向上的力量源泉。

校训体现学校对学子的寄托,为了教育和引导好学生,学校的老师也应深刻理解校训的内涵和意义,严格遵循并教导学生。校训应当有丰富的历史内涵和教育意义,是学校历史和文化积淀的精华,应当悬挂或坐落在学校醒目的位置,师生共学之,师生共勉之,师生共行之。

清华大学的校训是:"自强不息　厚德载物"。这是1914年,梁启超先生到清华以"君子"为题做演讲,以儒家经典《周易》"乾"、"坤"二卦的象辞"天行健,君子以自强不息;地势坤,君子以厚德载物"为中心内容激励清华学子发愤图强。

北京师范大学的校训:"学为人师　行为世范"。这是启功所题,北师大校训不但紧扣"师范"二字,而且包含了学与行、理论与实践、学问与做人、做一般人和做老师等之间的辩证关系。8个字,生动、富有诗意地道出师范院校办学的深刻理念,使这一校训亦具备了大师级的品格气度和人文精神。

北京东交民巷小学的校训:"勤奋、礼貌、团结、活泼"。这是北京首任市长彭真所题,寄托了老一辈革命家对少年儿童和这所学校的殷切希望。

我们一附小的校训是:勤学、守纪、诚实、创新。这是20世纪80年代老校长根据当时历史背景和学校发展的需要而定的,它是一个和谐完整的教育体系,是师生共同遵守的规范原则,我们要继承和发扬。我校"和谐向上"的学校精神也从校训内涵中提炼和升华而来。

勤学:学生在学校的主要任务就是学习,任何一个人的成功都离不开勤奋学习。学习文化知识,学习做人的道理。只有珍惜时间、集中精力、刻苦钻研,才能学到真本领。我们老师也要勤奋学习,才能充实和提高自己,完成教育学生的神圣使命,教书育人。勤学是一个人知识积累并不断向上进步的前提。

守纪:国有国法,家有家规。学校是师生学习、生活和工作的场所。作为学生,要养成良好的道德行为习惯,必须认真遵守日常行为规范,用规范指导自己的言行举止;作为教师,要自觉遵守法律和学校的规章制度,用自身良好的言行教育和影响学生,为人师表。守纪是一个人学习工作并**和谐**生活于社会的准则。

诚实:诚信是金,诚实守信是做人的基本准则。诚实,就是忠诚正直,言行一致,表里如一。守信,就是遵守诺言,不虚伪欺诈。"言必信,行必果""一言既出,驷马难追",这些流传千百年的古话,是我们师生都要遵守的优良品质。诚实是一个人立德树人与**和谐**人生的高尚品德。

创新:创新是一个民族的灵魂,是人类发展的不竭动力,是人类智慧结晶的来源,是一个团队凝聚力和创造力的具体表现。学生学习,是为了将来创造美好的未来;教师教书,必须有创新意识,才能培养一代有创新意识的建设者和接班人。创新是一个人激发智慧与**向上突破**的能力体现。

"勤学、守纪、诚实、创新"是一附小"和谐向上"精神的集中体现和本质内涵。

2. 班子作风

为了学校建设完整的文化系统,依据校训内容和学校精神,并依合我们一附小校训文体的"四句、八字"风格,笔者当校长后就组织大家研究并制定了领导班子作风、教师教风和学生学风。

我们党的发展历程告诉我们:党风状况关系到人心的向背,关系着革命和建设的成败。毛泽东同志说过:政治路线确定后,干部就是决定因素。班子建设是学校和谐稳定发展的关键,班子作风是班子建设的重要抓手,班子高素质,学校才能和谐向上发展。因此,我们班子的作风也紧紧扣住和谐向上的精神内涵。

我们学校领导班子的作风是:团结、务实、奉献、进取。

(1)团结,团结就是力量。团结出智慧,团结成合力,团结有效率,团结才能干成事业,团结是学校和谐向上精神在班子的重要体现。班子成员既要有明确的分工,职责清楚,摆正位子,积极主动地干好本职工作,又要相互之间多提醒、多补台,真情合作,形成合力。团结不是一团和气,而是在工作事业健康发展的前提下,真诚关心别人,真心帮助别人,勇于批评和自我批评,有不同的想法和建议要当面提,交流沟通形成共识。注意组织纪律,维护班子形象,维护集体大局。讲话办事都要以团结为重,不讲不利于团结的话,不做不利于团结的事。团结还要靠自己的人品和能力,团结广大教师,带领教师干好工作。团结是和谐向上学校精神在班子的集中体现。

(2) 务实,工作务求实效。务实就是要求我们班子成员的工作一定要有针对性,讲求实效,求真务实。行政领导要认真研究学校、老师和学生的实际情况,研究本职工作的内部规律和科学发展规律,掌握第一手资料,深入一线,一切从实际出发,不摆花架子,不做无用功,不好大喜功,不急功近利。要依据学校整体工作要求,制订切实可行的本职工作方案,并在检查和实施的过程中虚心听取老师们的意见,不断校正自己的工作思路,改进工作方法,提高工作的实效性。务实是学校扎实稳步向上发展的保证。

(3) 奉献,领导就是服务。行政领导虽然算不上什么官,但既然被上级领导和老师们推到行政岗位上,就要树立公仆意识,就要高标准严要求,为学校服务,为老师服务,为学生服务,为家长服务,为教育事业的发展尽心尽责。要求老师们做到的,自己首先要做到。廉洁从政,爱岗敬业,以身作则,无私奉献。以学校工作为重,不为名,不计利,多做贡献,少想索取。评先晋级要谦让,工作任务抢着上,用优异的工作业绩和无私的奉献精神来赢得教师们的尊重和信服。奉献是班子赢得教师信赖并促进和谐校园的精神财富。

(4) 进取,成为行家里手。积极进取、勇于创新是学校行政必备的条件。社会在进步,教学改革在不断发展。学校行政领导不仅要学习、领会和执行党的方针政策,把自己负责的行政工作做好,努力提高管理水平,成为依法勤政的表率,而且要刻苦钻研教学业务,成为教育教学的排头兵。行政领导必须虚心向老师学习、向课堂学习,努力学习国内外先进的教育教学理论和管理经验,提高理论素养和实际工作能力,并根据国家的教育方针和学校工作的总体计划安排,在学校工作中认真规划,大胆实践,积极探索,勇于突破,成为学校行政管理工作的行家、教育教学的专家。进取是班子引领学校工作不断向上的基本素养。

3. 教师教风

为使教师队伍建设内提素质、外树形象,应树师德,铸师魂,炼师能。依据校训和学校精神,我们制定了一附小教师的教风:热情、善诱、严谨、开拓。

热情:爱是教师的力量源泉,热情是和谐校园的血液。教师要满腔热情地热爱教育事业,热爱学校,热爱学生,为学生全面健康地发展洒下我们满腔热血。有了热情就能学习好教育教学的理论,有了热情校园中就会充满和谐向上的氛围,有了热情就不畏各种困难和险阻。学生的幼稚与顽皮需要我们教师用热情来感化与教育,学生家长需要我们教师的全心热情来取得他们的支持和帮助。

善诱:少年儿童的成长需要教师掌握科学的教育教学方法,还要依据学生的年龄特点和认知规律,循循善诱,因材施教,体现教师教育学生时的耐心与细心。善,就是善于运用;诱,就是科学与规律的方法。善诱的实质就是科学艺术的方式方法在孩子身上的有效运用,教师不仅要关心学生的学习,而且要关心学生的身心健康,不体罚和变相体罚学生,不讽刺和歧视任何一位学生,促使每一位学生都在原有的基础上和谐向上发展。

严谨:教师应当严格遵守学校的各项规章制度,严谨扎实做好教育教学工作,教书育人,为人师表,以身作则,率先垂范,要求学生做到的事情老师首先要做到。注重教育教学的每一个细节,认真上好每一节课,认真批改每一项作业,认真教育每一位学生。刻苦钻研,严谨治学;穿着得体,语言文明;举止文雅,谦虚谨慎;关爱学生,诚实守信;廉洁施教,无私奉献。

开拓:教师教书育人的工作不仅是传授知识,而且要启迪孩子的智慧,塑造学生的心灵。因此教师要不断地学习新的教育教学理论,吸收最前沿的教育信息,紧跟教育教学改革发展的步伐,积极投身教育教学改革实验当中,学习新经验,大胆去实践,开拓进取、勇于创新,把书本的知识和做人的道理创造性地传授给学生,培养有开拓精神的积极向上的新型人才。

4. 学生学风

学校的一切工作都必须落实在学生的全面发展上。一附小学生的学风是:求知、求真、求健、求美。学风的4个方面组成学生发展的一个和谐整体,每一方面都有一个相同的字:"求",就是告诉学生要努力向上追求才能得到。因此,我校的学风也是和谐向上学校精神对学生的核心要求。

(1)求知:就是要求同学们努力地学习知识。学生以学为主,努力学习文化知识是学生的本职,掌握真本领才能成为国家需要的人才,舒舒服服是得不到真才实学的。周恩来说过:为中华之崛起而读书。我们要建设繁荣富强的祖国,实现中华民族伟大复兴的"中国梦",必须养成好的学习习惯,必须掌握文化知识,必须提高各方面能力。只有刻苦努力学习,才能学到知识;只有努力钻研,才能找到学习的技巧和窍门;只有积极探索实践,才能提高能力,也才能掌握真本领。

(2)求真:就是要求同学们执着地追求真理。我们要建设和谐社会,实现美好的人生,就必须有基本的做人准则和美好的理想。应知道什么是真理,什么是谬论;什么是对的,什么是错的;什么是好的,什么是坏的。陶行知说:"千教万教教人求真,千学万学学做真人。"爱祖国,爱人民,爱和平,爱环境,爱社会,爱学校,爱老师,爱同学。学习做人,学会生存,积极参加公益活动,做文明有礼的好少年,多做好事,不做坏事,立德树人,成为社会主义事业合格的建设者和接班人。

(3)求健:就是要求同学们刻苦地强身壮体。身体是我们学习和生活的生理条件,也是我们将来建设祖国、为人民服务的基础,没有好的身体一切都无

谱和谐之韵　逐向上之梦
——构建和谐向上的学校文化

从谈起。锻炼身体贵在刻苦、重在坚持。我们的口号是:"每天锻炼一小时,健康快乐一辈子。"学生不仅要上好学校组织的体育课和活动课,平常还要多参加体育活动,并要注意饮食的安全。在学习和活动中不怕困难,以良好的心理素养面对各种挫折。健全的心理素质是在学习和活动中获得的,它能使我们有较好的承受能力,积极迎接各种困难和挑战。

(4)求美:就是要求同学培养爱美和创造美的素质。人的素质是多方面的,社会的美也是丰富多彩的,我们的校园很美丽,我们小朋友们很漂亮,人人都爱美,人人都要追求美,美是无处不在的。我们要培养同学们音乐、舞蹈、美术等艺术美的素质,还要塑造同学们心灵的美、风度的美、品德的美。懂得欣赏美,才能追求美、创造美,美美与共,将来才能建设美好的社会。

5. 学校精神

学校精神是一所学校的灵魂,是学校在长期办学实践中自行凝聚、自觉提炼并被学校全体成员主动认同的精神支柱。

从学校精神的内涵来说,它是一所学校在长期历史发展中逐渐形成的价值取向和共同的心理追求,是学校在复杂的社会环境中得以和谐稳定和向上发展的精神支柱,是激励全校员工为自己的美好目标努力奋进的精神动力。从其外延看,它体现在每位教职员工的思维方式、行为方式和生活方式之中,体现在每位员工共同的理想信念、道德品格、价值准则和性格特征之中,表现在学校的学习生活和文化形态之中。学校精神作为学校文化的核心内涵,对全校师生具有重要的导向和激励作用。

学校精神应当简洁明了、朗朗上口、意义深刻。有的学校用校训体现学校精神,有的学校引用伟人的名言作为学校精神,有的学校借用古典名句作为学校精神,都是可以的,关键是要与教育的本源实质和本校的办学特色和谐一致,才能更好激励大家向上发展。

学校精神是校训和三风(作风、教风、学风)的集中体现,也是校歌、校徽、校标的核心内涵。我们一附小的学校精神是:**和谐向上**。

二、创意标识

学校文化建设的内涵丰富,需要鲜明的象征与标识来体现与提升,以便更好地凝聚师生的情与意,鼓舞全校师生的自豪感和奋进精神。

国歌、军歌昂扬奋进的词曲,党徽、国徽先进丰富的内涵,激励着全党和全国各族人民团结奋斗,取得了一个又一个革命和建设的伟大胜利。我们学校也应把标识作为学校文化和学校精神的浓缩和形象,使之成为强大的号召与凝聚力。

1. 校　歌

学校应当根据学校的历史文化和教育要求,谱写出具有学校特色的校歌。以文艺形式表现的校歌能愉悦心境,便于流传歌颂,能为学校历代学子学习和传唱并成为他们的情感寄托,形成强大的凝聚力和美好的期望。

例如,复旦大学校歌:"复旦复旦旦复旦,巍巍学府文章焕;学术独立思想自由,政罗教网无羁绊……"其激情、奋进的词曲永远激励着复旦学子。

我们一附小的校歌是由著名音乐家吴少雄作曲,我校集体作词的《永远桃李芬芳》。20 世纪 80 年代开始就唱响了校园:"沐浴三山绿荫,荡漾闽水涟漪,热爱祖国孝敬父母,全面发展博学多思;园丁辛勤耕耘,学子专心致志,诚实勇敢活泼团结,勤学守纪创新求实。啊!教院一附小,我们成长的摇篮……"歌词中,蕴涵福州家乡和一附小校园的情怀,有中国少年先锋队的作风,也有校训的内容在里面。我们学校在每周升旗仪式和重要集会时,全校师生齐唱国歌后,还要再高唱一遍校歌。优美的旋律和催人奋发的歌词,激励着学生:今天,我们在和谐校园中学习生活、快乐成长;明天,我们为和谐社会努力工作,积极向上。

2. 校　徽

校徽是一所学校办学理念和学校精神的集中体现,有着重要的历史和文化意义。

例如,北京大学的校徽" "是由鲁迅先生于 1917 年 8 月设计完成的。"北大"两个篆字的上下排列,其中"北"字构成背对背的两个侧立的人像,而"大"字构成了一个正面站立的人像。校徽突出一个办学理念,即大学要"以人为本"。大学,因大师而大,更因大学生而大。也有人说,上面的是学生,下面的是老师,教师就是要甘为人梯;学生站在巨人的肩膀上,就是要青出于蓝而胜于蓝。北大的许智宏校长说,真正的"大"学,学术之大,责任之大,精神之大,尽在其中。许多毕业了多年的北大学生回想起来,都不约而同地提到,北大给学子们最宝贵的是"自由独立,兼容并蓄"的精神。

为提升一附小学校精神内涵,增强学校凝聚力,我们在 2004 年广泛组织全校师生设计校徽。老师、学生和家长踊跃投稿,最后集中大家的智慧,形成我校自主设计的校徽" "。我校校徽里面蕴含"福州一附小"的字音,整体设计形象如书和笔,寓意研究、教育和学习,冲天的造型体现一附小在广阔的蓝天中和谐向上的学校精神。通过设计、宣传,以及经常运用,校徽的内涵已经深入我校每位师生的心灵,永远鼓舞一附小人"和谐向上"。

校徽校歌是学校文化的精神性纲领,是学校使命、愿景、价值观的一种诗意化、形象化的表达。

3. 校　标

校标也是学校文化精神的象征。根据一所学校文化历史和办学的思想理念,应当要有一个学校标志性的物表载体作为学校的标识,形成学校精神的物化内涵。

校标可以是校徽或以校徽为基本核心而再创作的实物,可以设计有教育意义的物体艺术造型、雕塑,也可以是学校标志性的建设物或自然景观,无须呆板划一,只要赋予深刻的文化和教育内涵就可以成为学校的校标。

例如,有的学校用不锈钢制作双手托起的星球来表示学校和老师托起明天的太阳(学生),有的学校用精选的巨石把学校精神等文化内容雕刻在上面,有的学校用一个特色建筑物来表示学校的特征,也可以用校园中的一处自然景观或历史留下的古迹等作为校标。只要是校园中有代表性和有文化教育意义的标志性物质就可以,一般校标只有一处。

我们学校把校园内一棵百年榕树作为校标,它是我校的风水宝树,见证了我们一附小一百多年的峥嵘岁月,更体现了我校在历代一附小人辛勤耕耘下的繁荣昌盛与"和谐向上"的学校精神。

三、课堂文化

学校文化建设不能只停留于各种活动、资料、场景、制度、设施等方面,学校文化的真正魅力应更多地体现在教师把学校文化落实、贯穿、渗透在实际的教育教学活动中,体现在师生互动的课堂文化上。课堂是我们教育教学的主渠道,是学校文化内涵的落脚点。

课堂文化是指在长期的课堂教学活动中形成的,并为师生所自觉遵循和奉行的共同的课堂精神、教学理念和教学行为。我们教师一定要聚焦课堂、研究课堂,研究学生,研究方法,这样才能把握课堂教育教学实质,形成课堂文化。课堂文化建设以现代教学观为前提,以课堂为主要空间,以行为实践为主要形式,促使学生逐步产生积极的学习情感、思想品质和行为习惯。可以说,课堂文化是现代学校文化的有机构成和实质要素。

聚焦课堂既是推进新课程改革的方向,也是提升现代学校文化建设的必由之路。我们老师要外树形象,内提品质,站在讲台上就要有教师的形象和气质,举手投足,言语情感都是学生学习的榜样,都体现你的文化素养,体现学校文化资源在教师身上的内化。在课堂上,教师要使课堂教学规范、文明,有特色、有文化，形成自己的风格。教师不仅要注重教师自己怎样讲，更要研究学生怎样想，引导学生学会思维，学会表达，学会倾听，学会合作。教师与学生共同探讨学习的方法和内容，每节课都要有互动的环节，通过提问和小组座谈等形式，了解学生的真实情况，形成民主平等、合作探究的文化意识形态。用教材教育学生，用文化引领学生，师生在课堂上共同学习，共同进步。

1. 生命课堂

课堂是活生生的。教师面对的是一个个生龙活虎的孩子，他们人虽小但生机勃勃，未来不可限量，他们的生活，他们的学习，他们的智慧，他们的未来一定是生机勃勃与充满阳光的。因此，教师的课堂教学不能死气沉沉，教学的方法不能是填鸭式的灌输，以学生为主体，以课堂为阵地，展开人与人之间的一种充满生命与活力的思想、文化和情感的互动与交流。充满热情，充满童趣，充满乐趣，充满情趣。生命的课堂是有活力与激情的，活力影响深刻、持续、久远，激情充满呼唤，能点燃心智。教师应努力培养有智慧、有德行、有情感，充满生命力的新人。

2. 生态课堂

课堂是自然和谐的。学生是我们课堂教育教学的主体，我们教师要关注每一位学生和谐持续的发展，重视每一位学生的需求、欲望和意识，兼顾学生的个性发展，并且学生个体的发展也是与其他学生和谐互动的。教师不仅要通过现代课堂教学手段，而且要运用教师个人的姿态、语言、表情等肢体语言达到师生相互学习、理解和情感的互动，学生回答、提问与讨论自然融洽，实现教学与学生发展的真正和谐统一。努力适应学生的个性发展，积极调动学生学习的主动性，课堂成为孩子想学、愿学和能学的理想场合，为学生走出课堂、全面发展奠定和谐向上的基础。

3. 生活课堂

课堂是紧贴生活实际的。生活即是课堂，社会即是课堂；课堂即是生活，课堂即是社会。我们的课堂不能脱离孩子的生活，不能脱离社会实际，不能脱离孩子的认知规律，不能脱离孩子学习发展的需要。教师要充分运用丰富的社会和生活经验，熟知孩子身心发展规律，结合教材知识的传授，寓教于乐，寓教于德，寓教于能，寓教于技，以孩子切身的生活体验和思维感知为切入点进行教育教学，使学生从真实感悟中学习知识、了解社会、理解生活，使学生愉快学习、热爱生活、诚实做人、乐观生活，对未来充满期待和希望，有信心和能力去创造更加美好的未来。

4. 生本课堂

课堂是以学生为根本的。"生本"就是教学"以学生为本"、学校"以人为本"的体现。无论是教学内容还是教学方法,都必须以学生为本,要在以学生为本的思想指导下,追求以人的发展为根本的教育理念。课堂以学生为本,营造民主、平等、和谐的人文环境,允许和提倡学生提出自己的见解,赏识学生的各种想法,关注学生参与课堂的广度和深度。针对学生的认知和发展,以学定教,以生定法,引发学生心理上的认知冲突,智慧上的挑战,关注学生的参与和合作,组织学生的学习共同体,尊重个性,善待差异,有教无类,因材施教,培养兴趣,鼓励多元,欣赏孩子身上的每一个闪光点,让孩子感受成功的喜悦,使孩子的心智和心灵能够自由飞翔。

和谐向上的校园应从课堂的教育教学开始。

四、教师文化

学校的教育教学工作都要通过教师才能实行,学校文化的建设也要通过教师才能深化。教师文化是学校文化建设的核心环节,只有教师文化建设深入,教师教育教学的文化范式才能改进,才能形成教师的教育自觉和文化自觉,才能构建良好的学校文化。

1. 提高教师的文化自觉

所谓"文化自觉",借用我国著名社会学家费孝通先生的观点:它指生活在一定文化历史圈子的人对其文化有"自知之明",并对其发展历程和未来有充分的认识。换言之,就是文化的自我认知,自我觉醒,自我反省,自我创建。

教师是什么?职业(谋生)、专业(个人发展)、事业(担负学生和社会的责任)?其实教师是这些方面的综合体现,就是相互认知关系不断向上提升的一个发展过程,是一个教师文化素养不断延续发展和升华的过程,在谋生的基础上发展个人的专业,在成就个人专业发展的同时完成社会赋予的教书育人的神圣责任。

文化是人类基于自觉意识的灵感迸发、情感表达、观念创新,人类生存的世界处处都烙上了文化的印记,文化是以往记忆的精华,文化也成为人类区别于其他动物的重要标志。社会发展进步到现阶段,文化对人类的影响比以往任何时候都更加广泛而深刻,文化越来越成为民族凝聚力和创造力的重要源泉,成为综合国力竞争的重要因素,也是学校发展的重要资源与支撑。

教师从事教育工作,需要对学校的文化核心、文化意义、文化地位和文化作用有深度的认同,需要有学校文化设计、文化建设、文化发展和文化创新的责任担当。有了这种"自主认同"而不是"被动认可",以及"主动担当"而不是"被动承担"的意识,并且是对文化本真意义和内在含义的深刻认识、深度认同,这才能形成我们所需要的文化自觉。

第四章　和谐向上学校文化的内容与形式建设

　　文化是在长期的延绵不断的建设中不断记忆综合、发展升华的,无论是整个人类的文化,还是一个国家、一个民族、一所学校的文化发展,都有一个点滴积累、长期积淀的和谐向上过程。所以,我们对文化的责任担当理所当然要包括对文化建设的参与,对文化发展的推动,对文化进步的引领,对文化升华的创新。对文化的认识、态度是否正确、科学,不仅关系着文化的现实发展状态,而且决定着文化的未来发展走向。

　　如果说文化自觉是一种意识、责任,那么文化自信就是一种信念与信心。提升文化自觉,增强文化自信,学校文化建设的目的就是要实现教师的文化自觉和个人的发展自信。把文化自觉落实到具体的行为之中,就转化为文化自强的力量。文化自强的"自",就是立足自己的实际、依靠自己的力量、突出自己的特色,走自己的文化发展道路。"面向现代化、面向世界,面向未来"的教育自觉,会产生强大的教育创新力和创造力,来培养建设社会主义强国的一代新人。

　　进出我们一附小大门,有这样醒目的话语:"进了一附门,我是一附人;出了一附门,我做一附人。"这不仅体现了作为一附小师生的文化自豪感,也表现了一附小深厚的文化底蕴和厚重的文化责任所体现的文化自觉,更表达了一附小人努力创造美好个人和社会的文化自强意识。

　　2. 引导教师的文化认同

　　学校的文化建设不是校长一个人的事,也不是几个班子成员能够建设和完善起来的。学校文化建设是学校全体教职员工共同的责任、共同的愿景、共同的价值观的驱动,要靠学校全体教师对学校文化的认同来积极建设。

　　教师共同的责任感和自觉意识,是建立在教师对学校历史文化的认同,并形成对学校文化的归属感和自豪感上,自觉继承文化传统并积极发扬。我们要让所有教师参与学校文化与发展规划的商榷,了解并确定学校文化建设的内容与核心,通过教师们的学习、理解和实践,达到和谐一致的认知,形成共同的愿景和价值观,并努力吸取他们对学校文化建设的建议和意见,丰富学校文化建设的内涵,向上扩展学校文化建设的途径。

　　老师们共同的努力奋斗与智慧结晶,就会形成积极主动的文化自觉,学校文化的发展就能充满生机与活力,就会体现在教师日常的学习、生活和工作中。

　　教师的服饰体现了教师的气质、情趣和文化品位;教师的宽容、包含和理解,是对学生成长和进步的等待,体现了教师的品德涵养、自信和特有的亲和力;教师的微笑体现人品的善良和阳光,是赞许和激励的肯定;教师的语言是思想的再现和一种艺术风格,是智慧境界的修炼和魅力的体现。这些都是教师文化的积淀与内在的自觉,是学校和谐向上的文化软实力。

学校文化建设关系老师的个人成长,关系学校的和谐向上发展,关系教书育人的实际效果。只有在共同愿景和核心利益的驱动下,才能有教师学校文化的认同,老师们才有兴趣并积极地参与学校文化建设。

3. 建立学习型教师队伍

终身教育与终身学习已成为人们的广泛共识,教师要教书育人就必须不断学习。要给学生一杯水,教师要有一桶水;要输给孩子新鲜的水,教师必须长流水。教海无涯,学无止境。教师必须不断提高专业素质,完善知识结构,提升文化涵养,才能胜任教师工作。只有学习才能增加知识储备与提高素养,只有学习才能和谐心境与改善心智,只有学习才能建立共同的价值观与向上愿景,只有学习才能形成全体教职员工的文化自觉。

问渠哪得清如许,为有源头活水来;学习、学习、再学习,源头活水不断来。树立良好的学习风气,学习知识、更新思想、树立理念,创新方法。教师要勇于自我挑战,改变知识结构老化、教育教学观念陈旧的状况。教师要在学习领会中、在研究实践中、在开拓创新中品味生活、品味同行、品位学生、品味自己,不断发展和超越自我,促成高尚的师德,形成鲜明的风格,养成优良的品格,体味完美的人生。

(1)向书本学习。教育改革日新月异,教师要深入学习理解教材,积极探索教育教学的方式方法,改进和提高教学效率,还要学习政策法规,依法施教,规范教师言行举止,以德施教,树立良好师德师风,完成教书育人的伟大工作。要学习古今中外经典文学和哲学等著作,有广泛的文学艺术欣赏品位与思维推理能力,丰富心智,提升意境。书中自有黄金屋,书中自有育人经。书本是知识智慧的总结,是人类进步的阶梯,是我们教师教书育人的源源活水。

(2)向网络学习。现在是信息时代,各种教育的发展理念、国内外的教育思想、教育教学的改革信息、社会人们对教育的企盼要求,以及国际社会各种事件对人们思想和教育的冲击等,都在网络上有及时而充分的内容与表述,我们要跟上时代的步伐,就一定要通过网络多学习、多借鉴、多参考。当然网络也很复杂,是社会信息的大杂烩,我们要鉴别和辨析。但即使是各种混杂的知识信息,对丰富我们的知识内容也有不可或缺的重要意义。

(3)向实践学习。教师的学习不能停留在文字上,也不能只是在自己头脑中的思考与想象,一定要运用到教育教学的实践中,并在实践中得到验证。认识、实践,再认识、再实践,才能形成自己的认知财富。教师要重视平时生活实践的学习,还要依据教材的要求和孩子的情况,认真设计教育教学的内容、方法和途径,教学活动的过程中和结束之后,一定要认真反思总结,及时反馈升华,使实践成为提高教师能力与水平的重要一环。

(4)向同行学习。学习是一种交流与互动,学习是一种比较与借鉴,学习是一种欣赏与激励。教师要积极参加教师之间的相互学习与交流活动,相互讨论、相互评价,学人所长、拓己所想,赏识教法、辨析学法,取长补短、共同进步。和谐的工作环境,融洽的人际关系,热烈的讨论交流,深入的阐述争辩,在撞击与互动中才能产生智慧和思想的火花,才能学到和掌握真实的本领。

(5)向学生学习。学生是我们教育教学实践活动的主体对象,更是我们实践、反馈、验证和提升水平的学习对象。我们教师一定要全面细致地了解孩子的生活、学习、活动、思想、兴趣、心理等,认真从他们身上学习理解教材内容和教育方法的真实内涵。科学观察教育教学实施过程的实际效果,关注学生的反应,分析孩子的思维,评判教学的成败,改进以后的内容与方式,促进孩子全面健康地成长。只有向学生学习,我们的工作效益才能落在实处;只有向学生学习我们学习的方向才能明晰和正确。

(6)向笔尖学习。我们教师学习一定要动笔,动笔的过程就是自己思索、积累和提升的过程,就会为自己的学习留下深刻的足迹,就会从感性的经验理解逐步升华为理性的思维思想。懒得动笔是很多教师进步缓慢的瓶颈,一段教育思想的感悟,一个教育教学活动的反思,一个学习工作的经验汇报,一项工作的计划总结,一篇教育教学的论文,一本个人成长的汇编,都会触及自己思维的感触,都会理清学习实践的思路,可能还会积攒自己的理念和教育思想,坚持下去理论水平和文化素养一定会提高。

把学习当成工作的要求,使自己在教育事业上不断前行;把学习当成生活的需要,使自己的人生历程洋溢着文化气息;把学习当成文化的自觉,使自己的生命充满美丽与和谐向上的动力。

五、物化文化

学校文化是学校发展过程的重要足迹与积淀,是学校当下发展的核心价值观取向与重要教育资源,有巨大的号召力与凝聚力。学校文化需要在和谐向上的设计中不断提升:在设计中建设,在建设中归纳,在归纳中总结,在总结中梳理,在梳理中完善,在完善中发展,在发展中提升。

这些学校文化还需要在校园物质环境的建设上进行有意识地宣传、营造与推进,使学校文化更深化、形象和具体。校园氛围的物化文化同样是学校文化建设的重要内容,该张贴要张贴,当悬挂要悬挂,需制作要制作,这些都要精心设计,并不断注入新的文化内涵,这样才能形成立体和系统的学校文化。

谱和谐之韵　逐向上之梦
——构建和谐向上的学校文化

1. 物质文化

校园生态和物质环境是学校文化的重要组成部分，自然环境和建筑应同学校教育的特点和历史文化相结合，要保存其顺意天地、蓬勃相宜的自然属性，使之成为校园文化和学校特色建设的体现。人在校园环境中汲取养分，平和心境，修身养性，熏陶成长；环境在人的精心设计和呵护中生成文化，发展升华。人物相恋，人物相依，相互辅佐，相辅相成，以达到最佳的人物相济的美好境界。

走进我们一附小的大门，就看见一棵百年的参天大榕树，这是当年我校一位教师从家里的盆景中移植到这里的。它在全校师生的呵护中逐渐长大，见证了百年老校历史文化的发展与壮大，也目睹了一批批学子走出校门成为祖国建设的栋梁之材，在大榕树边我们立了一块"百年树人"的石碑。这棵历经风霜并寓意深刻的大榕树已成为我校标志性的物化文化。2008年植树节，在校园的东南角，我们全校师生和台湾籍的小朋友、家长，共同种下了一棵小榕树，我们把我校师生去台湾取回的阿里山土和日月潭水共同撒灌在小树下，给它取名"同心树"，我们同心盼望祖国繁荣昌盛，和平统一。这两棵一大一小的榕树相互对应、和谐互动，既是自然景观，更有其丰富深刻的文化内涵。

我们学校绿树成荫，花草簇拥，鸟语花香，优雅温馨，自然随意；学校的老师和学生也与这些花树一样，天人合一，和谐相处，人物相济，互相关怀，风华正茂，茁壮成长。校园操场还有标准的200米环形跑道和规范的篮球、排球场，攀岩墙等一些体育活动场所，促使学生在美化、香化和绿化的校园中学习生活，德智体美全面发展。

操场旁还有一尊金色的雷锋塑像坐落在宣传栏前，像春风一样召唤和企盼着孩子们和谐向上地健康成长，努力做品学兼优的优良学生。

虽然我校自然物质条件有限，校园占地和建筑面积相对较小，但我们充分开发利用，并向空间立体发展。我们在学校综合教学楼的楼顶设计建设了"一附小劳动科学实践基地"和"能源体验基地"，师生在基地中开展种菜、养殖等劳动实践活动，老师们可根据教育教学的需要，在这两个基地里上科技、美术、语文等课，也可以在这里开展相应主题的班队会活动等。

学校文化建设内容应当是主体鲜明与全面推进的，学校环境文化建设也应是紧扣主题与互动形象的，不仅在形式上更在内涵上促使学校文化建设立体、全面与升华。目前我校天台上的"地质园"和"天象馆"正在建设当中，这也必将成为学校物化文化的重要内容。

2. 墙廊文化

学校文化是重要的教育资源，要形成师生的文化自觉和强大的凝聚力，我们不仅要说在嘴上,印在书里,贯穿到各项教育教学工作的实践中,也要彰显在我们看得见、摸得到的校园的围墙楼道上,让无声的每一面墙都述说学校的文化,时刻教育和提醒全校师生。

一走进我们学校的大门,就有让人自豪并具勉励的话"进了一附门,我是一附人;出了一附门,我做一附人。"教育每一个一附小人:今天,我在一附小校园中和谐学习、快乐生活很荣耀;明天,我走出校门努力向上、为民为国做贡献,一附小以我为荣光。

进入学校大门后,我们首先映入眼帘的是大楼电子屏上面"勤学 守纪 诚实 创新"的校训与当中醒目的校徽。驻足四望,我们不仅可以看见中国地图和世界地图,还可以看到福州地图和福建地图,目睹着"爱国爱乡、海纳百川、乐善好施、敢拼会赢"的福建精神和"海纳百川、有容乃大"的福州精神,教育少年儿童胸怀祖国,放眼世界,应当从爱我福建,爱我福州,爱我家乡做起。在醒目的墙壁上还悬挂着"富强民主文明和谐,自由平等公正法治,爱国敬业诚信友善"的社会主义核心价值观,指导全校师生学习与实践共同的核心价值观。

在学校大操场四周,我们进行了精心的文化环境创设。在学校操场,雄伟壮观的升旗台是我们进行爱党、爱祖国、爱人民教育的好场地,时刻飘扬着的国旗,熏陶着孩子们的爱国情怀。操场一侧围墙的"世界国旗墙"上,世界各国的国旗醒目在列,标题是"让我们携手共建和平的未来";对应的"中华民族墙"上,56个民族翩翩起舞,标题是"愿民族团结同创和谐的中华"。这些共同表达的愿景是:中华民族要团结友爱,奋发图强,建设更加繁荣富强的祖国,促进世界的和平与发展。

"交通标志墙"中100多幅交通标志时刻提醒同学们:一定要注意交通安全,遵守交通规则,珍爱宝贵生命。《中小学生守则》《小学生日常行为规范》,以及"每天锻炼一小时,健康快乐一辈子"等大字标语,成为校园中一道道文化教育与建设的亮丽风景线,构成了我校校园环境文化的重要内涵。

在操场,放眼雄伟的教学楼的墙上,从下到上依次为:邓小平"教育要面向现代化,面向世界,面向未来"的3个面向,"热情善诱严谨开拓"的教师教风,"求知求真求健求美"的学生学风,以及"和谐向上"的学校精神等大字,最上面托举着一附小校徽。整体像一艘和谐前行的大船,"三个面向"是船体,教风、学风、学校精神是船承载的物品,校徽是风帆。这里是和谐向上学校文化的集中体现。

在学校的走廊上,不仅有伟人、著名学者、专家的警句名言,也有我们学校师生自己的字画和人生感言。我们还专门开辟了闽都文化宣传廊,福州的西

谱和谐之韵　逐向上之梦
—— 构建和谐向上的学校文化

湖、乌山、于山、三坊七巷、寿山石、脱胎漆器，以及林则徐、冰心、沈葆桢、萨镇冰等福州历史名人都有简单的图文介绍。

学校可利用的场所有限，我们就充分利用楼梯的墙壁作为宣传阵地。我们开辟出一条楼道作为学校发展的历史画卷长廊，一阶阶走上来展现了一附小140多年的峥嵘历程与辉煌成绩，更提醒我们要不断努力与攀登才会创造更加美好的明天；还有一条楼道作为德育走廊，从毛泽东、邓小平等伟人对孩子们的期望，到四大发明、中国国粹的内涵介绍，再到伟大祖国著名风景和建筑等，都是对孩子进行思想教育的好内容；还有一条楼道作为科技走廊……

学校一楼大厅的一侧是全校一百多位老师的风采照，每一位教师在上面都留下一句自己感触最深的教育感言，用爱心化为"滴滴甘露润物无声"；大厅的另一侧是全校师生们共同努力得到的荣誉奖牌，用热心铸就"春风化雨满园芬芳"。

学校的侧厅我们设计为"读书吧"，不仅有孔圣人等历史文人对人生的教诲警言，还有古代努力读书和诚实为人、做事的好故事。学生可以在悠扬的钢琴声陪伴中细细品尝读书的乐趣，"让我们记住这美好时光，直到长成参天大树……"

这一切有形无声的墙廊文化，时刻都在熏陶着校园中的孩子们和谐向上地茁壮成长。

3. 室厅文化

学校办公室和各种教室是师生学习活动最重要的场所，是我们生活工作成长的家，要根据学校的文化主题和教室各自的特点，增加教育和文化的内涵与温馨的氛围。

校长要把握学校发展的大方向，办公室既要高雅更要内涵丰富。笔者办公桌的对面墙上有大大的"观道"两字，时刻提醒笔者办学校和做工作要认真看、仔细想——方法与道路是否科学正确。再挂上书法作品"上善若水"，因其深刻内涵与学校"和谐向上"意义相关联，学校的发展就如同水流的韧劲与不挠，融洽和谐，坚忍不拔。

总务处、教导处、德育处、校办公室等的功能和作用有所不同，既要把课程总表、校内公示栏等工作需求的内容设计在内，也要根据个人兴趣和工作特点添加一些字画或图表之类的设计装潢，使之更有文化内涵和工作特点。

各学科和年段的办公室，要根据学科的特点和教师个人的兴趣爱好来布置。美术办公室罗丹的一句"生活中从不缺少美，而是缺少发现美的眼睛"就把美术教师的教学要点和美术办公室的意境充分表述出来了；语文办公室中"一横一竖中国字，一言一行文明人"，把写好中国字与做文明人的文道很好结合;数学办公室"数学是逻辑思维的体操",体现了数学学科的特点。有的教师书法很好,一款"教学相长"充分展示浓浓的教育情怀。当然办公室再添加一些花草盆景,以及宠物玩偶等小玩意儿和师生自己的手工作品,则又会增加生活、环保与教育的意味。

应该说每一位教师都是办公室的主人,教师应把办公室当成自己的家,自觉思考,主动创新与实践,形成本室的文化内涵,使之成为办公室所有教师的精神家园。一间间有着文化底蕴的办公室,将聚合众多教师的思想理念,又将是整个学校教育群体思想文化的集中体现,形成学校和谐向上的文化内涵。

各班教室是组织教育学生的场所,更应体现班级文化的内涵。要有统一要求的班训、生活园地、少先队角、图书角、卫生角等,还要有本班的特色文化,如小红花评比栏、文明之星、学生书画展等,以及班级文明公约、中队名称、师生集体照等,再加上一些悬挂的中国结和种植的花草等,使教室成为师生学习活动的温馨之家。

各种有特色的教室要有其特殊的教育氛围与文化内容。图书馆既要有读书好、读好书、好读书的名言警句,更要有方便与适合学生阅览的设施和环境氛围。音乐、美术、科技、多媒体的教室也应布置成有其学科特点,以及放上师生教与学的作品,营造浓郁的学科教育氛围,使孩子一进入教室就爱学、想学、愿学。

大队部是小学德育的重要阵地和活动场所,既要有中国少年先锋队的历史展示,又要有少先队队徽、队歌、呼号、作风等设置,还要有队鼓、队号、队旗等少先队用品摆设。规范的大队部文化布置本身就是少先队员心向党、守规矩、当先锋的教育内容。

4. 数字文化

现代社会是大数据和大视野的时代,人们的思维与生活习惯都广泛并紧密地与信息技术和网络相联系。随着现代信息技术的发展,学校与外界的信息交流更加频繁便捷,学校内部管理也愈加网络化与智能化。数字文化也属物化文化的一种表现形式,现在越来越发挥其优势和功能,也是现代学校文化和谐向上发展的重要体现。

数字文化是以电子信息技术为集成载体,把学校文化综合提升到网络化与可视化的现代科技水平,是信息技术与教育理念相融合塑造新型学校文化的重要标志。

学校应当建立学校网站,全面介绍和宣传学校的基本概况、创办历史、办学理念、管理体制、教学设备、师资培训、学生教育、家校联络等多方面内容,还应对学校教育教学活动和教改动态进行及时通告与宣传。学校文化建设的内容和形式都可以在学校网站上体现,学校网站是学校文化建设的窗口,是沟通学校与社会、家庭的重要桥梁。

学校应努力实现无纸化管理,从上级文件的接收,到校内各部门、各学科之间的信息传递交流,乃至于教师绩效、考核与考勤等都可以用信息软件管理,甚至于班级学生的教育情况也可以运用信息软件来通报管理。这不仅是现代学校管理的需要,更是现代学校文化理念与思维的要求。"校讯通""手机报"等都是联系老师、学生家长的现代化途径。

学校应当建设教育教学的文化库,在文化库中,可以设立各学科学生练习、考试的题库;可以设立教师学习、培训和上课的案库;可以设立古今中外教育教学理念等方面的文库。这些都是学校师生教育教学的重要资源,更是学校文化精神的传承基地,促使学校教育资源的多样性、学习活动的开放性、学习方式的创新性、教育教学的民主性,也是学校和谐向上的文化宝库。

学校应依据经济状况来建设现代化网络信息系统,电子备课室、多功能教室、每个教室的多媒体、各特种教室的电化数字功能等各显优势。学校的电子屏、IP视屏等都是学校文化宣传教育很好的设施,同时要及时培训教师队伍的信息技术水平,使学校现代化设施充分运用并维护好。但现代化设施设备不要强求,因为这些电化用品价格高、淘汰更新快,学校无须全力追求,要量力而行,但数字文化的理念应跟上。

5. 物化文化准则

学校物化文化与学校文化的规划与设计一样要有一定的基本准则,既要尊重历史,又应紧跟时代步伐,归根结底要对孩子有教育意义,使物化文化成为学校文化的有机组成部分和很好的载体,从而推进学校文化建设。

(1) 尊重历史,推陈出新。学校是因地域而建的教育文化场所,因而各项文化设施的设计与建设应上顺天意,下合地气,中通人情,这样才能和谐向上与生机盎然。一棵古树,一个历史遗址,都是上天和前辈留给我们的物质文化财富,都要很好地保护与挖掘,不要随意破坏,只能顺势发展和完善,并不断充实文化内涵,为学校文化添光加彩。

学校文化有其发展的轨迹和历史的渊源,是一个传承与发展的过程,有其自身和谐向上发展演变的道路与规律,当下的发展一定是以前发展的延续,要很好地延续与发扬,就必须尊重历史所形成的文化遗产,不尊重就会淡忘,淡忘一段时间后就会流失,流失了再去寻找是很难的。像我们学校有140多年历史,前辈留下来的文化我们都要很好地继承与发扬,如古树、校训、校歌,以及一些传统文化等,我们都认真承接,并在里面增加新的文化内涵。当然在尊重历史文化的基础上,我们还应随时代发展与教育改革的需要增加新的文化内容,如学校精神的提炼、校徽的设计、"三风"建设等,都要因地制宜地不断推陈出新。

(2)文化主题,提升创新。学校物化文化是学校文化的表现与凝聚,因此其设计与营造要与学校文化建设的主题思想相一致,不能今天一种思路,明天一个想法,后天又把前面的建设全部推翻,重新设计与建设。这不仅浪费学校的物质财富,而且会浪费很多精力,更不利于形成学校文化的核心价值观与凝聚力。

当然,由于学校物化文化建设要成为实物固定在那里,时刻影响师生及人们的视线,是对学校文化的一次梳理与升华。因此设计建设一定要慎重,不仅外观要新颖美观,内涵更应当鲜明深邃,要适应社会形势发展的需要,又要经得起历史的考验,要有深刻的思想内容在里面,要与学校文化的主题思想相一致,要与师生身心成长的需求相统一,要与学校的自然历史发展相协调。例如,我们在学校环境文化的设计内容与形式上都紧紧融入"和谐向上"的学校精神,各点与线的设计有其本身的系统特点,操场、楼道、办公室因其功能不同,设计布置应有所差别,但总体上的中心思想都是学校"和谐向上"精神的补充与完善。

(3)不求奢华,求真务实。学校是公益事业,国家投入的教育资金的运用应高效务实,我们要珍惜人民的血汗钱,物投所值的环境文化建设是对教书育人学校的要求。学校环境文化建设的形式与内容都在教育引导着少年儿童,学校任何设施建设不仅是服务于师生、服务于教育教学的重要物质资源,而且是环境育人的文化资源。

清华大学原校长梅贻琦说:"大学,非大楼之谓也,乃大师之谓也。"学校物化文化应从学校的综合实力与软实力角度全面规划。因此,不要因个人的喜好和社会的赶时髦风气而攀比建设只能看不能用的形象工程,而要根据学校实际的物质财力,不做劳民伤财与奢侈华贵的"花瓶",也不要建脱离师生与富丽堂皇的"空中楼阁",师生都敬而远之,领导与参观者来了才"开锁"露真容。学校不是展览馆,也不是收藏室。朴实无华是学校的本色,简捷耐用是教育的要求。学校环境建设不是给人看的,学校文化也不是挂在那摆样子的,而是为师生和学校发展服务的,是重要的教育资源。

(4)体现文化,教育功能。学校是育人的场所,是文化的主阵地。教书育人、环境育人、文化育人是我们建设学校的意义所在。因此,学校物化文化的教育功能是我们建设学校物质环境文化的根本所在。学校所有的环境建设都是一种物化文化,都要有学校文化的精神内涵,都要有教育教学的功能,老师能够用,学生能够学,各种教育教学活动都能充分利用。物化文化的教育功能

谱和谐之韵　逐向上之梦
——构建和谐向上的学校文化

要求是：教育有内涵，教学是场所，物以人为本，人以物为样，师生在这里生活、学习和活动，都能从中感受到文化的熏陶，都能从中体验成长的乐趣和意义。

　　学校的物化文化应当体现和谐向上的精神理念，就是要与学校的办学基本情况、孩子的成长需求和学校的文化发展相融合并凝聚提升，这样才能顺天应地、和谐人心，并得到师生们的广泛认同，使学校精神文化与物质文化融合为一体，才能称为物化文化。

参考文献

[1]黄仁贤,涂怀京主编。陶行知教育思想的理论体系与当代价值[M]。长春:吉林人民出版社,2006。

[2]刘彭芝编。人生为一大事而来[M]。北京:高等教育出版社,2004。

[3]彭诗琅,廖隐邨主编。校长全书[M]。北京:中国检察出版社,1998。

[4]宋洪昌编。名校长对教育的再思考[M]。福州:福建教育出版社,2012。

[5]张东娇主编。学校文化管理[M]。北京:教育科学出版社,2013。

[6]张韬,戴诗银主编。名校教学管理提升力[M]。重庆:西南师范大学出版社,2009。

[7]赵艳然主编。成为有思想的校长[M]。重庆:西南师范大学出版社,2011。

后 记

　　回首往事，日月如梭，人生如歌，虽不能都历历在目，但经历过的都是实践中的学习、学习中的提升，为此我思绪万千、感慨不已。感激35年教育生涯中相识的领导、同事与朋友！感激一附小15年共同生活与工作的老师！感激所有曾在一附小学习过的孩子们！因为我在与他们的相处中学到了很多很多。

　　我在福州市一附小全校教师会议上说：我写的这本书其实不是我自己的，她是我们一附小的，它是我在一附小深厚的文化底蕴和老师们丰富的教育教学经验中学习和总结而得出来的。一附小信任和成就了我，我在一附小得到了很多很多，而我给予一附小的却很少很少，我要回报一附小，我要感恩一附小。而我无以回报与感恩，就用这本书作为回馈与报答吧！写得好是大家的，写得不好说明我水平不够，但我是尽心尽力了。

　　当然，这也是借助了"福建省名校长培养工程"的压力而带来的巨大动力，才使我真正有信心动手来写此书。同时我还得到了很多领导、同事和朋友们的鼓励与鼎力相助，才使我不辞辛劳地用一年多的时间不断整理积累，现在终于完成了这本拙作，对自己以前的教育生涯是个交代，对"福建省名校长培养工程"是个交代，对一附小的师生是个交代，对关心爱护我的每一个人是一个交代。

　　人生其实就是一种缘分，自己生在什么地方，长在哪个家庭，有过什么样的经历，是不能由你自己选择的；甚至于从事什么职业，在什么单位工作，要与哪些同事、朋友和上级领导打交道，也不能完全随自己的心愿所为。这些都已是"过去时"，却永远没有"完成时"。过去的不能忘却，未来需要在过去的积累中不断前行。生活需要工作，工作应当适应，适应必须和谐，和谐才能互动，互动就会成长，成长就是向上。世界之广大,历史之久远,人生之短暂,我们有缘相聚,不管是工作单位还是相处的人,都是难得与珍贵的,都要非常非常珍惜,都要和睦相处。因此,我们珍惜缘分就能和谐向上地生活与工作。

青年时期黑龙江省三年"北大荒"生产建设兵团战天斗地的磨砺,使我在艰苦奋斗中开始了思想观念的初始积淀;福州乌山小学和福州群众路小学的教学与管理工作,使我进一步了解了小学工作的方方面面;而福州教育学院附属第一小学副校长与校长的工作经历,则是我全面实施和谐向上学校管理思想和成就事业的人生福地。

既然我与教师职业不期而遇,说明我的人生与孩子们的成长有缘;既然组织和老师们的信任让我当上了小学校长,我就不能辜负这份殷切的期望与沉甸甸的职责,和谐地生活、工作在校园的环境中,真诚地与老师、家长、相关领导等打交道,努力把这份职责尽好。长期的教育情缘,尽心地学习与努力工作,愉悦融洽的身心与环境自然使我产生了对教育的感情、对学校的感情、对教师的感情,其实,归结到底就是对孩子的成长和国家社会前程的感情。因为这些情感的流露与交融,自然撞击出很多教育教学工作的想法和学校管理工作的思考,这些思绪不断在学习实践中汇集整合与向上提升,自然就流淌出了一些教育思想和办学理念的理性思索,这些就是我这本书所写的主要内容。所以,这本书是我自己和谐生活、工作并努力向上发展的成果,以和谐向上学校文化的构建为主要框架线索展开,当然也由此线索产生家庭、人生、自然、社会等方面的和谐向上思想理念。"和谐向上"的思想理念是贯穿整本书的核心。

书到用时方恨少,事非经过不知难。无论是语言的修饰,还是逻辑的推理,乃至于整个作品的结构布局,我都显得力不从心,写作功底实在太薄弱了,况且自己对教育思想和学校管理的研究依然不够深、不够透,"和谐向上"的思想理念也不成熟。因此,这本书肯定有很多不足与错误,恳请读者多提宝贵意见。

但是,既然决定开始动笔写了,就跟我们做学校的各项工作一样,指导思想明确了,方向目标明确了,重视和谐各种关系的实施过

谱和谐之韵　逐向上之梦
——构建和谐向上的学校文化

程,在写作的过程中虚心学习、努力思索、认真实践、坚持到底,就一定会有向上发展的结果。因此,在写这本书的艰苦过程中,我的收获远比这本书的内容多得多。

衷心感谢郑勇局长在百忙之中为此书费心写了非常好的序言!

感谢一附小领导班子及老师们为此书提出的宝贵意见和热忱帮助!感谢为此书付出辛勤劳动和提出很好意见的领导和朋友们!在这里我就不一一点名致谢了。

我将更加努力地学习与工作,回报教育,回报关心、爱护和支持我的领导和亲朋好友们!

萨大庆

2015 年 7 月 18 日